节目主持艺术学

第2版

魏南江　著

中国广播影视出版社

图书在版编目（CIP）数据

节目主持艺术学 / 魏南江著. —2版. —北京：中国广播影视出版社，2015.1（2018.1重印）

ISBN 978-7-5043-7292-5

Ⅰ. ①节… Ⅱ. ①魏… Ⅲ. ①节目主持人－高等学校－教材 Ⅳ. ① G222.2

中国版本图书馆 CIP 数据核字（2014）第 269675 号

节目主持艺术学（第 2 版）

魏南江　著

责任编辑　李晓霖
封面设计　嘉信一丁
版式设计　亚里斯
责任校对　张　哲

出版发行　中国广播影视出版社
电　　话　010-86093580　010-86093583
社　　址　北京市西城区真武庙二条 9 号
邮　　编　100045
网　　址　www.crtp.com.cn
电子信箱　crtp8@sina.com

经　　销　全国各地新华书店
印　　刷　三河市人民印务有限公司

开　　本　880 毫米 × 1230 毫米　1/32
字　　数　287（千）字
印　　张　12.625
版　　次　2015 年 1 月第 2 版　2018 年 1 月第 2 次印刷

书　　号　ISBN 978-7-5043-7292-5
定　　价　28.00 元

前　言

《节目主持艺术学》旨在使节目主持成“学”。

《节目主持艺术学》旨在使节目主持有自己的学科体系。

自1980年起，我国广播电视开始有了自己的主持人节目，节目主持这一新型行业也由此而诞生。三十多年来，主持人节目和节目主持人以迅雷不及掩耳之势飞速发展着：主持人从1980年零的突破，至1996年发展为五千人、2005年发展为五万人的队伍。之后，伴随网络广播电视台兴起以及驻海外媒体的生根落地，现如今的主持人队伍已经超过十万人。主持人节目也从1980年的零起步发展到如今三千多套节目。随着广播电视节目的小众化、细分化，专业频道化、主持人节目将会愈来愈丰富。为此，主持人队伍还会进一步壮大，内涵也会进一步提升。面对这样的发展态势，据2005年6月的统计，教育部批准全国51所高等院校设立播音主持艺术专业；而截至2013年6月，仅八年之隔，我们看到的事实是，播音主持艺术专业几乎在高校遍地开花，招生人数逐年扩大，考试模式、课程设置以及培养目标都在进一步修改完善中。

实践在不断前行，学人们的理论探究也从未停止，有关这方面的研究或从节目主持人技艺方面进行描述，或把节目主持人和主持人节目这个两位一体的概念分开“概述”和“概要”。如何从学理上梳通主持人节目和节目主持人的发展脉络，寻求节目主持创作的内在规律，建立起节目主持艺术学的理论框架，就成了学界必须解决的重要课题。为此，教育部制定的播音主持专业的本科课程目录上，明确要求开设节目主持艺术学。因而，“节目主持艺术学”就在这样的时代背景中应运而生。

理论和实践的双重呼唤，逼着笔者从2002年秋季开始为播音与主持专业的本科生开设“节目主持学概论”，并同时申报相关课题，并为影视学研究生开设类似的研究课程。为了教学和项目的研究，笔者尽可能地收集所能找得到的第一手资料，作了多学科的理论准备和思考，并凭着一份责任和十分的热情，尽力介绍我所知和表述我所认为的观点和法则。2006年12月，《节目主持艺术学》于中国广播电视出版社出版，之后为多所高校作为必修教材和研究生入学笔试科目。2014年笔者着手修订该书。

在我看来，节目主持艺术学是一门新型的学科，它主要以主持人节目与节目主持人为研究对象；节目主持艺术学又是一门边缘交叉学科，它将借鉴传播学、美学、语言学、文艺学、社会学、行为科学、思维科学、教育学等成果和研究方法；节目主持艺术学还是一门实践性很强的应用学科，在理论论证的同时，还必须对当前优秀主持人节目和节目主持人的实例进行剖析。

因而，我们要研究好这门学科，就必须遵循“三个结合”的原则，即宏观和微观相结合、动态和静态相结合、理论与实践相结合。因为从宏观和微观出发，可以帮助我们理解主持艺术学的本质特性；从动态和静态出发，可以帮助我们看到主持艺术学的过去、现在和未来；从理论与实践出发，可以帮助我们在理论指导下，更好地掌握节目主持规律、主持技巧和技能，更好地从事节目主持实践活动。

节目主持艺术是一门年轻的艺术，比起电影戏剧艺术，它显得过于单薄；比起文学、绘画、音乐艺术，它又显得没有底蕴。这并不奇怪，因为我们主持人节目与节目主持人还是位“青年”，主持艺术学也不过是个起步不久的“少年”，它还需要一个认识时代、认识社会、认识自我的成长过程。为此，它也需要我们每个热爱广播电视节目的人去扶持它、帮助它。至今还能听到有人说，主持无艺术，只凭素质和感觉，无法言说。或者说它只是实践，无须理论。加之社会上对一些偶然成功的主持人大肆吹捧，不少人形成了做主持人仿佛是世界上最容易不过的事了。事实上，许多优秀的广播电视节目都充分说明了主持人节目有其自身特有的创作规则，节目主持人有其必备的条件，节目主持也有其特殊的创作规律。

其实任何一个职业，最高境界都是一门艺术。这是我们进行理性化分析和研究的起点。

本书由前言和十一个章构成，包蕴了节目主持艺术的五论：历史发展论、本体论、审美论、创作论和风格论。

本前言主要论述了节目主持艺术学的研究对象、内容、意义、方法以及学科性质。第一章对主持人节目和节目主持人产生的社会背景、发展脉络进行了分期式的史论探讨；在此基础上，第二、三两章揭示了节目主持艺术的本质属性和审美特征，探讨了主持人与栏目的关系以及主持交流过程中的内在规律，这是全书理论研究的“纲”；第四、五、六章的主持人节目分类以及节目主持的特点、有声语言和无声语言的表达，又是全书技术操作的“纲”。在“双纲”的统领下，第七、八、九、十章才能自如地表述新闻、谈话、娱乐及对象性节目的流变、主持技艺和应该规避的误区。最后的十一章，以著名主持人为个案，较为细致地分析了主持人风格的形成原因、阶段和途径，以期进一步激发节目主持人的职业追求。

魏南江

目　录

第一章 节目主持艺术的历史发展

本章要点：任何一个新生事物的诞生和成长都离不开它生存的土壤。同样，节目主持艺术的发展也离不开中国特有的政治、经济以及一定的文化思潮的影响。节目主持艺术1980年诞生以来，它是如何起步的？又是如何发展的？本章试着把节目主持的历史分为三个阶段，且描述了不同阶段节目主持实践、节目理论发展的状况，同时还阐述了不同时期节目主持选才模式的变化。

1978年，中国开始了一个新的纪元。

1980年，节目主持艺术在这个新时代中诞生了。

节目主持艺术在中国的土地上是如何起步的？又是如何发展的？它和西方节目主持又有什么样的区别？只有沿着这一发展轨迹，才能找寻内在的规律和走向，也才能抓住内在的本质和特色。恰如启蒙哲学的那句箴言："懂得了起源，便懂得了本质。"因此，笔者试着把节目主持的历史分为三个时期。当然，这样的划分也只是为了研究的便利，再过50年、100年，恐怕这也只是一个短短的起始阶段。

第一节　初创探索期（1980—1991）

任何一个新生事物的诞生都离不开它生存的土壤。同样，节目主持艺术的发展也离不开中国特有的政治、经济以及一定文化思潮的影响。节目主持作为一种复杂的社会文化现象，折射出这个时代的讯息。

1978年12月，中共十一届三中全会召开，会议决定停止使用“以阶级斗争为纲”的口号，提出全党工作重点转移到“社会主义现代化建设”上来。至此，中国社会发生了翻天覆地的变化。节目主持艺术也在广播电视事业的春天里应运而生，它在1980年至1991年间，伴随主持人节目和节目主持人的从无到有、由弱变强，经历了最初的艰难时光而茁壮成长。

一、节目主持实践的探索

1. 初创期（1980—1985）

1980年7月12日，中央电视台专题部开播了《观察与思考》，正式打出“主持人”的字幕，播音员出身的庞啸作为通过政审被批准出镜的五名记者之一（其余四位记者是朱景和、粟于钊、于津、王元洪），主持了第一个节目《北京居民为什么吃菜难》，这个亮相标志着我国主持人节目和节目主持人的诞生。后来，据时任专题部副主任的陈汉元回忆，当年创办这个节目竟是一个想象不到的原因：“觉得有了主持人做节目可以减少经费。光靠画面，很多东西拍不到，看节目就不如听节目；有主持人可以少拍画面，与其拍不全，还不如让主持人来说说。”[①]这个节目的出现给我们传达了三个信息：

① 袁沫：《节目主持人探源——关于〈观察与思考〉的调查报告》，《主持人9辑》，中国国际广播出版社2001年版，第389页。

⑴主持人要严格政审，否则不可能成为“党的喉舌”。⑵我国的主持人节目是从“服务类”起步的，这和西方以娱乐节目起步全然不同。⑶主持人节目的出现更多的是延伸了人们的听觉。

不久，中央广播事业局1980年10月7日至18日在北京召开了第十次全国广播工作会议。会议总结了中华人民共和国成立三十年来广播电视的性质、新时期广播电视的宣传方针、任务和奋斗目标。中共中央宣传部部长王任重到会讲话，局长张香山作了报告，题目是《坚持自己走路，发挥广播电视的长处，更好地为实现四个现代化服务》。这次讲话吹响了“自己走路”的号角，广播电视工作者开始探寻“按广播电视规律办广播电视”的路子，热情空前高涨，主持人节目不断呈现。

1981年元旦，中央人民广播电台对台广播推出了《空中之友》。这个节目开播于《叶剑英委员长告台湾同胞书》的一年后。节目主持人“徐曼小姐”（原名徐乃文）一改传统的“高、平、直、僵”播音腔，以“甜、软、轻、美”的面对面交谈式声音走入了台湾岛的千家万户。

> 亲爱的台湾同胞，你们好！我姓徐，名曼。徐是双人徐，曼是罗曼蒂克的曼。我将以朋友之心，在《空中之友》节目中尽我的微力，回答诸位的问题。您有什么意见，什么疑问，什么愿望和要求，请告诉我。噢，我的通讯地址是北京2105信箱……

台胞们难以置信，大陆播音小姐会对他们如此亲切。在以阶级斗争为纲的年代里，大陆播音员严厉的高腔大嗓犹在耳际，那时记者的报道和播音员的广播都是没有署名的。然而，今天……

> 我是徐曼。亲爱的台湾同胞，您如果想到祖国大陆观

光旅游，可以到我驻外使馆或香港中旅社联系，他们会热情接待您，为您办好手续。

…………

我是徐曼。台湾小妹，收到了你的来信。看到你信上说："我为高考而奔波，站在十字路口，怀疑今后能否在生活的道路上走下去。"我多么为你着急啊。

徐曼成为台湾听众可以信赖的朋友。数百封听众来信带着万里风尘绕道从日本、香港、美国、加拿大、菲律宾、新加坡飞到了她的案头。有的署名"游子"、"天涯客"、"孤儿"、"苦命人"、"笼中鸟"，有的署名"知音人"、"有心人"、"中国信徒"、"热盼中国富强的人"……每一封信都装满台胞心底的声音，许多台胞是通过"空中之友"这座桥梁踏上了祖国大陆的。

自《空中之友》盛兴之后，1981年4月，广东人民广播电台推出了李一萍、李东主持的《大众生活》。"二李"聊天式的主持很受听众喜爱，李一萍被青年听众亲切地称为"知心姐姐"。

就此，刚刚出台的广播主持人节目形成了"北徐南李"的格局。

1981年7月至11月，中央电视台推出了每周一场共13场的"北京中学生智力竞赛"，掀起了知识竞赛节目的高潮。编导寿沅君在节目中设计了一位类似老师的人，由他来宣布、评判知识竞赛的问题和答案，掌握、控制现场的节奏，调节气氛，让节目既有课堂的严肃又不至于死板，既有竞争又有趣味。寿沅君挑选了我国第一位电视男播音员赵忠祥担任这个节目的主持人。节目获得了成功，不仅在全国电视界掀起了长达几年的知识竞赛热潮，赵忠祥也显示了他出色的主持才华。

上述四个节目不约而同地亮出了"主持人"的招牌。这四个节目各有特点：《观察与思考》播出时间不固定，主持人是个群体；"中学生智力竞赛”是个临时节目，赵忠祥当时是新闻播音员，主持这个节目带有客串性质；《空中之友》和《大众生活》是固定节目，但其主持形态，尚处于由播音员向主持人过渡的阶段。四个节目中，以《空中之友》在广播电视界的影响最大。

1983年是一个特别令人回味的年份，也是中国广播电视史上的“电视年”。

这一年的元旦，中央电视台的《为您服务》推出了我国电视史上第一位固定栏目的专职节目主持人——沈力。沈力成功地塑造了一位“温文尔雅，亲切平易，热情周到，为人民服务的老大姐”形象，仅一年就收到观众来信四万多封。这个栏目历经沈力、张悦和王小骞、肖薇三代主持人，已经是中央电视台的王牌节目了。

这一年的春节，一台大型综合文艺晚会——春节联欢晚会在中央电视台隆重上演。从这年起，晚会不仅采用现场直播的快捷方式，而且开始启用知名演员和主持人联袂主持。这台规模大、演员多、时间长、传播广、收视率高的晚会经过几十年无数艺术家和电视工作者的共同努力，已经成为最具中国特色的春节喜庆仪式——吃饺子、守岁、看联欢晚会。

这一年的3月，广播电视部召开第十一次全国广播电视工作会议,会议提出“四级办电视”的动议。“当时的目的和动机，应当是为了更好地将党中央的声音传达到千家万户。结果没想到，地方借助改革开放的动力，利用‘四级办电视’的由头，将新兴的电视媒体变成了地方领导表达自己的政治需求，塑造自己政治形象的一个重要渠道。于是，电视市场靠行政手段获得了前所未有的发展。从正面来说，行政手段能把中国电视从整体上做大，如果不是‘四级办电视’，只是由国家台（中央台）、省级台两级电视台，那就很难形成现在庞大的局面。但是反过来看，‘四级办电视’带来的问题是，有限的资源得不到合理的配置，有限的市场得不到充分的开发”，[①]但在当时还是极大地促进了主持人节目的良性增长。会后，中共中央37号文件批转了广电部党组《关于广播电视工作的汇报提纲》。《汇报提纲》在谈到“以新闻改革为突破口，推动广播电视宣传的改革”时，提出“要尽可能采取谈心和对话的形式以及节目主持人的形式，以增强新闻报道的吸引力和说服力”。这标志着“节目主持”作为一种节目形式得到中央的正式认可。

同是这一年的8月7日，中央电视台和日本佐田雅志企画社合拍的《话说长江》开播，在这部长达500分钟的大型系列专题片《话说长江》里，设置了两位在演播室与观众交流的主持人，那就是陈铎、虹云。陈铎和虹云的主持使亿万观众为之倾倒，也在专题片的主持形式上进行了有益的探索。

正在节目主持行走在阳光灿烂的日子时，情况骤然发生了变化。

20世纪80年代初与文学有关的思想论争，陆续渗透到文艺界的各个领域。当时论争的话题，是五六十年代，或更早时间发生于左翼文学的“陈旧”话题，或是这些话题的延伸。如文学与政治、“写真实”、“现代派”、人性和人道主义等等。其中，周扬《关于马克思主义的几个问题的探讨》是当时产生最大争议的文章。文章试图清算几十年来中国“左”的政治思想路线的哲学根源，以此推动思想解放的深化。文章指出马克思主义是发展的学说，批评了“终极真理”的观点，同时不同意把马克思主义全部归结为人道主义，但认为马克思主义包含人道主义。在阐释马克思早期著作《1944年经济学——哲学手稿》（80年代前期“思想解放运动”思潮中的主要理论依据之一）的“异化”概念时，认为马克思、恩格斯理想中的人类解放，不仅是从剥削制度下的解放，且是从一切异化形式束缚

① 胡智锋、刘春：《会诊中国电视》，《现代传播》2004年第1期。

下的解放。文章引出的最大“麻烦”，是认为不仅是资本主义，而且在社会主义条件下，也存在“异化”，包括经济领域的异化，政治领域的异化（权力异化）和思想领域的异化（个人崇拜或宗教异化）。这篇文章既得到社会各界的热烈支持，也很快受到激烈批评。对周扬文章系统的、最具权威性的批评，是胡乔木的《关于人道主义和异化问题》，他指出“宣传人道主义世界观、历史观和社会主义异化论的”“带有根本性质错误的”[①]思潮，不是一般的学术理论问题，而是“牵涉到离开马克思主义方向，诱发对社会主义的不信任情绪”。随后，周扬作了公开的自我批评。为此，1983—1984年间，全国开展了抵制和清除精神污染运动。

广播电视部迅速做出反应：1983年11月21日至12月3日在北京召开会议。会议着重讨论广播电视宣传如何抵制和清除精神污染的问题，还讨论了以爱国主义、共产主义思想为中心内容的宣传教育问题，并制订了选题规划。部长吴冷西在会上讲话。中共中央书记处书记、中宣部部长邓力群作了报告，题目是《关于清除精神污染的若干政策界限》。

主持人节目开始走得战战兢兢起来，发展的速度也缓慢了下来。此间，除1985年6月1日，中央电视台少儿节目《七巧板》改版，“鞠萍姐姐”成为千千万万儿童及其家长喜爱的少儿节目主持人外，有影响的节目几乎没有出现。

好在时间不长，1985年称得上是“转折年”。转变理论批评界面貌和格局的，是一批中青年批评家和研究者的出现。有异于上一代批评家的知识背景，尤其是生命体验在批评中的融入，建设起他们批评的个性品格和思想深度。这一年，刘再复发表引起争论的《论文学主体性》的长文。他以人道主义作为理论基础，建立了他的

---

① 洪子诚：《当代中国文学史》，北京大学出版社1999年版，第242－243页。

“以人为思维中心的文学理论和文学史研究系统”——这一“体系”构造的现实动力，来自于对文学的政治功能和文学创作上的机械反映的厌恶和批判，引起了文学界对只是关注现实社会政治问题做出反省，对忽视文学“本体”问题做出检讨。

当时的中国，文学绝对是文艺界的领头羊，文学的每一个理论都会迅速地影响文艺界的发展态势。这一场争论无疑也促进了节目主持的实践向新的方向行进。

纵观这一阶段，从节目主持人的构成来看，有两大特点：（1）主持人大多由播音员过渡而来。（2）基本以备稿形式主持节目。从主持人节目的形式来看，也有两大特点：（1）节目主持以生活服务类起步和成长。（2）主持形式还未摆脱“你说我听”、“你传我受”的单项传播模式。

2. 探索期（1986—1991）

1986年12月15日，我国第一家经济电台——珠江经济广播电台成立，它推出的“珠江模式”石破天惊，迅速风靡全国并引发了持续多年的“经济台”热和广播节目大改版。珠江经济广播电台首创的“大板块”节目架构，主持人“采、编、播、控”集于一身，“提纲加资料”的直播方式，“听众热线电话参与”等成功经验，对全国的广播电视节目改革产生了积极、深远的影响。

“珠江模式”标志着我国的主持人节目完成了从播音员向主持人的过渡。在此之前，主持人基本上是由播音员改行过来的；在此之后，记者、演员、教师以及各行各业的专业人才通过社会招聘涌入主持人队伍。主持人在工作性质上愈来愈显示出自己的特色。“节目主持人”作为一个新的独立的工种，逐渐被广播电视界乃至全社会所承认。

1987年元旦，中央人民广播电台推出两档主持人节目，这就是《午间半小时》和《今晚八点半》。伴随着这两档名牌节目，傅成励、虹云和雅坤成为广大听众喜爱的名主持人。记者出身的傅成励和播音员出身的虹云以其各具特色的主持，成为广播界的“黄金搭档”。

1987年5月11日，上海人民广播电台推出以主持人命名的节目《蔚兰信箱》。这个没有稿件、长达两个小时（后改为一个小时）的早间谈话节目，令听众耳目一新，很快在黄浦江畔引起轰动，进而带动了全国的广播谈话节目。

1987年6月，上海电视台推出了全国第一个社会多视角的“杂志型电视新闻栏目”《新闻透视》。这个栏目从形式上大胆突破新闻播报模式，主持人李培红走出演播室，直接参与选题和现场采访；从内容上融新闻性、知识性和服务性于一体，及时捕捉、剖析观众关注的重大新闻、热点新闻和社会问题，直接反映观众的意见和呼声。《新闻透视》节目初战告捷，继而影响了类似节目在全国各地的推出，如浙江《黄金时间》，中央《观察与思考》、《今日世界》等。

1989年1月，天津人民广播电台开办了性教育节目《悄悄话》，由张琦任主持人。节目开办以后，受到听众的拥趸。此后，在夜间的广播节目中谈人生、谈情感、谈婚恋的夜话类节目逐渐多了起来，一直延续到现在。

进入20世纪90年代，节目主持人步入了一个更为活跃、更能施展才华的时代，一批优秀的综艺节目主持人脱颖而出。

1990年3月，中央电视台《综艺大观》和观众见面。这个节目先后推出了王刚和倪萍两位备受观众欢迎的节目主持人。王刚的主持圆熟、松弛，后来由他主持的《东芝动物乐园》和《朋友》等，都有着令观众倾倒的魔力；而倪萍则以热情平易、真诚质朴的主持风格使数亿观众为之陶醉，被誉为“最具中国女性魅力的节目主持人”。

与此同时，1990年4月，另一个栏目《正大综艺》也推出了一位耀目的电视明星，那就是杨澜。作为一个从未涉足电视领域的大学生，杨澜以她的灵气和青春风采赢得了观众的喜爱。她与具有大叔气质的赵忠祥珠联璧合，把《正大综艺》推上了巅峰。至此，赵忠祥、杨澜、倪萍被视为中央电视台20世纪90年代前期的三大“台柱子”。

1990年7月15日，上海电视台叶惠贤主持的《今夜星辰》开播。该节目实行“主持人中心制”，叶惠贤集编、导、主持和制片人于一身，节目办得有声有色，成为上海台收视率名列前茅的王牌节目。叶惠贤是主持人中不可多得的奇才，他以幽默风趣的语言、机智灵活的应变、恰到好处的即兴发挥，赢得了“荧屏智多星”的美称。

1991年11月18日，由中央电视台(CCTV)和日本东京广播公司(TBS)合作，历时三年的大型电视纪录片《望长城》开播，一举创下了纪录片的最高收视率。其成功元素很多，但重要元素是对主持人作用的开掘。全片以主持人焦建成为轴心，沿着主持人的行为轨迹、视点延伸，借助主持人真实的个性魅力，把观众引入一个浓郁的“长城文化”氛围中。焦建成的主持去粉饰、弃雕琢，努力把自己还原为普通人，使中国的电视主持艺术产生了质的飞跃，是中国电视主持艺术的一个重要里程碑。

这一阶段，从节目主持人的构成来看，已不囿于由播音员过渡而来，而是向社会多方面吸纳人才。从主持人节目的形式来看，综艺、纪实节目走向高潮，广播谈话悄然而行。主持方式向平民贴近，是摆脱“你说我听”、“你传我受”的单向传播模式，向双向互动模式靠近的前奏。

二、节目主持理论的探索

1980—1991年间，是我国主持人节目大发展、大普及时期，飞速发展的实践渴求理论的提升和指导。与此同时，“主持人现象”也引起了广播电视界专家学者的关注。从1985年起，广播电影电视部政策研究室、北京广播学院和一些电台、电视台纷纷召开有关节目主持人和主持人节目的研讨会，结合我国主持人节目的现状，探讨理论和实践问题。理论界的关注和支持为主持人的健康发展起到了保驾护航的作用，也开拓了我国广播电视研究的新领域。

这一阶段，最重要的节目主持理论探索，来自于张颂和李东的一场学术争论。

1988年中国广播电视学会播音学研究会上，北京广播学院张颂教授从“播音员应该涵盖主持人”这样一个命题出发，批评了“目前播音界自然主义倾向正在蔓延”[①]的现象，认为播音改革探索的重点应该是“它的三性、三感，即规范性、庄重性、鼓舞性，时代感、分寸感、亲切感”，强调“无论是播音员或是主持人，都应有这方面的追求”。[②]

针对张颂教授这一观点，广东广播电台李东在《岭南视听研究》(1989年第1期)发表《走出魔圈——主持人与播音员语言特征辨析，兼与张颂商榷》。李东在文章开头首先不同意“涵盖”之说：

> 节目主持人的出现，打破了传统播音方式在我国语言广播中的一统局面，在语言风格——即语言表达上形成的作风和气派。具体体现为由词汇、句式、音律、辞格、章法等各种语言手段和表达方式综合运用所造成的具有一定系统性的语言特点——确实与播音员形成了“鸿沟”。试图“涵盖”它，以及“涵盖”以后把二者的探索都统一到“三性”、“三感”上，不能不说是理论上的一种失误，对目前的实践和广播改革的进一步发展都会造成消极的影响。探索的出路只能是调整我们的认识，走出我们为自己划定的“魔圈”。

① 摘自《全国首届广播电视优秀作品评选暨播音学研究会一九八八年年会摘要》。

② 王穗凤、管炎君：《张颂教授谈播音》，《广东播音》1988年总第509期。

接着，他还强调区别主持人与播音员各具系统的不同语言特点，以及作为语言广播方式所存在的共同基础和内在联系。他认为把二者完全割裂，彼此对立起来的观点是不正确的。

这篇文章在“首届全国广播电视主持人节目论文”评选中以9.65分高居榜首，荣获一等奖。这篇文章的价值如何，我们暂且不论，诚如时任中国广播电视学会主持人节目研究会理事长白谦诚在颁奖大会上的论文评选综述及感言中所说的：“作者敢于‘争鸣’的理论勇气，比文章本身更为可贵。”

接着，张颂先生于1993年暑期赶写《播音语言通论——危机与对策》予以辩驳。

于是，这场争论引发了业界关于播音员和主持人区别的大讨论。笔者认为，概念是研究问题的逻辑起点，对“主持人”、“播音员”概念的探究，也是对节目主持艺术本质的探究。

陆锡初先生认为：“在主持人和播音员之间不能画等号，他们是两个不同的范畴，其主要区别表现在四个方面”，即（1）与受众关系不同；（2）对象感不同；（3）参与节目程度不同；（4）播音方式不同。在谈到“与受众关系不同”时，他说道：“主持人是以个人的身份出现在听、观众面前，以第一人称‘我’直接与受众交谈的。”而“播音员是电台的代表，是代表党和政府说话的。播音员以第三人称的身份出现，他的任务是忠实地表达作者在稿件中反映的主题思想和感情色彩，即充分表现新闻稿件的个性”。在谈到“播音方式不同”时，他说：“播音员采用‘宣读式’的播音，以有效的方式朗读他人撰写的稿件，准确地表达原稿的精神实质，语气庄重严肃。主持人采用‘交谈式’播音，以谈话的方式、平等的态度、商量的口吻，与受众娓娓谈心，语气亲切自然。”[①]

① 《主持人2—3辑》，中国广播电视出版社1993年版，第172—260页。

金涛先生在《也谈节目主持人与播音员异同》一文中曾严厉地指出："从目前的情况看，在谈论节目主持人与播音员的异同时，有两种倾向特别值得注意。一是把节目主持人同播音员对立起来，一褒一贬，夸大二者之间的不同点。二是只看到节目主持人与播音员相似或者一致的方面，把二者相混淆，认为主持人就是播音员，播音员主持节目就是主持人。大凡在我们为一种事物命名的时候，首先要考虑的就是此事物有别于他事物的最本质特征。"他认为，播音员和节目主持人的不同从"工作范围"、"所负责任"、"交流方式"、"个性特征"四个方面加以辨析。其中谈到"交流方式"时认为"播音员与听（观）众的交流比较单一"，而主持人就具有"多样性"了。特别是谈到"个性特征"时，他认为："播音员所播出的内容都是既定的，他的个性特点是通过有声语言的表达体现出来的；主持人的个性特征就不只局限于有声语言的表达了。"①

当然，当时关于播音员和主持人区别的讨论，众说纷纭，远不止这两家之言。时至今日，几十年的实践证明，"播音员绝不能涵盖主持人"，他们是有区别的。播音员是以稿件为依据进行再创作的语言工作者；而主持人是"在广播电视节目中，以个体行为出现，代表群体观念，以有声语言为主干或主线驾驭节目进程，直接面对受众，平等地进行传播的人"。②

其实在英语中，主持人的称谓有不同的形式。Host, Anchor, Moderator, Newsreader四个词都是对主持人的称谓。Host，它的英文原意为"主人"、"东道主"，借用到主持人称谓中，即节目的串联人、协调人，特指娱乐节目或轻松类型的节目主持人。美国把谈话节目收入娱乐节目，娱乐节目主持人是Host最常指的含义。Host最初的渊源要追溯到1948年12月，哥伦比亚广播公司推出了一个娱乐

① 《主持人2—3辑》，中国广播电视出版社1993年版，第260—263页。

② 赵玉明、王福顺：《广播电视辞典》，北京广播学院出版社1999年版，第212页。

节目《天才展现》，由阿瑟·戈弗雷主持。戈弗雷将演播室布置成为一个会客厅，自己以“主人”的身份出现，将艺术界的名流和业余爱好者请到演播室，并献上各自的技艺和绝活。此后，Host就成了娱乐节目主持人的代名词。Anchor一词的英文原意为“锚”、“锚的固定装置”，指主持人在演播室对节目起到稳定的功能，所以Anchor还有一个意思是“可以依靠的人”。在体育术语中，Anchor还指接力赛跑的最后一棒运动员，这个意思好理解，因为广播电视节目制作的最后一个环节就是“播出”，主持人就是对电视生产流程而言的“最后一棒”。这一称谓，用在主持人中特指新闻节目主持人。像美国《60分钟》的那些大牌主持人丹·拉瑟等都被称为Anchorman。1952年，在美国总统的又一个大选之年，CBS节目制片人唐·休伊特提出创意，由一名有经验的记者将全国各地的报道串联起来形成一个整体。休伊特形容这个人好比接力赛跑中最后一棒的运动员，是四个队员中速度最快，具有冲刺能力的人。“Moderator”词的原意是“仲裁人”，用在主持人称谓中特指竞赛类节目的主持人。Moderator在使用中虽然有一定的限定，但在有的国家里具有“主持人”的含义，德国就使用Moderator称呼主持人。还有一个称谓是Newsreader，从字面理解，它的意思就是“读新闻的人”，也就是我们所说的“新闻播报者”或“新闻播音员”。因为新闻播报的最主要功底是流利而准确地认读新闻稿件，他（她）的工作以及功能就是read（读）。辨析这些称谓中细微的差别，有助于我们更清楚地理解不同节目类型中主持人不同的功能与职责。也可以看出，节目主持的实践是不能脱离节目的性质及特点而独立存在，主持人在节目中存在着类型的划分。

三、节目主持选才模式的探索

作为强势媒体的中央电视台从20世纪80年代起开始举办主持

人大赛，每次大赛选才模式的变化，一方面反映了当时节目主持艺术的发展现实，另一方面也反映了时代对主持人素质要求的变化，同时也推动了高校培养主持人目标的进一步完善。

1988年，中央电视台举办了第一届“如意杯”节目主持人大赛。

“如意杯”主持人大赛向观众推出了鞠萍、程前、高丽萍、任志宏、晨光等专题节目主持人。这一时期对主持人的选才大致从以下三个方面进行：一是政治素质，敬业精神；二是职业特质，较强的口语和文字表达能力；三是外貌条件和仪态素质。举办这次大赛时，我国主持人的发展还处于探索阶段。所以，对主持人的要求是由“高调子、强语气”的传统播音向亲切自然、平易柔和的风格过渡，提倡树立个人风格，以交流感、对象感强的方式服务受众。第一届“如意杯”没有对选手分类，不同类别的主持人同场竞技，给评选工作带来了难度。比赛过程中，确实出现了一些问题，如，“原山西电视台的新闻节目主持人高丽萍无论是在展播节目中的采访，还是在评选晚会上的现场采访，她得体的提问，恰当的议论，敏捷的思维和从容的风度都给观众留下了深刻的印象，如果评选‘新闻类’节目主持人，第一名非她莫属。然而，高丽萍却在‘十佳’中位于倒数第二，这显然有失公允！”[①]

“如意杯”主持人大赛采用“展播+观众评委投票结合+决赛”的模式。评委先对选手提交的6分钟节目进行初评，推荐出参加展播的选手，再采用专家和观众投票相结合的方式，选出决赛选手。决赛实际上是一场展现主持人才艺的现场直播晚会。我们可以看出，此模式明显忽视了笔试和面试。笔试可以考察知识结构和文字表达能力，面试可以考察口头表达能力、应变能力、形体表演能力及风度气质等。没有考笔试面试，说明主办者对主持人的综合素

① 郑磊：《从大赛看主持人选拔理念的变化》，《电视研究》2001年第8期。

质还不够重视。从十名获胜者的简历分析，发现三人有大学学历，一人有记者经历，六人有播音员经历，且前五名选手皆有播音员经历。大赛以晚会来论英雄成败，可看出主办者把主持人多才多艺作为一个重要的选才标准，这实际上是陷入了一个误区。赵忠祥在谈到此次比赛时说："这次'如意杯'的评选，有一个非常大的倾向，就是以演播或屏幕形象为准，尤其是专业主持人评选，几个片段就一锤定音，并不完全能体现本人的优势与不足。因为，只评'自选动作'（选手提交的节目）没有'规定动作'（笔试、面试等综合素质的考核），条件、环境、导演与编辑的功力都不一样，主持人的表现受到极大的制约。因此，很难说这是一次恰如其分的评比。我认为这种评选并不能推动主持人在长期的功力上努力，容易追求形式。"①

第二节　转型发展期（1992—2001）

1992年年初，邓小平视察中国南方城市的改革状况，在武汉、深圳等地发表了讲话，简称"南巡讲话"。之后，小平同志的"胆子再大一点"、"步子再快一点"、"思想再解放一点"的口号响彻中华。同年10月，中国共产党第十四届全国代表大会召开，其精神内核是，提出了中国社会以市场经济取代计划经济。从此，整个中国进入了一个"转型"时期。所谓的"社会转型是对近代以来世界上发生的一系列创造性变革的总称，它是人类在生存方式上，在处理自身事务方面发生的伟大革命性转变……这种整体的社会模式变革或转型主要体现在三个方面：即经济领域由非市场经济模式向市场经济模式的转型；政治领域由集权政治制度向现代民主政治制度的转

① 《节目主持人职业素质评价指标体系研究成果汇编》，中国广播电视出版社1999年版，第116页。

型；文化领域由过去封闭、单一、僵化的传统文化向当今开放的、多元的、批判性的现代文化的转型。"[①]

市场经济体制的确立和发展，使得文化与政治的关系相对疏离，文艺政策上也相应做出了调整，于是中国的消费文化在20世纪90年代基本发展成型，"大众文化"成为人们主要的文化需求。俄国思想家巴赫金把转型时期的文化特征概括为众声喧哗、语言杂多，其间各种话语互相对话、交流，以实现自我和他人的价值。具体地说，社会转型时期的特点是：（1）文化从单一、统一思想的民族语言所塑造的民族文化的神话和文化封闭圈中解放出来，走向一个多语言、多文化交流与对话的时代。（2）文化与文化之间互相融会、撞击，对话呈多层次、多向度的局面，即传统与现代、异邦与本土、高雅与俚俗、"官话"与"方言"之间的各种话语，纷纷在语言文化的竞技场上，争奇斗艳，百家争鸣，众声喧哗。（3）语言杂多、文化多元的离心力量冲击、颠覆、瓦解着向心力的中心话语霸权，使之崩溃解体，中心话语的意识形态权力中心摇摇欲坠，不得不从封闭、合理化、自足的现有体系与框架中努力挣脱出来，接受语言杂多、文化多元的历史事实。（4）这个时代的文化主体中，占主导地位的不是中心权威的"独白式样"话语和神话话语，而是各种语言与价值体系同时共存的"对话式"、"小说"话语，"自说自话"、"大说"则日趋式微。

节目主持的发展无论在实践还是理论方面，无疑都呈现出了以上的特点。

一、节目主持实践的发展

随着改革开放的脚步，一个富有生机的中国即将呈现在世界的

① 李钢：《社会转型代价论》，山西教育出版社1999年版，第15页。

东方，节目主持的实践也出现了著名的“东方现象”。

“东方现象”之一

1992年10月28日，上海东方广播电台开播。上海东方电台的开播，把大规模的听众参与电话热（包括热线点播、热线专访、热线谈话、热线咨询、热线投诉）推向高潮，给广播带来了一个全新的传播效应。于是，众多媒体评说“广播实现了回归”。上海新闻界称之为“东方现象”。

《人民日报》为此发表专文，称1993年为中国的“广播年”。

东方电台的成功，影响着整个广播电视界，且不说它在领导体制和运作方式上的改革，也不说它采取全天24小时主持人直播和整个新闻的滚动播出带来的传播效应，更不说它首创三个小时新闻性板块如何汇天下之精华，这里单说它在运用热线电话方面的广泛影响：东方电台的新闻板块、专题板块、文艺板块题材内容非常贴近上海市民的思想和生活实际，符合现代人的心理需求；节目的传播方式及表现方法新颖活泼；电话参与节目和风格各异的热线主持人，吸引了大量听众参与广播。据上海市电话局定时测定，每分钟有2000～4000个电话试图打入。

电话介入广播，使人际传播和大众传播有机结合、相得益彰。“开放、诚恳、深入、支持、积极”，这是研究者们归纳当时广播主持传播交流的特点。

“东方现象”之二

1993年1月18日，在黄浦江畔的中华第一商业街上，诞生了中国最年轻的一家省级电视台——东方电视台（简称“东视”）。随着“东视”的开播，中国各省市由一家省级台独霸天下的局面开始被打破，地方区域电视特色开始凸显，电视功能开始拓宽，中国的电视机制改革也在竞争与合作并举的国际化格局中迈出坚定的步伐。

“东视”从孕育到成立恰逢小平同志南巡讲话和党的十四大

召开，这不是一个简单的时间的上巧合。可以说，是中国改革在1992年加大步伐和加强力度的大环境下，引发的中国电视业转变观念与机制的尝试。而“东视”的建立，正是这样一种尝试的结果，中央决定开发浦东和小平同志关于上海要“一年一个样，三年大变样”的指示，使得上海重又成为改革开放的前沿。而“东视”的定位，正是以浦东为依托，服务上海，面向长江三角洲，辐射海外，这种层层开放的格局也正好适应了上海的整体开放战略。

“东视”创造了许多“第一”：

率先实行新闻当日多次滚动播出；

率先在新闻节目中大量插入内容提要式的画面提示；

开办国内最早的现场直播谈话节目——《东方直播室》；

开办国内最早的大型娱乐节目——《快乐大转盘》；

率先推行栏目制片人负责制；

坚持制作与播出分离的原则。

“东视”的创造给主持人节目和节目主持人提供了更大的发展空间。

东方现象之三

1993年5月1日，中央电视台成功发掘了早间节目时间段，推出了具有开拓意义的《东方时空》。这个杂志性新闻节目开播不久即大受欢迎，成为一个“影响中国人生活方式”的节目。更为重要的是，这个栏目推出了一批有思想的主持人，他们不再是传声筒，不再是编导控制的播报工具，他们以记者身份登台，以独特的个性化思考活跃在主持人工作岗位上。虽然当时受中国电视体制以及长期以来形成的编导中心制的制约，还不能说中国在思想型主持人中有了真正的代表，但是坚冰毕竟已经开始融化，一切都已经开始了。《东方时空》的开播，犹如《天方夜谭》中的阿里巴巴打开了那扇奇异的石门，让人们眼前一亮、心头豁畅。同时，《东方时空》还带出了一批具有划时代意义的电视栏目：

其一，1993年5月10日，我国第一个以主持人命名的电视节目诞生了，《一丹话题》以清新、质朴、富有个性的主持方式走进大众。虽然这个每周8分钟的小栏目仅仅开办了一年，但其彰显个性，追求创新思维的内涵尤为珍贵。

其二，1994年4月1日，具有强烈震撼力的《焦点访谈》开播了，仅半个月就成为全国人民关注的“焦点”，在不到一年的时间里，这个栏目已经跃升为观众最喜欢的栏目之一，收视率可与《新闻联播》媲美，并在1995年全国主要新闻媒体名专栏、名节目评选中荣登榜首，成为中国“第一名牌”节目。伴随节目出现的一批节目主持人也成为家喻户晓的电视明星，敬一丹、水均益、白岩松、方宏进等共同塑造了诚挚、朴实、稳健、权威的中国电视新闻评论类节目主持人的群像。

这种“评论”式的主持样式，不仅提升了新闻节目分量，还推动了其他节目类型的主持技艺的增长。例如，这一时期伴随世界杯、欧锦赛、甲A联赛等足球赛事的转播，中央电视台增设了一批体育节目，为此也涌现出了一批足球解说员。其中，客串主持人张路的“说球”独具特色，这种“解说”+“点评”的体育现场主持，标志着体育节目主持人由“解说”向“评论”的转化。之后，以中央电视台黄健翔为代表的新生代体育节目主持人，继续走张路的路子，深受球迷欢迎。

其三，1996年3月16日，《实话实说》正式开播，其开篇之作的题目是《谁来保护消费者》。主持人崔永元在演播现场与嘉宾、观众直接对话，其幽默风趣、灵活应变和真诚善良的常人心态，感动、融化了无数观众的心，一出台就受到了观众的喜爱。崔永元塑造出了“中国第一脱口秀”的主持人形象，并将中国主持人的主持方式、谈话技巧、形象塑造等都向前推进了一大步。由此，步《实话实说》

后尘，全国掀起大办谈话节目的热潮。

就在全国各地紧随《实话实说》，大行谈话之风时，湖南电视台异军突起，挣脱束缚，以“娱乐立台”。1997年7月13日正式推出《快乐大本营》，栏目以游戏为主，辅以歌舞、小品、相声和少部分事先录制的节目，集欣赏性、青春性、时尚性于一体。李湘、何炅活泼时尚的青春偶像派主持人形象，立即迷倒了无数少男少女及渴望放松身心的成年人。自此，娱乐风潮席卷全国，“快乐”克隆版不息。湖南电视台犹如注射了一针兴奋剂，决心把“娱乐进行到底”。1998年8月1日，《玫瑰之约》如约而至。“到电视上谈恋爱”，立即成为一道文化风景。不到两年的时间，先后有二十多个省的七十多家电视台去湖南电视台学习取经。

正当地方娱乐节目风起云涌之际，央视接踵而至的《幸运52》和《开心辞典》，使李咏、王小丫成为娱乐节目主持的“领袖”级人物，其各具特色的主持风格为人们谈论和效仿。

1998年11月，央视《幸运52》开播，这是演播室录制的节目，主要形式是邀请普通百姓担当选手，以进行趣味竞赛的方式进行智力比拼，同时获胜选手还将获得丰厚的实物奖品。在激烈角逐的同时，场外观众也可以通过热线电话、电子邮件和信件进行互动，并获得相应的奖励。

2000年7月，央视《开心辞典》开播，这个栏目引进国外先进节目的版式，上演了一幕外地媳妇本地郎的“美满婚姻”。《开心辞典》与其他娱乐节目最大的不同是将网络与电视这两大媒体连接，实现了节目与观众的互动。全国的电视观众可以通过网络或电话的形式参与节目，实现全家人的梦想。《开心辞典》凭借独创的“家庭梦想”概念，以亲情聚拢了一个巨大的观众群。知识的传播、如履薄冰的惊险、强烈的参与性和奖金的诱惑，构成这一节目的四大卖点。继《开心辞典》以后，全国省级电视台开办类似栏目近50个。

在电视大众文化欣欣向荣之际，中央电视台2000年首开中国精英谈话栏目《对话》。《对话》以其“时代的思考、重量级的嘉宾、创造性的表现形式”，开启了一种“智”的视界与方式。时代精英的人生经验与人性光彩，使《对话》成了一种新的载道工具，一座承载思想、实现自我的桥梁。主持人陈伟鸿的“知性”主持，让人们在节目主持的领域里，感到了主持人文化内涵的分量。

二、节目主持理论的发展

1993年，主持人节目研究委员会组建学术委员会，并在第一届理事会上正式设置“金话筒”奖，用以表彰优秀节目主持人（该奖于1997年纳入“中国广播电视学会奖”）。“金话筒”奖的设立，成为全国主持界的一件盛事。与“金话筒”奖同设的优秀论文“金笔奖”也在1993年诞生。“金笔奖”的设立，不仅推动了主持人把实践经验向理论升华，同时还吸引了一批专家学者进入节目主持的理论研究。

这一阶段的节目主持艺术理论研究中，出现一个很有意思的事：“倪萍研究”，学界也叫“倪萍现象”。

“在大多数人看来，倪萍的电视节目主持人生涯是相当顺利的。她以一个有些知名度的电影演员身份进入中央电视台，担任影响巨大的《综艺大观》节目主持人，几乎立即就以其朴素、随和的台风得到了广大受众的喜爱，并且获得了当年电视综艺节目的最高奖项‘星光奖’。这意味着作为一个主持人，她得到了大众与专家的一致认同。”[①]1996年可能是倪萍人生中最艰难也最值得记忆的一年，她离开主持七年的《综艺大观》，走进《文化视点·倪萍访谈录》，随即遭到非议。先是集中于她在节目主持中的“表演”意识，

① 《“倪萍现象”专题学报沙龙讨论·编者按》，《现代传播》1997年第1期。

而后又对她的“文化素质”提出质疑。这令倪萍本人郁闷，倪萍带着自己的困惑和焦虑，将自己的心里话，一股脑儿地倾诉了出来，这就有了《现代传播》1997年第1期上刊登的文章《倪萍：自述与自视》。

> 我主持了很久的《综艺大观》，它给了我许多美好的时刻。但可怕的是后来，我发现我已经开始一千次重复自己，这样下去不行，我想到超越自己，或者说，打倒自己，重新再来，哪怕“打倒自己”意味着有一个“平躺”的阶段。个别人认为我多年来是在用一种激情的表演来赢得观众，这是我不能同意的，可能我的演员出身也使人想到“表演”、“煽情”。坦率地说，如果单靠表演，根本不可能把这七年做下来。

倪萍在否定表演同时，又说：“我信奉斯坦尼斯拉夫斯基表演体系的金科玉律。”

在这篇文章里，她更多的是诉说事业无法转折之痛：“我，做了一个的确有些不自量力的节目——《文化视点》。这半年我过得很压抑，恍如在梦中奔跑，倾尽全力却无从着力。”“对《文化视点》很多批评提到的一个问题是‘倪萍没有文化’。我承认，我的文化的确不足，别说做《文化视点》，即使在《综艺大观》的位置上工作时，我每天都有文化上力不从心的感觉，一站到主持台上就知道自己什么也不够了，但这是不是《文化视点》节目失败的关键？”[①]庆幸倪萍选择了“倾诉”，这为主持人问题研究的学者提供了难得的资料；同时，也使媒介批评向着研究者与研究对象对话的态势靠近了一步。也就在这期杂志上，举办了一个“倪萍现象”的专题学报沙

---

① 倪萍：《倪萍：自述与自视》，《现代传播》1997年第1期。

龙讨论，并加了“编者按”。

学者们讲的是“倪萍”，实际上“倪萍”已只是一个符号，研究的视野已拓展到节目主持艺术的方方面面。笔者经过整理，大约涉及以下六个问题：

1. 主持人要根据不同类型的节目调整自己的言语策略

“大众参与文化仪式的目的，仍然是寻求幸福感和智慧感。所以，从仪式的角度看，电视专题节目大体上可以分为两个方向：产生幸福感的仪式和产生智慧感的仪式。综艺类节目应该属于前者，这类节目力图在狂欢中使大众沉浸于幸福的氛围之中，要求主持人具有极强的感性魅力；文化类节目属于后者，这类节目通过展现、分析和揭示文化现象，使大众产生深度震惊，这当然要求主持人具有一定的理性魅力，主要表现为主持人切入问题的角度和语言。语言是文化类节目中最重要的因素，语言是存在之家。唯有透过语言，人们才能触摸到事物的内在秘密。当倪萍在主持《文化视点·倪萍访谈录》时，继续使用她在主持《综艺大观》所常用的平面化情感性的语言，受众就会感觉缺乏新鲜感和力度。”

（陈刚：《如何走进电视文化仪式》）

2. 栏目与主持人风格的融合问题

“《文化视点》不同于《综艺大观》，前者讲求贴近，追求亲和，后者强调冷静，注重审视。从《综艺大观》到《文化视点》，两种截然不同的节目风格将难题带给了倪萍。”是“继续保持旧有形象”，“还是改变原有的已为自己所轻车熟路并被观众所认可的主持风格，以一种全新的，与《文化视点》栏目风格相一致的形象出现。主持人个人的媒介化不仅仅意味着一次性的塑造，还必须学会变化，学会调整”。“倪萍的失误也许主要就在于将《综艺大观》中的‘倪萍’原封不动地带进了《文化视点》”。“要么给主持人配以风格相当的节目，要么节目选择风格相近的主持人，二者均有利于主持人个人优势与特色的发挥，有利于主持人个人魅力的展现。”

（刘敬东：《究竟是谁的错？》）

3. 理论研究滞后的问题

“文化首先表现为一种知识的积累。我们的大众传播业近十几年是以一种超乎寻常的速度发展壮大起来的。于是，实践超前，而理论严重滞后。无论是主持人、媒介还是评论界，每一个个体都在不同程度上普遍缺乏与媒介发展相适应的知识储备。仅拿在西方几十年方兴未艾的传播理论来说，自80年代传入我国以来，至今已逾十几载，而其影响力和应用范围仍仅仅局限于高校与一些科研机构等狭窄空间之下，在媒介以及相关机构中，除了少数几个新名词脍炙人口以外，真正清楚传播特性、社会功能和发展前景，清楚媒介间相互关系、传播对象组成，清楚如何产生效果和产生怎样效果等等问题的又有几人呢？如此情景下更谈不上与媒介发展相适应的思维水平和行为能力了。”

（刘敬东：《究竟是谁的错？》）

4. 主持人职业智慧问题

“倪萍敢于担纲《文化视点》这样的重头栏目，显然，是为自己定下了更高的事业标尺，是一种大胆的人生挑战。这种勇气值得钦佩。但是，倪萍此举，必然面对另一种解释：人的名气一大，容易狂傲不可一世，忘掉了自己看家的本钱，觉得自己无所不能……所谓‘万金油’型的人才未必是一个优秀的主持人。扬长避短，善于‘藏拙’，是十分必要的。”

（徐舫州：《电视节目主持人是一个危险的行当》）

5. 受众审美期待问题

“倪萍的问题，从大的方面说，与我国近几年来广大观众的审美估价系统出现了较大的漂移和变迁有很大关系。”

（王志敏：《文化与审美不是一回事》）

“现代公众又总是希冀着打破令人麻木的文化沉闷，追求新奇的刺激，这意味着对标准化和程式化的反感与厌倦。于是，本质上的千篇一律与表面上的瞬息万变相结合，成为大众文化的基本形态。”

（苗棣：《厨师与食客：慢慢地放松》）

6. 思维方式以及体制问题

“大多数主持人在‘游戏规则’允许的范围内，尚未表现出能写敢说的品质。”

“为什么一个崇尚真善美的主持人不能面对假恶丑？为什么文化节目缺乏思想力度和语言穿透力？为什么在迷茫之雾遍披学林之际，主持人却避而不谈国人在社会文化转型期面对着的种种亟待解决的时代课题？……这许许多多的‘为什么’都可以从把关人身上找到答案。任何国家、任何体制之中，都有把关人，所不同的是把关人的价值取向和权力性质。如果把关人坚持以一元化的脑袋去对付这个多极化的世界，此间的主持人就永远忍受‘没文化’的痛苦，而那些批评者也将只能拣软的捏——拿主持人开刀。”

（吴迪：《也该问问把关人》）

之后，学界不少人士都参与了这次讨论，其中以应天常先生的阐述最为中肯和有见地。应先生1995年就发表过《论倪萍》的文章，此番，他借文劝解倪萍，实质却道出了主持人应有的人格魅力和文化内涵。他说道：“看了倪萍的《自述》发现，她活得很累，这‘累’可能在一定程度上是心理上的。”例如，“本来，‘自视’可以净化心理，摆脱精神上的负担，但‘自视’不易。人不一定能正确认识自己，而且稍不留意，‘自视’会‘视’到别人身上去，比如把别人的批评归结于自己的‘演员出身’形成的某种先入为主的偏见，这样的‘自视’不是越‘视’越‘累’吗？极强的承受力是人格获得的必要前提。坦然地承受、表白是一种清醒的人生感悟，一种在自我收敛中寻求迸发的能量蓄积，而每次承受都无不是深厚的人格魅力的张扬。”“说一个主持文化栏目的主持人没文化，这是最让倪萍痛苦的事情。”“倪萍最好暂时将世人的臧否搁置一边，冷静下来，客观地审视自己，平等地参与‘文化’问题的讨论。公平地说，倪萍的节目主持是有文化的，有着文化渗透的释放，例如，她主持节目的‘谦和’风格，正是很好地体现并弘扬了我们中华民族文化的基因，这也许正是她长期得到亿万观众拥戴的重要原因。”[①]

其实，就在学界、理论界侃侃而谈时，《东方时空》、《焦点访谈》的编导和主持人也在或多或少地思考着实践者的这些问题。只可惜，理论与实践隔膜已久、长期脱节，“应”“答”不成音，“呼”“唤”不成气。

倪萍终于走出了《文化视点》，去了中国电视剧中心。2003年第六届金话筒特殊荣誉奖仍然颁给了倪萍，倪萍也算终成正果。但“倪萍现象”却给节目主持艺术的发展留下了许多有价值的思考。直至今日，有些问题仍成为“空悬”理论，有待人们去研究解决。

三、节目主持选才模式的发展

应和着节目主持实践和理论的转型发展，这一时期，中央电视台适时重启了停止了七年的主持人大赛。

1995—1996年，中央电视台跨年度举办了第二届“金士明杯”节目主持人大赛

“金士明杯”举办的时候，中国电视已进入了栏目化运作时期，电视栏目已经有了明确的分类，在吸取了“如意杯”经验的基础上，这次比赛按新闻、社教、综艺、少儿四种类型选取相应的节目主持人。

① 应天常：《再论倪萍——读〈倪萍：自述与自视〉》，《现代传播》1997年第4期。

王志、张恒、袁鸣等选手给观众留下了深刻印象，也得到了观众的广泛支持。

“金士明杯”在比赛模式上和“如意杯”明显不同，采用的是“展播+观众评委投票结合+笔试、面试”的模式，决赛分为笔试和面试。笔试要求选手在150分钟内，按要求构想一个新栏目，侧重谈主持人与栏目的关系，主持人在栏目中所处的位置等；面试则要求选手在现场观看十段左右节目素材后，准备大约两个小时，按有关主题重新组织、编排和串联成一档完整的主持人节目，并当场回答评委的提问。决赛意在测试主持人的采编播能力，节目的组织驾驭能力和应变反应能力。不难看出，主办者心目中理想的主持人应该是采编播合一的主持人。这种模式也暴露出一些问题：预赛和复赛是根据选手送来的录像带，这是集体合作的成果，包装色彩比较浓厚，很难判断主持人的个人实力。其实这个问题“如意杯”时就已存在。笔试时，过于强调专业素质，忽视了对知识面和文字功底的考核。决赛阶段，采用封闭式管理，过分强调评委的个人评价，忽视了观众参与，有悖“公开、公正、公平”的原则，应该把决赛进行直播或录播，把评判的权力交给广大观众。

2000—2001年，中央电视台跨年度举办了第三届“荣士达杯”节目主持人大赛

“荣士达杯”以“探索先进主持理念，发掘个性化电视主持”为主旨，目的是选拔“文化型、智慧型、主动型”的富有“个性”的主持人。这次大赛无论从规模、选择范围还是权威性上都超过了前两届。比赛一开始就显示出了“海纳百川，有容乃大”的风格：为了最大深度地发现人才，大赛一改前两次主要局限于业内人士参赛的规定，而是不限职业，适当放宽年龄、学历，真正面向全社会广纳人才。至此，行业之间不再壁垒分明，“专业”与“业余”可以同场竞技。中央电视台此举是为有志于从事主持事业的优秀人才提供一个展示自我的舞台，从更深一层意义上来说，也会对在职的主持人构成挑战，迫使他们加紧“充电”，努力提高自己的综合素质。

“荣士达杯”在吸收以往比赛模式经验教训的基础上，采用了“笔试+面试+复试+展播+评委观众两次投票结合”的模式，这一模式反映了主办者在主持人选拔上已经将主持人“综合素质”和“主持能力”并重了。

“综合素质”考核主要体现在笔试、复试上，笔试范围很广，考察选手的知识面和写作能力；复赛包括专业素质和综合素质的考核。复赛阶段由四部分构成：专业素质考察、艺术阐释、外语测试、总体印象。

“专业素质”是主持人执业的基础。主持人应该具备的最基本的素质是采访、分析、判断力、评述等能力，但作为主持人还应具备优秀的语言表达能力和出色的现场控制能力。鉴于此，大赛确定了对以客观新闻事件的采访、访谈、评述为主体的考核标准，其目的在于考查选手对新闻事件的分析、概括、抽象、升华、总结、评述等能力。专业素质测试要求选手在三天之内，自己组织策划一期4分钟的访谈节目，按事件评述、人物访谈、现场演讲三环节进行。

“艺术阐释”旨在考查选手的综合素质。作为一个合格的主持人，他不仅应该是某一方面的专家，更应该是一个极富兼容力的杂家，琴棋书画、刀枪剑戟、十八般武艺样样精通。针对这样的目标，大赛设计了音乐、舞蹈、广告创意设计、连词编故事、电影画面语片分析等内容。艺术阐述采用快速问答方式进行，例如把几个本来不搭界的词，如“北极熊、阳光、摩托车”，有机地联系起来，组成一段话；在一首唐诗里找出一个最有亮点的词，并就此说出一段有哲理的话；经典的音乐和优秀的舞蹈，如何凭自己的感觉说出其中的意境……这是综合考核选手思维能力、语言表达能力、知识积累及其艺术修养。

“外语测试”是这次大赛的首创，也是这次比赛的一个亮点。中国加入WTO以后，改革开放的步伐更加坚定，电视节目主持人的国际化也迫在眉睫，尽管这次大赛中外语测试所占的分值只有0.5分，但它昭示了一种趋势。

“总体印象”起到一种调节，发挥了平衡和补救的功能。

复赛的四部分互有侧重，共同构成了选拔体系和评分标准。

“主持能力”的考核主要通过展播来体现。主办者采用了复赛胜出选手到央视实习主持的做法，首先参考评委建议，对选手的类型做出初步定位，选手和相关栏目进行双向选择，确定实习主持的栏目；然后参与节目的前期工作，制作一期25分钟的主持人节目来展播。以往的展播只有几分钟，由于时间限制，只能看到几个片段，很难说是真正意义上的主持人节目。这一次展播是一档完整的主持人节目，时间长达25分钟，基本上能够展现主持人的“主持能力”。

“荣士达”杯取得了成功，其前十名主持人有七人进了中央电视台，冠军撒贝宁、亚军沈冰、第九名陈伟鸿，都成了央视的台柱子，同时他们朝气而知性的主持风格给主持界带来了生机。更有意义的是，给培养播音主持人的艺术院校也提供了一种崭新思路。

但大赛也存在一些问题：

（1）比赛规格上，“用成熟主持人的标准来要求大部分还没有主持经验的选手，过于强调镜头感、对象感这些技术因素，忽视挖掘有主持潜力的选手。如，其貌不扬的陈斌就是一个典型的例子。他仅仅用15分钟就考出了全国笔试第一名，却没能进入决赛。在颁奖晚会现场，他妙语连珠，不乏幽默的语言能力征服了在场的观众；他寓教于乐，把一个本来很死板的英语教学节目主持得趣味十足，可他还是落榜了”。①

① 郑磊：《从大赛看主持人选拔理念的变化》，《电视研究》2001年第8期。

（2）还是没有摆脱主持人年轻漂亮的窠臼，多样化不足。据中国广播电视学会主持人节目研究会白谦诚介绍，我国主持人中30岁以下的占了多数，而40岁以下的却占到了90%以上。

（3）观众的评价和评委的评价哪个重要？其实这是一个老问题了。这次比赛似乎很重视观众的参与，先后进行了两次投票，在复赛阶段还请了家庭评委，可是最后记分的标准却是评委70%，观众30%。很显然，主办者是以评委的意见为主。与“如意杯”“三七开”，即评委30%，观众70%的记分方法正相反。三次大赛的策划者尹力在接受记者采访时是这样解释的：因为主持人研究毕竟是一个相对比较专业的领域，二十多年的发展还未形成一套较为完备的理论体系，因此，这次比赛还是要以专家的意见为主，以观众的意见为辅，但是必须要有观众的声音，观众的意见在今后比赛中所占的比重要加大。

第三节　多元拓展期（2002年至今）

进入21世纪，中国加入了“世贸组织”。一方面，入世有利于中国更快、更好地融入国际经济社会，更好地利用国际资源和国际市场优化资源的配置，发展我国的社会主义市场经济；另一方面，对中国的影响也是全方位的，各种矛盾与冲突会愈加凸显。从文化传播产业来说，“入世”将促进中国特色的市场经济文化的形成与发展，使中国传统的经济文化在创新中走向世界，同时也在一定程度上冲击着那些比较劣势的传统文化产业和文化观念，影响着原有文化传统和文化支柱产业的发展，中国传播产业面临着新的考验。

在这样的大背景下，媒介人一方面要“向外”，学习并大胆地“拿来”先进文化和技术；而更重要的是立足本土，“向内”寻求自己的发展资源，力求和国际接轨并向国际输出我们的文化产品。2003年，中央适时提出了“三贴近”的原则，即贴近现实、贴近生活、贴近百姓。“贴近现实”，就意味着所有广播电视栏目都必须从当下社会、当下现实的需求出发；“贴近生活”，就是按照老百姓看得见的、很物质化的东西去表述；“贴近百姓”，就是从老百姓的角度和立场出发，更人性化。广播电视的手脚得到了又一次松绑。因而，2002年至今，广播电视业的格局变化迅猛，呈现出多元拓展的态势。

一、节目主持实践的多元拓展

1. 新闻节目主持样态的多元拓展

2002年元旦，江苏卫视城市频道开播的新闻资讯栏目《南京零距离》迅速走红。开播的第二周，进入AC尼尔森南京地区电视节目排行榜，开播第六周进入排行榜前15名，第三十六周名列AC尼尔森南京地区电视节目排行榜第一名。该栏目2002年广告总创收近5000万，2003年该时段广告单价飙升为12000元/30秒。

《南京零距离》的创新是多方面的，如：

首创国内一小时直播新闻（每晚18:50~19:50）；

首创国内区域新闻（由南京地区新闻组成）；

首创采用平民的视角体察和解决老百姓需求的民生新闻；

首创新闻直接来源于或热心市民或注册信息员的有奖新闻；

首创整档节目由《时政要闻》、《社会新闻》、《生活资讯》、《孟非读报》、《现场访谈》、《小璐说天气》、《今日头条》、《现场电话连线》、《现场电话调查》、《现场电话投诉》、《数字南京》、《曝光台》、《滚动字幕新闻》等十余种节目形式有机糅合的新闻。

首创孟非这个“另类”的新闻主持人形象：他剃着光头，普通话并不纯正，说起话来嘴角还略有些歪，形象上与传统的新闻主持人标准要求相去甚远；但他在《孟非读报》这个子栏目中，以独特的观点自信地指点时事、评说生活；他不端着架子主持，而是以“就在你身边”的平民形象，平等地与观众交流，个性化的传播方式在传受双方之间架构起畅通的信息渠道，使信息传递达到高到达率。

孟非，凭借《南京零距离》，创造了中国新闻节目主持的一种新样态。旋即，民生新闻席卷全国，孟非式主持得到广泛认可；各省市区域新闻格外“红火”，居高不下的收视率威逼央视。

2002年9月，央视四套改为全中文对外24小时的新闻频道，央视九套改为以新闻为主的全英文国际频道。2003年5月1日，央视精心策划已久的“新闻频道”浮出水面，其充分发挥中央电视台人才、资源、经验的储备，全天24小时提供国内、国际新闻资讯；每逢整点有新闻，且整点新闻后有财经、体育、文化、国际四大类分类新闻；专题节目包括新闻背景、舆论监督、民意调查、法制等各种形态，作为对整点新闻和分类新闻的补充和深化。央视新闻频道的推出，对外，可以有效地抵御境外华语新闻频道（如凤凰卫视及凤凰卫视资讯台）及迅速崛起的新闻网站；对内，可以整合全国的新闻资源，继续保持央视在国内的领先地位。

为了以更强的重拳打击省级台，2002年8月，中视都市传媒投资管理公司成立，创立了“中国城市电视网”，其幕后就是中央电视台和中国国际电视总公司。仅仅二十余天，中国城市电视网就举办了备受瞩目的都市传媒签约大会，加盟的城市台达四十余家。半月后，中国都市电视节目在第一批合作台中正式开播，2003年3月17日，都市传媒又推出全新节目。CSM数据显示，60%合作城市台收视率有不同程度提高，平均增幅达150%。这项合作计划被业内视为“开创了全国城市电视媒体跨地区联网合作播出电视节目的先河”，意义重大之处在于市级台也可以拥有国家级资源来参与省级电视台的市场竞争。随着中国电视的迅猛发展和媒介市场化进程的加快，各种媒体之间的竞争逐步加剧，尤其在电视领域，卫星传输技术、数字电视技术的发展，使电视快速步入了频道化竞争的“战国”时代。

新一轮中国电视面临“大洗牌”。

2003年，可以名副其实地称之为中国“电视新闻改革年”。

2004年，全国三十多家省级卫视有一个共同的核心工作，就是为自己“找特色定位”。应该说，不同的定位策略各有各的利弊，不可能包治百病，但也不是一无是处。见下表：

部分省级卫视的特色定位

湖南卫视	娱乐特色的个性综合频道	以娱乐、时尚为主，主打快乐大本营、超级女声等
安徽卫视	电视剧大卖场	男性剧场、女性剧场、青春剧场、卡通剧场、黄金剧场、雄风剧场、海外剧场、正义剧场、周末大放送
东方卫视	长三角定位	电视剧、新闻、综艺娱乐三分天下，三年内打造中国最好看的卫视
湖北卫视	公益特色频道	《幸运地球村》、《阳光行动》、《财智时代》、《往事》、公益广告
贵州卫视	西部黄金卫视	尽量满足西部观众的需求
海南卫视	旅游卫视	主打旅游资讯、娱乐
广东卫视	中国财富频道	由华南资讯频道转型而来，与浙江卫视联合打造
陕西卫视	汉唐卫视	历史人文特色的综合频道
山东卫视	不会和你说再见的频道	24小时不间断播出
江苏卫视	情感特色的个性综合频道	以资讯为核心、以情感为特色，包括温情剧场、侠情剧场、星情剧场、情感地带系列栏目
广西卫视	女性定位	家庭特色，女性视角
江西卫视	以“心”出发	将服务进行到底

在省级卫视特色定位中，自创栏目成为核心竞争力，而自制栏目的核心竞争力就是节目主持人。因而，栏目对主持人的依赖性也就更强了。

在这场竞争中，东方卫视一马当先。2003年6月，东方卫视一档综合新闻节目《东方夜新闻》开播，它主要由35分钟的“新闻资讯”和15分钟的新闻评论“今日新观察”两大板块构成。该栏目最大的亮点是：(1) 推出了评论员和主持人的角色分工；(2) 探索了一种“夹叙夹议，以述带评，以评带叙，在强调影响力的同时，注重新闻诠释方式的立体化和个性化”的新闻评论语态。

资深电视人方宏进走进《东方夜新闻》，成为上海荧屏上首位新闻评论员。他曾担任中央电视台《东方时空》、《焦点访谈》主持人，主持过央视“三峡截流”、“香港回归”、“澳门回归”等大型直播报道。他是上海东方卫视总策划、大型晨间节目《看东方》总制片人。如今，在《东方夜新闻》“新闻资讯板块”里分析点评，要言不烦；在“今日新观察”中思路清晰，就老百姓感兴趣的话题深入浅出、娓娓道来。

主持人劳春燕在《东方夜新闻》中担任主持人，她曾先后担任上海电视台《今日报道》、《新闻透视》的主持人、记者兼责任编辑。2001年起，又在上海电视台的人物访谈栏目《人在上海》中任制片人、主持人。由于她是《东方夜新闻》的制片人，因此，从选题策划到话题展开，她都有更大的主动权。她与评论员有机配合并尝试一种新的说话方式，既不是“播报式”，也不是“说新闻”，而是一种看似随性却又更亲和、更轻松、更贴近观众的一种说话样式。

杭州西湖明珠频道步东方卫视之后出奇招，2004年元旦推出《阿六头说新闻》，其主持人安峰是位曲艺演员，他用纯粹杭州话主持新闻节目，竭尽戏剧渲染的表述方式，迅速传播大江南北并被各地广泛效仿。

央视继续施展其新闻资源传播优势，继香港、澳门回归等直播后，伊拉克战争、“非典”、“海啸”、“汶川地震”等突发事件的报道以及海峡两岸胡连会、北京奥运会等历史性时刻，都采用了直播并开始走向常态化。直播不仅体现了受众本位、市场化运作的新闻传播理念，体现了及时性、客观性的报道原则，更重要的是主持人的角色与功能都发生了变化，和国际新闻主持样态安然接轨。

以上描述的新闻大战先后进行了七年的时间，2009年，随着三网融合进程的逐步深化与发展，一场新的主持样态的革命又要开始了。所谓“三网融合”是指电信网、广播电视网和互联网融合发展，实现三网互联互通、资源共享，最终形成你中有我、我中有你的格局。这一变革不仅仅是一次技术层面的革新，同时也带来了人们生活方式和传播理念的变化。

真正的多媒体时代终于翩然而至！

2013年元旦，开播19年的《焦点访谈》迎来首次大改版。新版《焦点访谈》的时长由原来的13分钟增至17分钟，加强突发性新闻的深度报道，加大社会民生类节目的比例，并在主持人播报方式、演播室包装等多个方面进行调整。新增加的主持人劳春燕这天一身红色套裙，时尚亮丽，一改《焦点访谈》19年坐着的主持方式，站在被放大了的网络视频前，触屏导播，亲切地和网民对话，和电视机前的观众畅谈新年实施的新规新法，并在新开设的“百姓连连拍”板块中，回顾2012年，展望2013年，让普通人采访普通人“自拍”说心声。画面时不时加入Flash动画，连郭德纲的相声也被引用。此外，还增加了白岩松、杨禹两位评论员，对百姓关心的话题作深度解析。

2013年的《新闻联播》也加大了民生和国际新闻的报道，从1月4日到1月8日，《新闻联播》竟像“电视剧”式的连续报道了一个故事:《走基层: 曹家巷拆迁记》, 共计时长25分06秒。从播音语态上, 播音式微、主持增强, 笔者称之为“播报主持”。这种“播报主持”, 使得一向严肃的《新闻联播》生动了起来: 面容可以“笑”了, 身体可以“动”了, 木偶似的播音不见了。2014年元旦, 一向严肃的《新闻联播》向全国观众进行了一次浪漫的“表白”: 其结尾在播放了一段各地新年日出景象的风光片后, 康辉轻松愉快地总结道: “朋友们都在说, 2013就是爱你一生, 2014就是爱你一世, 那就让《新闻联播》和您一起传承一生一世的爱和正能量吧! ”这样的语言表达迅速在观众心中灌注了温暖的气息。

我们说,《焦点访谈》和《新闻联播》的改版是央视新闻转变语态和文风“大工程”的一个组成部分, 释放出来的是电视新闻形态全面调整的信号。而这一形态调整的外化主要是靠主持人有声语言和无声语言体现出来的。

2. 综艺娱乐节目主持样态的不断创新

中国最大的综艺节目当属“春节联欢晚会”, 三十多年来, 她不仅是中国人除夕守夜的一种仪式, 还是向世界展示中国形象的窗口。同时, 春晚还以演出规模、演员阵容、播出时长和海内外收视率创下世界综艺晚会三项纪录, 与“美国公路牌跨年晚会”、“奥地利维也纳新年音乐会”、“日本红白歌会”比肩, 怡然成长为享誉世界的国家级文艺庆典晚会。“三十多年的春晚舞台上, 主持人的角色定位和话语形态发生了三次大变革。20世纪80年代的春晚主持人应该叫报幕员更为准确, 话语形态简单直白, 主持人选不固定且大多由演员承担。90年代后的20年, 亦可称之为‘倪萍和董卿时代’, 此阶段主持人基本固定, 他们大多采用‘俯瞰式’的华丽大气的‘朗诵式’话语形态。而2012年是个拐点, 哈文导演的春晚要求主持人以平视态度说‘口语’、说‘人话’。2014冯小刚导演的春晚, 在主持人角色定位和话语形态方面具有颠覆性, 主持人是‘观众、串场、演员’三重角色的复合体，他们的话语形态在‘感悟式’、‘幽默式’、‘表演式’之间适时转换，灵活多变的主持样态使整场晚会衔接自然、浑然一体，不断给观众带来出其不意的惊喜和悬念，充分体现了文艺大联欢的欢乐喜庆。”①

这一阶段，娱乐节目浪涛滚滚，急流而上。2004年湖南卫视的《超级女声》横空出世，2005年更大规模的《超级女声》席卷全国。之后，更多的选秀娱乐节目你追我赶不甘落后，直至浙江卫视2012年7月13日出炉的《中国好声音》而达到巅峰。这些选秀娱乐节目中的主持人话语式微，却成就了另一种主持样态，即评委兼顾主持人的双重角色，例如，《我要上春晚》，就是这种主持样态的代表。

在这一轮的“娱乐无敌”中，湖南卫视常常给人以惊喜。先前的老牌栏目《快乐大本营》在2000年又首创了国内五人主持的“主持群模式”，但真正将“主持群模式”推向成熟的是该卫视2008年打造的《天天向上》。《天天向上》形成了以汪涵、欧弟、钱枫、田源四位固定的主持人，再加上国外主持人金圣恩与矢野浩二，形成了六人主持的“主持群”。所谓“主持群”，指的是由三个或三个以上的主持人按照一定组合规律而进行的一种主持方式。这种主持方式不仅能够更充分地调动现场气氛，还能够通过主持人之间的互动产生独特的戏剧效果，因此迅速被运用于娱乐节目当中。如浙江卫视的《爱唱才会赢》、安徽卫视的《超级大赢家》、东南卫视的《开心百分百》等等。但由汪涵带领的“天天兄弟”主持群，却能击败其他卫视的新生主持群，屡屡获奖：在《新周刊》“2008中国电视榜”中，荣获“最佳娱乐秀主持人”奖，欧弟荣获了“最佳娱乐主持新人奖”；栏目也蝉联了第二届、第三届《综艺》年度最佳节目奖，并荣

① 魏南江：《2014央视春晚：以平实彰显温暖，以回归实现超越》，《中国电视》2014年第4期。

获了第二十五届中国电视金鹰奖“优秀文艺节目奖”。

2013年实在是应该载入中国传播史册的一年，这一年湖南卫视一档娱乐亲子真人秀季播节目《爸爸去哪儿》，不仅吸引了几乎全国观众的眼球，还创造了电视节目第一次走进大影院的历史纪录，更有意思的是，引发了中国室外真人秀一波又一波的浪潮，同时也预示着人们对娱乐的需求层级正在升高。2013年可以毫无愧色地称之为中国互联网时代的“娱乐节目年”，这是继1983年的“电视年”，1993年的“广播年”，2003年的“电视新闻改革年”后的又一次全方位的变革，真可谓是“逢三即变”啊。

3. 谈话类节目主持样态的后续延展

从2002年至今，谈话类节目似乎再也没有当年《实话实说》的雄姿，但另一种谈话类的节目却在大陆悄然绽放，其独特的主持样态别具一格，那就是“幽默脱口秀”。东方卫视2003年10月23日推出幽默脱口秀《东方夜谭》，主持人刘仪伟采取了“趣说”的视角，不论大事小事，都发掘其娱乐一面，倡导“世间万象，幽默处之”，力求“传递真正的娱乐说话精神，即什么都可以说，娱乐只是看待事物的一种态度”。这种轻松的格调、幽默狡黠的主持风格，赢得了大众的认可。紧接其后，央视经济频道2005年3月28日推出一档时长30分钟的幽默脱口秀《今晚》。读宣传语：“看人间趣事，添生活智慧；笑对生活，从今晚开始”，便可知它和《东方夜谭》有着惊人的相似。其实《今晚》也好，《东方夜谭》也罢，都完全挪借于在美国走红了三十多年的夜间谈话节目*Tonight Show*，相似也就无可厚非了。但机智怪诞、灵活可爱的主持人高博，还是凭借这档节目积聚了人气，展示了才华。

而真正把“幽默脱口秀”推上顶峰的是周立波的《壹周立波秀》。这个栏目从2010年春节走上荧屏以来，以其个性化的表达形式、独特的编播策略和对社会热点话题的探讨，使得国内谈话类节目在经历《实话实说》退出荧屏为标志的低潮后，重新让观众感到了“话语的力量”。在《壹周立波秀》中，周立波的“海派清口”可谓奇葩，表演亦庄亦谐，吸纳了上海本地的单口滑稽、北京的单口相声，又融入了香港“栋笃笑”等多种表演形式。更为独特的是，周立波的海派清口还具备了鲜明的“新闻评论的特性”。他针砭时弊，犀利尖锐；漫谈世俗，蕴涵哲理；戏谑的口吻，滑稽的语调，特定的装扮，其个人主持风格独领风骚。

4. 生活服务类节目主持样态的多元互动

这一阶段，广播电视的生活服务类节目膨胀起来，特别集中在养生、求职、相亲这三大块。养生源于国人保健意识的逐日加强，求职和相亲源于社会问题。

笔者以为，服务类节目必须具备知识的专门性和权威性，真诚强烈的服务性。知识的专门性和权威性决定着此类节目必须有“真专家”在场；真诚强烈的服务性决定着此类节目必须有“被服务的对象”在场，同时主持人必须具有“服务的诚意”。为此我们看到，近年优秀的服务类节目都采用了大型的多元互动主持模式。

例如，北京卫视于2009年元旦推出的《养生堂》，很快就超过了老牌的央视《中华医药》和《健康之路》而成为金牌栏目。这档栏目的成功不仅仅是其“传播养生之道、传授养生之术”的准确定位和依仗北京聚集的权威医学专家，更重要的是平易近人、温润如邻家小妹的主持人悦悦灵活组织起的一场场热闹而实用的多元互动现场：主持人不以“主人”自居，而代观众邀约专家、提出问题；现场观众不仅可以和专家直接对话，还可以当场接受问诊检查；主持人、专家、现场观众可以共同游戏，还可以共享专家亲手煎熬的养生汤药……

又如，2003年10月25日，央视推出的一档60分钟的国内首次求职节目：《绝对挑战》，开播仅三期便跃居央视二套收视前十名。开播三个月，全国各界反应热烈，网上报名应聘者累计数量接近万人，通过热线和短信参与节目的观众超过5万人。《绝对挑战》以选手、企业、专家互动的形式，对招聘、应聘技巧作了直观的解读分析，不仅对求职人员有帮助，有人称其为职场教育课堂。为此，《光明日报》发表了题为《职场教育：日益迫切的需求》的文章，认为“在目前我国的职业教育存在缺陷的情况下，《绝对挑战》将真实的招聘过程搬上了荧屏，让观众看到招聘的每一个细节，成为一本结合案例与理论的职场教科书”。可惜这个节目没有坚持下去，随着主持人李佳明去国外进修而停播。2010年9月，天津卫视接棒创办了大型职场招聘栏目《非你莫属》。该节目采用主持人、求职者、BOSS团成员、职场观察员四维互动产生的多轮淘汰模式，营造了一个真实、残酷的求职现场，向广大求职者提供了切实的应聘机会，传达了良好的服务意识而受到广泛的关注。

再如，在相当一部分相亲节目鱼龙混杂，纷纷打着服务类节目的幌子，行的是低俗娱乐节目之实的时候，天津卫视于2010年10月30日开播的《爱情保卫战》却以低调而内敛的文化格调，引导与倡导正确的婚恋观，在全国婚恋类栏目中独树一帜。“表面上看，《爱情保卫战》的现场与当今大多电视婚恋节目一样，都是由主持人、当事人、嘉宾、现场观众四方组合而成。但细观，两者却有本质的不同：一般婚恋节目主持人基本按着节目流程来主持，几乎是‘戴着镣铐跳舞’，不可越雷池一步，而《爱情保卫战》主持人赵川却可以任意调控流程和掌握场上的互动，成为节目‘真正的灵魂’；一般婚恋节目的当事人基本只和主持人、偶尔和嘉宾发生互动，而《爱情保卫战》的当事人却可以和现场任意方发生联系；一般婚恋节目的嘉宾是固定不变的，而《爱情保卫战》的嘉宾不仅设有专家嘉宾，还设有明星夫妇嘉宾，且嘉宾的组合是‘流水席’，这就提供了更多的观察爱情的视角和方法，以致引来更多元化的碰撞和思考；一般婚恋节目的现场观众只是‘摆设’，没有实际价值，而《爱情保卫战》现场观众（包含当事人的亲友）且可以和现场任意方发生互动，具有节目进行的‘实际价值’。”见下图所示：[①]

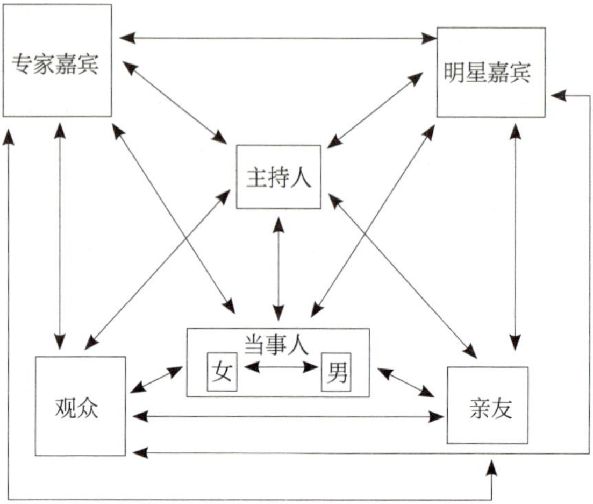

从上图我们可以看出，《爱情保卫战》构成了一个富有弹性和多维互动的网状节目形态，每个部分都是独立的但又是交叉往来的。这样的节目形态灵活而富有变化，也更具社会辐射力。

二、节目主持理论的多元拓展

1. 关于“方言主持”的争论

杭州西湖明珠频道2004年元旦推出《阿六头说新闻》，主持人的方言主持显然冲破了规则，颠覆了传统的播报主持方式，不仅收视率可观，更荣获了2004年8月由国家广电总局和中广集团主办的

① 魏南江：《〈爱情保卫战〉：保卫着爱情的正能量》，《中国广播电视学刊》2013年第5期。

中国国际广播影视博览会评选的“全国百佳栏目”。同时获奖的还有重庆电视台用方言演绎的栏目《雾都夜话》。《雾都夜话》栏目采用“方言讲述，群众表演”形式进行，在剧中设置了一个“讲述者”的角色（亦即“主持人”），他用重庆方言讲述故事的背景及主要的内容脉络。从此，各省市台效仿的方言主持做得风生水起。据不完全统计，仅浙江一省一年时间就有三十多档方言节目。之后，全国几十家电视台到杭州取经。接着，大部分省台都开办了方言节目，而且收视率极高，有日益繁荣之势且渐成一种时尚和潮流。

方言节目主持的盛行，在业界和学界引起轩然大波：

浙江大学人文学部的邵培仁教授撰文：“用方言土语播新闻是对发扬地域特色和本土化的‘误读’，其危害不仅在于触犯了《国家通用语言文字法》，消解了大众媒体的语言示范功能，而且对‘分众化’的褊狭理解容易造成族群歧视和族群撕裂，狭隘的地域文化观也会排拒对国家和民族的认同。保护方言和地方文化也有很多方式方法，但不宜使用作为大众性文化载体和社会公器的广播电视来保护方言。”[①]

而相当一部分人认为：“方言的土气和拙劣抑或粗陋可以给观众带来返璞归真的新鲜感，填充/弥补普通话所留下的某些意义上的空白，因此方言与普通话并非总是处于对立的两极，它们是可以和谐相处共存于同一意义时空中的。所以，当我们考察方言及方言剧生存语境时，千万不能顺应国家推广普通话的要求而认为方言低俗粗鄙，普通话高雅优越而采取抑此扬彼的错误态度。”[②]

从现有开办方言节目的地区来看，大多属经济发达、文化底蕴深厚地区，因而身处其间的民众有着极强的优越感和自我认同感。

---

① 邵培仁、李雯：《语言是桥也是墙——对方言广播电视新闻节目的疑虑与拷问》，《杭州师范学院学报》2004年第5期。

② 田义贵：《论方言影视剧的生存语境》，《新东方》2001年第6期。

这似乎也印证了媒介历史学家詹姆斯·凯瑞的观点：一些传播形式“不是在空间上扩展讯息，而是在时间上维系社会；不是传递信息，而是表现共有信仰。”这种传播“作为一种象征性的过程，现实得以产生、维持、修补和转换”。①

北京大学艺术学院教授俞虹在接受采访时也说：“总体看来，方言说新闻，其节目的发展空间也是有限的，这种发展限度具体体现在：其一，在地理空间上，方言说新闻的地域性非常强，基本上以狭窄的方言划分区域，生存空间有限；其二，从受众数量上，方言节目的有限空间，决定其受众对象的范围必定比较狭窄，是小众传播。因此，从各方面看，方言节目都不会威胁、影响普通话节目的生存。”②

接着，浙江大学社会学系冯钢教授从社会心理角度分析：“生活在社会底层的人，当听到一种强势语言的时代，会有一种压抑感。作为官方语言，大众媒体使用普通话播报新闻，能够立即反映出观众的层次。因为一般的老百姓从不使用一些媒体中的书面词语。但用方言去讲，马上就没有被压抑的感觉了。听方言节目，容易产生平民百姓的感觉。”③

《阿六头说新闻》的主持人安峰则提醒各位效仿者：“地域新闻不能把宝全部押在方言上”，“剥离了‘方言’这种表达方式之后，必须还有其他很多支撑节目的元素存在。如新闻叙述故事化、节目主持角色化、语言表达趣味化、栏目包装个性化等等。如果疏忽了这些元素，只在方言上做文章，不仅以方言传播本身不予提倡，而且节目也难免枯燥乏味。”④

---

① [美]罗杰·菲德勒：《媒介形态变化：认识新媒介》，华夏出版社2000年版，第68页。

②③④ 俞虹、金姗姗：《直面方言播报主持》，《现代传播》2005年第1期。

从专业角度方面，笔者认为，“中国人口众多，在精神文化的需求上也呈现多元化趋势。不同年龄、不同性别、不同文化结构的人都有着不同的收视习惯，随着电视业的发展和受众眼界的开阔，受众逐渐走向‘细分化’。在这种情况下，所有定位明确的栏目都要有自己的目标受众群，这样才能找准每个栏目的‘适位’分众。”方言新闻、《雾都夜话》在节目的形式上体现了浓郁的地域文化特色。“我们说，一个文化存在的最明显标志是‘独特的或具有特异性的言语形式’，[①]这种言语形式不仅仅是交流的工具，也是一种艺术的载体。同样一个节目，用方言表述便能产生别样的艺术品格，换成普通话，便索然无味。”[②]其实，方言节目就像“地方戏”（黄梅戏、淮海戏、豫剧、沪剧）而已，既消解不了大众媒体的语言示范功能，也排拒不了对国家和民族的认同，只不过是广播电视节目的一个新品种而已。只要老百姓喜欢，国家又有适当的宏观控制，是完全也应该有市场的。

2. 主持人永远是主持人节目的“核心竞争力”

新世纪以来，广播电视人深感苦恼的莫过于精心策划打造一个具有新意的节目样式，很快就会被“克隆”。但我们要说，栏目形式可以复制，但富有个性的优秀主持人却无法“复制”，他（她）永远是栏目克敌制胜的武器，是栏目永恒的“核心竞争力”。

《南京零距离》成功登陆后，各省市的“零接触”、“零时间”、“零看点”……可谓是“千树万树梨花开”。但谁又超过了《南京零距离》？在新闻大众传播人际化中，同观众最直接交流者是主持人，主持人水准直接影响到节目的水准，这已被国内外实践所证明，也

① [美]丹妮斯·K. 姆贝：《组织中的传播和权力：话语、意识形态和政治》，陈德民、曾庆、薛梅译，中国社会科学出版社2000年版，第22页。

② 魏南江：《优秀电视节目解析》（第2版），中国传媒大学出版社2014年版，第334、337页。

被《南京零距离》的成功再次印证。《南京零距离》主持人孟非有着较丰富的阅历和电视从业经验，当过印刷工，开过小商店；当过记者，做过谈话节目、电视摄像和制片人。他喜爱文学，善于思考。栏目中以即兴表达的方式评述时事、论述短长，富有个性的语言魅力赢得了观众的心。

当今，选秀节目克隆蔚为大观、方兴未艾，但热播十年之久的《星光大道》却一直无从复制。为什么？其关键“还是主持人毕福剑这颗‘恒星’。毕福剑独有的外拙内秀，极富艺术张力的主持风格（笔者称之为‘毕式主持’），既成就了《星光大道》，也成为《星光大道》的标志性符号。富有艺术张力的‘毕式主持’，首先表现在主持人于观众心目中既是‘自己人’又是‘高人’的准确把握。所谓‘自己人’，用老毕的话说，就是‘观众根本不把我当回事儿’。一双眯缝着的小眼，一口蹩脚的普通话，一脸饱经沧桑的褶子，与我们常人无异。因此，选手可以和他插科打诨，可以拿他的长相开涮，甚至可以抢他话筒代为主持。这些无疑都拉近了栏目和观众的距离，减轻了选手的紧张和压力，还烘托了轻松娱乐的现场氛围。但仅有‘自己人’的感觉是远远不够的。从观众审美学的角度看，观众在观看一档电视栏目时，是有一定的内在‘尺度’的，这一内在‘尺度’与完形心理学的‘异质同构’原理相近，即外界对象的形式结构与主体心理结构相同或相似就会产生愉快认同的感受，反之则生厌。而作为审美主体这一特殊的内在‘尺度’，又细分为两个方面：一是对形式的审美，另一个是对形象意蕴的审美。因而观众对主持人的要求既希望有‘自己人’的亲切自然，又希望有比自己更胜一筹的‘高招’。而老毕骨子里与生俱来的“平民意识”和现场展示的多才多艺，恰恰符合观众心目中的‘形象意蕴’，亦即所谓的‘高人’。老毕能在节目中信手拈来地和选手合唱、伴奏、二人转、美声、相声、戏曲……

十八般武艺似乎都很在行。老毕让观众着实心生敬意。”[①]

北京卫视《档案》广受业界、学界好评，效仿者不可谓不多，参加讲述主持的也不可谓不多。其“主持人数度换人：石凉、赵立新、姚安濂、曹炳琨、史可……而几任主持最佳者仍然是石凉，倒不是他‘先入为主’的定位。其国外游学的经历，使他具有国际视野和视点；其知青、工人、教师、律师、演员的人生经历，使他对故事的内涵诠释更加准确到位；本行的法文及兼得的英、德、日文，使他主持时的语言表达独具一格；其眼神、手势、伴随语等无声语言的娴熟运用，都使故事的讲述更具流畅性、伸缩性和表演性。毫不夸张地说，石凉既具主持人素养又兼备戏剧表演神韵的主持形态，为中国电视节目主持艺术吹来了一缕清风。”[②]

主持人的个性魅力是学识修养、语言才能、性格气质乃至审美情趣的综合体现。因而，新世纪关于“主持人转会”、“央视主持人辞职”等话题，无一不来源于优秀的具有品牌的主持人的匮乏。今后乃至未来，这个话题还将继续……

3. 从“主持群模式”引发的思考

湖南卫视《天天向上》不可复制性的“主持群模式”是多方面综合的产物。

首先，来自于其对观众和市场的准确把握：(1) 随着媒介间的竞争愈演愈烈，观众求新求异的“胃口”也被吊得愈来愈高，没有特别的视听冲击力和震撼力的东西几乎引不起观众兴趣，而《天天向上》一扫先前单、双主持模式，齐刷刷的六个大男人一字排开的“主持群”，带动了观众的热情，抓住了观众的眼球，也刺激了观众的审美情趣。(2)《天天向上》用心经营明星化的品牌团队。“品

① 魏南江：《百姓舞台，放飞梦想——中央电视台〈星光大道〉解析》，《中国电视》2013年第7期。

② 魏南江：《电视化+戏剧化：故事类栏目的增值空间》，《中国电视》2011年第10期。

牌”一词来源于商业领域，指用来识别一个卖主的货物或劳务的名称、名次、符号、象征或其设计或其组合，它是一种质量和信誉的保证。当广播电视栏目市场化后，自然衍生出了品牌主持人的范畴。节目组花心思去经营这样一个品牌，对主持人实行整体性包装。湖南卫视的“天天兄弟”主持群有属于他们自己主持团队的宣传片，有他们自己的歌曲MV。这些都使他们独树一帜，更富有朝气和人气。

其次，来自于这种差异性形式所产生的戏剧效果。几位主持人分别来自不同的地方：湖南的汪涵、台湾的欧弟、上海的钱枫、河北的田源、韩国的金恩圣、日本的矢野浩二，具有区域差异和文化差异；汪涵沉稳、欧弟活泼、钱枫率真、田源机灵、金恩圣腼腆、矢野浩二冷峻，几位主持人又具有鲜明的性格差异；在节目实施的过程中，汪涵超强的掌控力和亲和力，欧弟的模仿才能，钱枫和田源的即兴应变能力，金恩圣和浩二的憨厚与天真的“卖萌”，分工明确却又主次分明。有差异就有冲突，有冲突就有互动，有互动就得有争执和妥协，为此也就产生了戏剧效果，变得好看、好玩，有情有趣了。

再次，创造了一个类似三角形的主持结构。通常两底角的主持人要产生对抗，而顶角的主持人起到总结、调节和控制全局的作用。这种三角形一般分为三层，如《天天向上》顶层为汪涵，中间层为欧弟、钱枫、田源，底层为金圣恩和矢野浩二。首层起到领导控场的作用；中间层通常负责搞笑和搞怪，具有渲染气氛的作用；底层看似作用不大，但他们或受委屈或受嘲弄的本色表演，也给观众带来了乐趣，反而使观众对他们多了一份心疼与关注，也给节目增添了一份别样的光彩。

诚然，主持群不仅满足了当今日益丰富的节目形态需要，也有利于老带新的主持人队伍建设。但如何较好地稳固主持群队伍？如何在一场节目中既能突出主持群的艺术表现，又能相应留出时间给嘉宾和观众？都有待于更多的研究和实践。

三、节目主持选才模式的多元拓展

2003—2004年，中央电视台跨年度举办了第四届“夏新杯”节目主持人大赛

“夏新杯”以“超越自我，展示自我”为宗旨，目的就是要“推出主持新人，提升传播品位”。媒介的产业化、频道化且频道受众的细分化，都要求节目主持人要在某领域内是专家和行家。至此，中国的节目主持人从才艺型、思想型正向专家型转化。

在上次大赛的选才模式基础上，赛制作了相应的调整。大赛分初赛、复赛和决赛三个阶段。初赛将通过文化考试和面试，从全国十个赛区的报名者中选出60位选手进入复赛；复赛由专业素质、艺术阐释、外语问答三部分构成，其中专业素质的内容由事件导语、人物访谈、话题评述三部分组成；复赛入围的30名选手参加决赛，决赛主要考察选手主持能力。决赛的节目在中央电视台第一套节目中进行展播。

根据大赛节目主持展播分散，没有现场评分的弊病，在展播的同时，现场播放5分钟节目录像，当场打出分数，还要接受专家现场考核指导。大赛最终评出金奖1名、银奖3名、铜奖6名、优秀奖20名，同时还评选出“观众最喜爱的主持人”等奖项。最终，李晓东、管旭、盛时获得大赛银奖，冠军奖杯则被包捷捧走。

此次参赛选手的年龄放宽至45岁，职业背景跨度也很大，中文、历史、哲学这些文科同源的尚且不论，清华等名校的生物、计算机、气象甚至航空航天等专业的学生及综合院校毕业生也涌入了这场竞争，学历背景也高，有硕士、博士参与竞赛。同时，此次大赛还建立了网络平台，不但在CCTV.com推出了大赛专题网页，观众还可以通过大赛论坛对入围决赛的30名选手提出问题，也可以用手机短信的形式为选手出考题目，还可以对决赛的30名选手进行投票，观众投票将折合成分数记入决赛得分。

2007年度，中央电视台举办了第五届“白象杯”节目主持人大赛

“白象杯”以“为中央电视台‘21世纪战略发展人才库’储备具有培养潜质的新生代主持人”为宗旨，目的就是要“推出与国家电视台地位相符的‘德艺双馨’主持人”。本次大赛无论是参赛人数和规模，还是平均学历和从业经验，都创下了历史新高。与以往不同，本次大赛将参赛人数扩大到了海外，还通过网络视频进行报名，有来自16个国家和地区的5721名选手报名参加了比赛，充分体现出CCTV的软实力和传播的外延度，也强化了第一媒体的品牌影响力。

“白象杯”取消了初试的笔试环节，并首次允许以两人组合的形式报名参赛。大赛分初赛、复赛、决赛和总决赛四个阶段，采取单场淘汰制原则。初赛有64名选手分九场进行，比赛内容由“我在现场”、“共同空间”、“为我加油”三个部分构成；之后36名选手分六场进入复赛，复赛主要由“话里话外”、“个性空间”构成；复赛后的前18名分三场进入决赛；决赛经过“特别开场”、“联合主持”的决战后，10名选手进入总决赛。这10名选手经过总决赛的“特别开场”、“同题争鸣”和“巅峰对决”的角逐后，分获1名金奖、3名银奖、6名铜奖。最终胡蝶荣获金奖，并进入央视担任《朝闻天下》的女主播。

“白象杯”与以往前四届大赛相比，最大的不同就是多出了一个“特邀评议员”的团体。“特邀评议员”由70位七个不同年龄段的评议员组成，代表了不同的受众群体。与此同时，在总决赛的现场，除了有现场点评嘉宾、现场嘉宾、特邀评议员以外，还有50名中央电视台一线主持人播音员组成的主持人评审团，并在网络上开通了实时互动播出，尽力体现了“公开、公正、公平”的比赛原则。

2011年度，中央电视台举办了第六届“艾诗缇杯”节目主持人大赛

“艾诗缇杯”本着“赛事创新、多维考核、综合评价、严格程序、公正透明”的原则，力求增强比赛的贴近性和实战性，提高节目的可视性和观赏性，为优秀电视节目主持人才脱颖而出，提供了一个展示自我、实现梦想的舞台。本届大赛选手的报名范围打破以往界限，首次面向全球华人征集选手，年龄放宽也打破了以往界限，在18~50周岁（条件特别优秀者可适当放宽）之间。

“艾诗缇杯”分为初选、初赛、复赛、决赛、总决赛、颁奖晚会六个阶段。和以往赛制明显不同的是采用复合赛制，即不同阶段的比赛将采取不同的赛制。初赛和总决赛为淘汰赛，复赛为单轮循环赛，决赛为双轮循环赛。通过单人、双人组合、三人组合的考核形式以及模拟实战和自我设计等考核环节，从多种维度对选手进行考核，不仅为选手提供了充分展示自我的空间，同时还增加竞争程度和比赛悬念。初赛在限定的时间内完成“今天我精彩”、“正在播出”和“你问我答”三个环节的考核；复赛由“我是主播”和“有感而发”两个部分构成；决赛在“特别现场”、“个性空间”、“共同话题”三个环节中进行；总决赛由“直播现场”、“步步为营”和“沟通无限”构成。

在以上特殊的赛制中，我们看到，此届大赛着眼于文化素养→媒体经验→主持能力等几个层级，逐步递进，综合考核，并且注重不同类型、不同特点选手的考核，力求选拔出一批具有文化素质好、专业能力强、实践经验丰富、人物个性鲜明的优秀电视节目主持人，以满足电视事业对主持人多样化、特色化的需求。最终知性、成熟的王宁荣获总冠军，并进入中央电视台工作。

综观央视的六次主持人大赛，如果说“夏新杯“的主持人大赛完成了中国节目主持人从才艺型、思想型向专家型的转化。那么，“艾诗缇杯”则预示着主持人将向着精品化和品牌化迈进。这是因为：

中国已经走过了节目主持人荒缺的年代；

中国各媒介都不缺节目主持人，而缺少的是具有品牌效应的优秀节目主持人。

第二章 节目主持艺术的本质属性

本章要点：节目主持是一门艺术，是一门研究“人”的艺术，是一门“学会沟通”的语言艺术，是一门“学会控制”的修辞艺术。这是节目主持艺术的本质属性。了解和掌握这一属性，是我们进行节目主持理论研究的逻辑起点，也是我们进行主持实践的出发点。

著名节目主持人赵忠祥在长期的节目主持实践中体会到：“主持与演播是一门博大精深的艺术。”[①]

所谓艺术，大致有三种含义：一是指“技艺”、“技能”。从艺术一词的演化来看，英语中艺术一词是art，来源于拉丁文ars。“古拉丁语中的Ars，类似希腊语中的‘技艺’。”[②]艺术一词，在法语中是Lárt，捷克语中是Uměni，也都具有“技艺”、“技能”的含义。二是指富有创造性的工作方式和方法。美国的克莱德·E. 柯伦就曾指出：达到了某些要求的创造性工作便是艺术。当创造使创造者的感情升华到完善的境界，当创造的成品的匀称美不仅给创作者而且也给观看这一成品的其他人带来了快乐的时候，这种创造便是艺

① 赵忠祥：《岁月随想》，上海文艺出版社1995年版，第392页。

② [英]科林伍德：《艺术原理》，王至元、陈华中译，中国社会科学出版社1985年版，第6页。

术。三是指“用语言、动作、线条、色彩、音响等不同手段构成形象以反映社会生活，并表达作家、艺术家思想感情的一种社会意识形态”。[①]如音乐、舞蹈、绘画、雕塑、建筑、文学、戏剧、电影等都是通过各种不同的形象化手段来反映社会，表达感情的艺术。

据上述艺术一词的含义，我们可以理直气壮地说：节目主持是具有艺术内涵的。它既要求主持人具备高超主持技艺、技能，又是创造性的工作，同时还需要运用语言、动作、音响、图像等形象化手段表达特定的内容和感情。

那么，节目主持到底是一门什么样的艺术？

第一节　节目主持是一门研究“人”的艺术

德国文学家歌德曾说过：“人对于人是最有兴趣的，并且只是对人感兴趣。”[②]所以，他推出一个“人类根本研究的对象是人”的命题。黑格尔把这个命题引进艺术范畴，提出“艺术的中心是人”！是的，艺术的对象是以人为中心的社会生活，艺术既反映客观世界，又反映人的主观世界。但它不管反映主客观世界的哪一个方面，都是以人为中心的，都是直接、间接或曲折地表现人的命运、感情和人与世界、人与自然、人与人以及人与内心世界的关系。节目主持的对象直接指向人，是一种直接服务于人的活动。这一活动呼唤节目主持人必须具有深厚的人文情怀，同时，它还关照人的存在，人的生存与完善。如果节目主持缺乏对现实生活的体察，缺乏对人真诚关注和热爱，那么节目主持也就没有了根基而失去生命力。所以，节目主持是一门研究人的艺术。我们只要打开电视机，随便听听一些栏

---

① 《简明社会科学辞典》，上海辞书出版社1982年版，第83页。

② 歌德：《威谦·麦斯特的学习时代》第二篇第四章，《译文》1957年3月。

目的宣传话，就能感受到这一本质的特征：

用艺术点亮人生，用情感温暖人心——《艺术人生》

会见新闻会客厅，新闻因人而生动——《新闻会客厅》

梦想在你心中，机会在你手中，非常6+1，下一个就是你——《非常6+1》

帮你找工作，教你找工作，挑战，让生活改变——《绝对挑战》

回家，带你走入人间真情地带——《回家》

什么都会改变，只有真爱永在——《情感之旅》

生产快乐——《影视同期声》

服务到家，有事你说话——《服务到家》

…………

大到“世间万象”，小到“个人情爱”，远至“梦想”的实现，近至“失眠”的苦恼，国家、工作、痛苦、快乐、彩票、医药……“人的需要”无所不包、无所不在。为此，凤凰卫视著名节目主持人梁冬深有体会，他说：“《娱乐串串SHOW》是我生命的一个阶段，通过它我发现人、观察人、表达人，进而发现中国人、观察中国人和表达中国人，以及在此基础上宣扬中国的好人，这才是我的事业。”[①] 央视主持人白岩松的成功，也来自于他对“人”的深刻关注。他对体育报道曾有过这样的感悟：“对我而言，体育就是人，就是情感，就是人对自我极限的挑战……我热衷于关注和报道这类‘人’的魅力。反之，如果体育比赛变成了生硬数字的比较，变成了单纯姿势的量化考评，变成了各种繁复规则束缚的高深游戏，相信不会得到太多

① 任离：《梁冬：凤凰是我永远的乡愁》，《凤凰卫视》2005年第5期。

观众的认同，这样的报道就是失败。”①

是的，节目主持的过程也就是一个发现人、表达人，进而研究“人”的过程，是一个人与人交往、人与人情感碰撞、人与人灵魂对话的过程，是一种人际的交流，却又不同于一般生活中的人际交流。

我们知道，传播学有四个层次：自我传播、人际传播、组织传播和大众传播。作为大众传播的广播电视媒体，节目主持人的出现，呈现出与以往任何时候都截然不同的传播模式——大众传播的人际化，其本质是以人际传播的方式进行大众传播活动的。所以，节目主持中强调了主持人与观众的情感互动，注重主持人的角色化，形成传播中的“面对面”的人际交流特点。因而，传受双方即主持人与观（听）众之间的关系应该是平等的，人格应该是对等的，没有主次之分。主持过程中，既要关注受众的愿望，倾听受众的心声，同时也要关注主持人这个特定的“人”的研究。我们把节目主持艺术看作是研究人的艺术，就是要研究传、受双方的双主体特征，主持传播活动就是主体之间的关系，即主体间性的关系。缺少一方的研究，这种主持传播方式都会出现不和谐状态。

例如，以往我们的媒体习惯以居高临下的姿态与声调让受众接受你，常以“我说你必须听”的霸道让受众服从你。这种“传者本位”当然收不到好的传播效果。而现在，随着广播电视网络等新媒体的普及，媒体传播已经由“卖方市场”转变为“买方市场”，受众对广播电视网络节目的选择余地增加，他们成了影响甚至决定节目发展直至生存的“上帝”。但问题是，把观众当“上帝”，表面上是宣扬了艺术传播者的一种服务姿态，但实际上却抹杀了人类物质消费和精神消费的界线，抹杀了艺术应该具有的双重性。主持人节目不

① 白岩松、段鹏：《光荣与梦想的回归》，《现代传播》2000年第6期。

仅有进入市场之后的商品属性，具有一定的经济效益，更重要的是它还有意识形态的属性，具有一定的社会效益。承认“观众是上帝”就等于把主持人节目完全商品化，把人类精神属性给消除了。于是出现了很多主持人一味俯下身子“迁就”、“迎合”受众的现象，这同样是一种“不和谐”。人类社会与文化发展之所以需要精神产品，就是需要它去传播一种文明，去提升消费者的素质，去坚守人类的精神家园，从而引领大众在普及的基础上提高审美修养和精神素质。

那么，如何实现主持人节目及主持人和观、听众的主体间性的良性互动呢？

一、必须研究受众（观众、听众）的需要

我们说，人是有欲望的动物，文明的进程就是伴随着人的欲望不断得以满足而实现的进程。广播电视是人类文明进化到一个阶段的产物，它把人类的各种欲望采集起来，从中汲取不断促使自己生长发育的营养，可以说，人类的欲望可以在广播电视不断发展壮大中繁荣。仅以文艺娱乐节目为例，开始人们消费着“生产”（《综艺大观》），在那个物质生活还很匮乏的时代，能看到一场别人生产的丰富多彩的文艺节目，已是享受；进而消费着消费的生产（《快乐大本营》），人们不仅仅是需要“静看”，更需要和主持人有互动的机会；再进而“生产着生产的消费”（《非常6+1》），要消费自己“我”生产的文化，选手们经过六天的培训，自己成了节目的主角。至此，人们的娱乐欲望似乎还在壮大，到2005年的《超级女声》，更大的舞台给了更多普通人实现“明星”的愿望。人们似乎逐步向着“自我实现”的方向步步挺进。

这一挺进的过程，印证了马克思主义创始人对人划分出来的“生存需要，享受需要和发展需要”的三个层次理论：生存需要是作为生物的人存在的必要前提。享受的需要是在劳动使基本的生

存需要得到满足的基础上产生的一种需要。中国古代哲人墨子说过："食必常饱，然后求美；衣必常暖，然后求丽；居必常安，然后求乐。"墨子提出在"常饱"、"常暖"、"常安"的基础上出现"求美"、"求丽"、"求乐"的要求，就是享受的需要。享受的需要也有高低之分，低级的享受指与生存需要相联系的物质享受，它往往是生存需要的高级满足；高级的享受是指文化的、精神的享受。前面所说的"求丽"、"求乐"就有着精神文化方面的享受内容。精神享受的最高层次表现为人的一种精神追求，即表现自己的生命力，发展自己、实现自我。马克思说过："富有的人同时就是需要有完整的人的生命表现的人，在这样的人的身上，他自己的实现表现为内在的必然性、表现为需要。"[①]这就是发展的需要，也是人类社会发展的内在动力。

这一挺进的过程，同时也印证了当代美国人本主义心理学家马斯洛(Abraham H. Maslow)在1954年提出的需要层次论(Need Hierarchy Theory)。他认为人有五个层次的需要：第一是生理需要；第二是安全需要，即对于秩序、安定、经济和职业保证的需要，它出现于生理需要的充分满足之后；第三是归属和爱的需要，这是在上述两个需要满足的基础上出现的；第四是尊重的需要。马斯洛认为，尊重可分为两类：自尊与来自他人的尊重。"自尊包括对获得信心、能力、本领、成就、独立和自由的愿望，来自他人的尊重包括这样一些概念：威望、承认、接受、关心、地位、名誉和赏识。"以上这四种需要是作为生物的人和社会的人的起码的需要，在此基础上人还会产生更高级的"超越性需要"，这就是第五自我实现的需要。这是"一种想要变得越来越像人的本来样子，实现人的全部潜力的欲望"，它包括个人责任、意志自由、探求真理和审美需要。他指出："审美需要

① 《马克思恩格斯全集》第42卷，人民出版社1995年版，第78—79页。

的冲动在每种文化、每个时代里都会出现，这种现象甚至可以追溯到原始的穴居人时代。”[①]

哲人学者的论述让我们看到，人类的需要由低级到高级构成阶梯状，已经满足的需求，不再是激励因素，一旦一种需求得到满足，就会有另一种需要取而代之。一般来说，只有在较低层次的需求得到满足之后，较高层次的需求才有足够的驱动力，而较高层次需求的途径多于满足较低层次的途径。改革开放以来的每个广播电视理念的演进，实际上都是在进一步地满足人的逐层需要。

但我们也要同时看到，在大众传播媒介的信息传播活动中，以最大限度满足受众获取信息需要的同时，也要看到，“需要”一词也有两重含义。冯平在《评价论》中认为，汉语作为名词而使用的“需要”有两重含义，第一重含义，是指人的一种心理状态，相当于一种愿望、欲念、渴望，它是价值主体的一种心理要求；第二重含义，是指人的一种实际存在的状态。这两者是有本质区别的。一个人的实际存在的状态和他对这种状态的心理反应常常是不一致的。犹如小孩子口渴时，他（她）实际需要的是白开水，但他（她）却想喝可乐。相对于“‘受众需求’这一特定词汇，也有不同的两层意义，一层是指社会的实际存在状态对信息的需求，一层是指社会舆论所反映出来的对信息的需求。前一个需求常常呈现出隐性状态，后一个需求常常呈现出显性状态。因此，我们在对事实作评价时，不应仅仅局限于显在的‘卖点’信息，及时把握受众的愿望，把握社会舆论所反映出来的对信息的需求，更应当准确把握社会的实际存在状态对信息（即实际存在但又未被舆论反映）的需求；不仅应当根据社会的眼前需求，更应当根据社会的长远需求选择信息；不仅应当及时捕捉大众感兴趣的信息，更应当捕捉那些对社会生活、对全局来说

① [美]费兰克·戈布尔：《第三思潮：马斯洛心理学》，吕明、陈红雯译，上海译文出版社1987年版，第41—47页。

重要的，但尚未引起大众兴趣的信息。”[①]只有这样，我们才能在节目主持过程中占领制高点，才能不跟在大众兴趣后面亦步亦趋，才能发现事物的发展趋势，预测事件发展的可能后果，或借助专家的眼光来审视社会上所发生的新问题、新苗头，使信息发挥应有的预测、导向作用。

二、必须研究主持人的需要

传播主体与接收主体的主体间性研究给我们带来一些新的启示。在主体的意义上，传播过程是传播主体与接收主体自我认识和相互认识的过程。传播效果是接收主体对其在传播主体中自我状态的认识程度。各种传播模式是对传播主体与接收主体不同关系的描述。大众传播时代在技术上进入电子传播时代，在内涵上则进入了主体传播时代。传播主体和接收主体不断深化的相互认识与需求，意义的交流、寻找与张扬成为这个时代的主要特征。节目主持人作为“人”，他（她）也同样要在栏目这块土壤上成长、发展，寻找自我实现的人生价值。反过来，主持人的成长也会带动栏目的成长，从而才能更高一层地满足接收主体的需要。这是因为在主持人栏目中，要“提高观众素质”、“净化鉴赏环境”最重要的实施人就是主持人。为此，必须研究主持人自己的这个“人”。白岩松常说是自己是人本主义者，他在《我们到底能走多远》[②]一文中所说的颇有道理：

> 在我所接触到的主持人的理论中，大多讲的是：怎样能成为一个主持人，而不是什么样的人可以成为一个主持人。这种研究过分技术性，关注了“主持”，而忽略了对“人”的

---

① 张征：《试析“受众需求”》，《现代传播》2005年第3期。

② 白岩松：《我们能走多远——关于主持人话题的胡思乱想》，《现代传播》1996年第1期。

研究。对于任何一个主持人来说，只有先拥有一个大写而丰满的人，才能派生出一个被观众认可的主持人形象。

对主持人从业者的要求应当是：把“主持”缩小，把“人”放大。

确实，对主持人的认识多年来一直有偏差，要么强调年龄容貌，要么强调要有记者经历，要么要有文化和个性，其实都是单方面的素养。应该说，要成为一个主持人，最首要的条件应当看他是不是一个独立而大写的人。作为大写的人，是一个综合的指标：

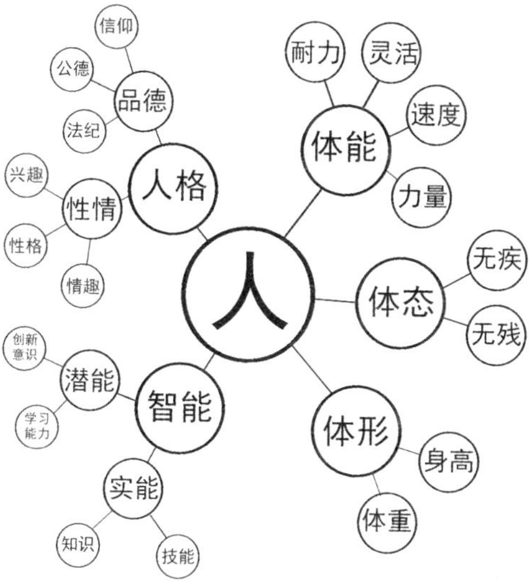

只有具有这样一些综合指标，他（她）才能算是一个“丰满”的人，一个有“个性魅力”的人。只有具有这样一个“个性魅力的”人，节目主持人才有能力担当起不断引领受众，不断提升受众的重任。同时，也才能不断地成为人们的“心灵导师”，给人以温暖的抚慰，从而更好地去影响和改变人的行为。

第二节　节目主持是一门"学会沟通"的语言艺术

迄今为止，人类传播演进的过程经历了六个阶段：符号信号时代、话语时代、文字时代、印刷时代、大众传播时代和网络传播时代。从人类传播史来看，自从语言诞生以来，任何新的传媒都不过是语言的延伸和补充。"语言"这一重要的传播手段在每一个传播阶段中都被赋予了新的内涵。

广播以声音为传播手段，电视同时兼用声音和图像。二者都离不开声音，而在声音中语言又是第一位的。电台也好，电视台也好，用语言向听（观）众传递信息，和听（观）众交流思想，探讨问题，沟通思想的主要靠节目主持人。因而，节目主持人是以说话的方式完成媒介与大众沟通的社会角色，是一个靠"舌耕"来完成任务的职业语言工作者。从这一点来说，节目主持就是一门"学会沟通"的语言艺术。

可是，声音在电视中的地位曾经在某一个阶段被我国电视界所忽视，取而代之的观念是，电视是以画面为主的媒介，而声音则只是画面的辅助。电视谈话节目的出现和盛行，对这种观念不啻是一种挑战。而且在电视谈话节目中，声音符号贯穿始终：事件的发生和发展，嘉宾的情感和经历，是通过口头语言被"绘声绘色"地描写下来的。1991年播出的大型系列节目《望长城》以其全方位的电视语言让业内人士耳目一新：大段落的人物访谈，主持人的现场播讲和长镜头的跟随拍摄，给人前所未有的人际交流现场感和真实感。这些看似全无联系的电视创作尝试却有一个共同的着力点，那就是充分展示了人际间的谈话，也充分证明节目主持是大众传播和人际传播的产物，而沟通是其最本质的属性。

难怪英国学者尼古拉斯·阿伯克龙比主张，电视是一个谈话的媒体："许多类型的电视节目，包括言谈节目、肥皂剧和情景喜剧，基本上都是围绕着交谈来组织的。至于其他节目，例如新闻和纪实节目，谈话似乎是其主要的组成部分。还有其他一些节目，例如警察节目，则更注意可视的图像。然而也有迹象表明，不管电视上演播的是哪种节目，人们常常不注意观看其可视的图像，而是把电视当成一种谈话的媒体。"[①]

一般来说，人际沟通的媒介可以分为语言和非语言两大符号系统。这两大系统本身又可以根据是否使用了我们的发音器官，而进一步分为四个亚系统：即有声的语言符号和无声的语言符号，有声的非语言符号和无声的非语言符号。在这里，语言行为与非语言行为的区别并不在于是否运用发音器官，而在于语言行为的本质是"语词的"。见下图：

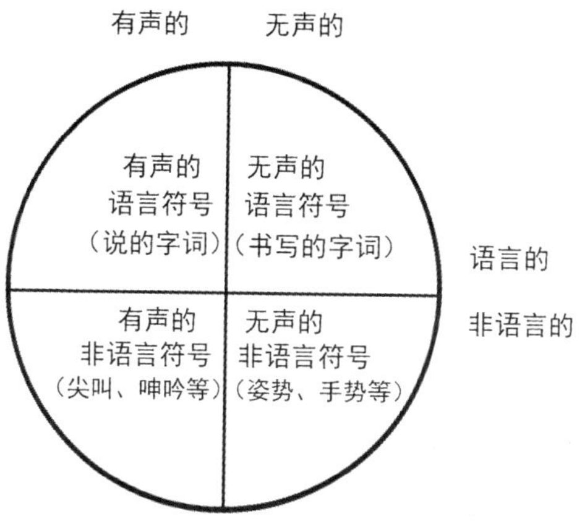

社会沟通的符号系统分类[②]

① [英]尼古拉斯·阿伯克龙比：《电视与社会》，张永喜、鲍炎、陈光明译，南京大学出版社2002年版，第207页。

② 周晓虹：《现代社会心理学——多维视野中的社会行为研究》，上海人民出版社1997年版，第282页。

由此可见，节目主持主要是由有声的语言符号（说的字词）和无声的非语言符号（姿势、手势等）两大亚系统构成的。为此，主持人必须掌握有声语言表达技巧和无声语言表达技巧，关于这方面的技巧，本书的第五章和第六章将作详细的阐述。

由于节目主持人是以口语表达为沟通交际工具的，首先要对“口语交际”特点有一个清晰的认识。更重要的是，必须遵循口语交际的这些规律。口语交际主要有以下三个特点：

一、即时性

口语交际一开始，“思想”就必须紧紧跟上，且大多是现想现说的。由于要现想现说，时间急迫，就要求说者尽快地把思维转换成言语，听者相当敏捷地把对方的话语转换成认知。如果交际中讲完上句，还没想好下句，就会造成口语的间断，有时还会发生“等待”现象，如“嗯、嗯……”、“这个、这个……”之类的“口头禅”，就是用冗余信息在等待思维的现象。

口语交际的“即时性”，启示我们：由于口语交际转瞬即逝、无法修改，口语表达时的句子要短，结构也要简单。另外，主持人要特别关注自己思维的训练，要想办法让自己做到“心到口到”且“想得快说得准”。我们常常会有“心乖于内、口拙于外”的时候，也常常“慧于心”而不能“秀于口”。这是因为思想、动机要外化为有声的自然语言需要经过一个“言语化过程”，这个“言语化过程”是美国的语言学家切夫（Chafe）通过实验得出的研究成果。

苏联学者鲁利亚（A.R.Luria）也认为，语言生成过程，要经历两次转换，即，动机→图式→扩展性语言。具体地说，就是初始的动机、思想借助内部语言编码成为图式（schema），这些图式再转化为扩展性语言（形成自然语言），然后外化为外部语言（有声语言或文字表达）。语言理解过程也要经历相反的两次转换：被感知的言语表达(有声语言或文字)借助内部语言压缩为图式,这些图式通过内部语言转化为动机、思想储存在记忆中,即:外部语言→图式→动机。因此,储存在大脑中的单位是跨越式思维和特殊代码的统一体。

因此,言语化过程的速度如何?言语化通道是否畅通?说话人言语知觉是否敏锐?提取语言储存、激活相应词语并组成言语单位的过程是否迅捷?这都是至关重要的。所以,口头表达的心理素质、生理技巧、物理控制(发声时的气流、音量、速度)的训练都不能掉以轻心。赵忠祥、宋世雄等都是在自觉地进行过这种训练。像一些原来是相声演员,后进入主持界的诸如叶惠贤、朱军等人以口齿清晰、反应敏捷、应答自如而著称,也是因为他们都受过这样"跨越式思维"的训练。所以,主持人要经常练练歌、说说快板、唱唱戏、演演戏剧,特别要加强即兴演说、朗诵文学作品的训练。这是心理、学识、语言、才智、沟通意识、表达能力的综合训练,也是做到出口成章的必修经历。

二、情景性

口语和书面语最大的不同就在于"情景性",讲究的是此景此情。因为交际是在特定的情景中发生的一种交际现象,其所谈的话题、交际的对象、交际的环境(场合)都是一定的,这环境既包括社会环境也包括自然环境。口语交际时时刻刻受情景的控制。

同样的话题,不同的对象,言语表达的方式就不一样。例如,1992年,倪萍担任北京—东京现场直播的"中日友好歌会"的主持人。原来台词本上的第一句话是:"亲爱的日本朋友们:你们好!首先我代表中国人民在这里给你们鞠躬了。"倪萍意识到,这番话有损中国人民的形象。于是改为:"亲爱的日本朋友们:晚上好!这里是中国首都北京,请允许我向远方的日本朋友们问候!"不卑不亢、落落大方，说话既看场合，又看听众；既看国情，又顾传统。这样才能收到良好的传播效果，取得和谐的大众缘。

就是同样的话题，同样的对象，言语表达的方式不一样，收到的传播效果也会不一样。倪萍有一次主持节目的台本中对“邻居”的解释是这样说的：“邻居是什么？是互相帮助的朋友，是在你困难的时候，可以向他求援的伙伴，是你生活中不可缺少的友情，是你生活中相互给予的人们。”这话挺好！但倪萍却改为：“邻居是什么?是你正在烧菜时发现酱油瓶是空的，于是，你就敲门要点酱油的那家人，是你家房子冒烟了，能第一个去打119的那家人。”毫无疑问，后者受到大众的喜爱，为什么?这符合中国人具象性的思维习惯。国人对事物的把握常常是直观、整体、非逻辑性的，重“体验”而轻“概括”，重“领悟”而轻“分析”。这种思维方式具有很强的联想和体验感悟的色彩，有讲求“观物取象”的具象性特征。这种思维方式和西方呈现出的逻辑型、分析型的思维方式有着明显的区别。

口语交际的“情景性”，启示我们做节目时要特别关注交际话题的情境性设置，不仅关注微观语境的表达，还要注意宏观语境的正确表达，即不违背特定的社会、时代、文化、民族等地域语境的需要。只有这样，才能在特定的情景中，真实地进入角色，说符合情景的话，切旨而合题。

三、复合性

口语交际是使用言语和非言语因素的一种复合行为。口语本身既是传递承载信息的声音，也是传递说话人思想感情的工具。它不只是简单地念出词句，还要注意声调的高低、强弱，语气的缓急、长短，从而使有声语言充满一定的感情色彩，同时还可以借助体态语（面部表情、伴随语、手势语等）的帮助来传递信息。反过来讲，听人说话，既要听语音，辨词义，品情调，还要学会从对方的表情动作中领会其精神实质。另外我们还要知道，口语交际能力也不仅仅是“说”的能力，还必须历练人格修养，拓宽知识视野，才能真正提高口语交际能力。

古代的苏秦凭三寸不烂之舌，拜六国相印，游说天下。

诸葛亮未出茅庐，就有超凡的“隆中对”，后来又有独自一人深入东吴，舌战群儒的胜利。

当代的周恩来，各种场合，无往而不胜。

难道他们仅仅凭会说的“嘴巴”，如簧的“巧舌”吗？当然不是！靠的是思维、人格、知识、气质和修辞技巧等等。其中尤以思维敏捷、知识渊博最为重要。

口语交际的“复合性”启示我们，口语的沟通技巧绝不仅仅是技是“技巧”问题。“语言是思想的直接现实”，[①]语言是一个人的知识、工作经验、生活积累、人生体悟等众多因素的外化表现。换句话说，在主持中，“话”虽是靠主持人的发声器官正确运用语音、词汇、语法物化出来的，但这“话”却是主持人综合素养的体现。语言服务于人们，不仅是表现他们的思想，而且也表现他们的感情。因为人在认识世界和改造世界的过程中，总是带有一定的心理倾向性，即一定的感情色彩。所以，谈论人类的语言沟通，如果忽略了人们在沟通过程中情感交流的话，显然是不够全面的。思想的交流和感情的交流是沟通过程中不可分割的两个方面，站在宏观的角度来看待语言，就会发现它与思维、文化有着密切的关系。上世纪初，语言学家威廉·V. 洪保尔特曾提出一个假设：每种语言独一无二的设计都包含了一个独特的世界观。该假设于上世纪20年代得到了美国人类学家E. 萨丕尔认可，不同的社会具有不同的语言模式，这种模式又以其特定的方式为其使用者建构了不同的文化世界。这个观点

① 《马克思恩格斯全集》第3卷，人民出版社1995年版，第525页。

以后又被萨丕尔的弟子B.L.沃尔夫作了进一步的发展。沃尔夫通过研究提出，欧洲语言不仅包含了谈论世界的方法，还包含着那个世界的模型。换言之，我们说的东西塑造了我们所感知的东西。

有些主持人口语沟通能力差，其实还有写作能力差的问题。写作能力是体现一个人整体综合素质的能力。要写作，就要有广博的知识，就要多读书、多积累；要写作，就要学会观察生活，观察人生百态，有较强的发现问题、分析问题、解决问题的能力；写作的过程也是锻炼自己较强逻辑思维能力的过程。

能力，指的是动手能力和思辨能力。一个人的文化之有无，除了知识学问之外，更重要的是这两种能力。如果说，知识学问是这两种能力的基础，那么动手能力则是对思维质量最好的训练和检测。对于主持人来说，动手就是写稿，思维质量则体现在写与说之中。

不妨以洋主持为例，丹·拉瑟来自下层，大学毕业，主修新闻，罗杰·马德出身中产阶级，获历史和文学硕士及史学博士学位。马德文笔精美老到，只是慢得出奇；拉瑟文思敏捷，据案制书，倚马可待。马德是个饱学之士，博览群书，学贯古今；拉瑟从不幻想自己是什么学者。不管他们之间有多大差异，但他们之所以能够成为著名主持人，都是因为他们具备了写作的才能，且这种能力的获得与他们长期的记者生涯是分不开的。

第三节　节目主持是一门“学会控制”的修辞艺术

节目主持作为一种社会实践活动,其中人的关系首先是社会关系的反映,必然受社会、政治、经济制度的制约，人永远也不能摆脱来自自然、社会和主体自身的限制。人在客观世界面前表现出主体性，但又不得不受客观世界的制约，表现出被动性，主体性和被动性是孪生胎，是不可分离的。更何况，广播电视还是一个拒绝自由交流的领域，外部受制于收视率，内部受制于严格程序，主持人的限制，时间分配的限制，谈话内容的限制，演播程序的限制等等。客观世界有“限制”，我们就得对自己有“控制”。控制是理性的产物，无控制便是无分寸，无分寸感也便无真实，艺术需要分寸，不同的艺术有着各不相同的分寸。控制就是有分寸，有分寸就是得体，得体是修辞学的最高原则，而修辞学就是研究言语表达的交际效果的学问。从这一点上说，节目主持艺术又是一门修辞艺术了。

只要是“人”都会控制，不过这才是控制的第一层次；在进行创造性工作时，能控制自我的欲望并能见出个性来，这是控制的第二层次；如能根据自己的社会角色，不仅在内心有深刻的体验而且在角色外部还能自觉地体现分寸，这就是控制的第三层次，也是高级的层次了。我们的节目主持需要这样的高层次。具体表现在以下几方面：

一、节目主持的内容要“学会控制”

广播电视节目必须和社会制度、文化传统以及道德伦理相符，因此，节目主持时要学会控制自己演播的内容。

有人认为，西方特别是美国的节目主持是自由的，其实不然。西方学者自己就提出了一个观点：“‘新闻自由’不过是‘新闻相对自由’的省略语。”我们请看下面一些事实。

美国垄断财团的意志在很大程度上直接或间接地控制着主持人的政治立场、观点、态度，控制着主持人的活动范围、报道分寸。早在第二次世界大战期间，CBS就确立了客观、公正的新闻报道原则，这一理论被CBS引为公司的新闻报道的根基。事实上，三大电视网只是在自身利益同垄断财团意志不发生冲突下，才力求主持人坚持这一原则。1962年任命克朗凯特为CBS《晚间新闻》主持人，公司就看中了他的保守政治态度。1956年NBC打算启用亨特利担任新闻节目主持人时，一些人担心他的自由派言论会给公司带来麻烦，但NBC经理韦弗说："谁都能被控制住，可以雇用他。"事实确实如此。大名鼎鼎的克朗凯特在其主持人生涯中也曾同政府唱过反调，然而，选择的时间都是在问题已经明朗化形成公论的情形之下。美国电视批评界认为，克朗凯特一生极为慎重，他知道应该怎样生存，他避开有争议的问题，每发表自己的见解时，他都慎重地选择时间和地点。"克朗凯特的主持人生涯的绝大部分时间从事航天技术、环境保护、能源危机等内容的报道，他的报道方式也免于引起争论。相对来说，这些报道是没有争议的题目，但却是重要的题目，也正是这些题目使他荣获各种大奖。同行说，克朗凯特的天才在于他永远非常清楚应该走多远。"①相反，曾对美国广播电视新闻做出重大贡献，被美国人民誉为人民的斗士的爱德华·默罗，20世纪50年代主办《现在请看》电视新闻节目，他在节目中对极端反共产主义，迫害进步人士的麦卡锡主义进行了抨击，最后迫使麦卡锡倒台。尽管如此，《现在请看》节目还是被迫停办，CBS的董事长威廉·佩利毫不忌讳地说："默罗造成的麻烦太多了。"

三大电视网虽然声称独立于政府、政党，但在重大根本问题上，同垄断财团和政府的意志是保持一致的。著名主持人拉瑟说："要求新闻界报喜不报忧并不新奇，这是美国两个政党的领导人用来向公众掩饰问题所一贯采用的老一套做法。"1982年8月17日晚，拉瑟在《晚间新闻》中抨击了里根政府的税收政策，里根立即打电话到演播室，要求拉瑟改变这种抨击性报道。

美国是世界上电视最发达的国家，目前美国至少拥有一台电视机的家庭已达到9200万户（占总家庭数的92%），其中，将近70%的

① 赵丽萍：《美国新闻节目主持人成功的主客观因素探析》，《北京广播学院学报》1991年第2期。

家庭拥有不止一台电视机。据统计，美国家庭收看电视的总时间每天在7小时以上，晚上7点~11点的黄金时间，各种族、各阶层的美国家庭均把大部分时间消磨在电视屏幕前。正是由于其影响力如此巨大，电视所受到的重视程度，尤其是所受到的束缚和制约也远远超过其他媒介。这种社会权力的制约主要来自两个方面：一是来自国家政权，一是来自社会舆论。前者依靠国家机器以法律的形式强制规定电视应该传播的内容，对于禁止电视播放的内容更是加以明文规定，同时法律也会对传播的方式和竞争的游戏规则做出规范。而后者社会舆论则表现为一种强大的潜在势力，制约着电视行业的传播和发展。

美国电视主要是商业经营体制，大部分电视台、节目制作公司都属于私人产业。美国基本实行的是制播分离的制度：节目制作公司受电视台的委托制作除新闻外的其他电视节目，电视台是播出机构，而辛迪加市场则提供了电视节目销售的中介渠道。由于电视媒介高速发展，频道和节目众多，同时又具有迅捷的即时反应能力，美国没有真正意义上的节目审查制度，但电视组织从自身的利益出发，通常都有着极强的自我审查意识。为了生存与发展，它们一方面要避免触犯法律（有时候叫作宣传政策），另一方面又要小心翼翼地避免伤害公众的感情。这样就使得电视节目的制作者根本不如人们想象的那样潇洒自如，要想获得成功，他们首先就得在众多制约的前提下走好平衡木。除经营与技术方面的管制之外，对于广播电视的传播内容，美国法律主要有这样几方面的规定：

1. 为公众利益服务

虽然美国电视以商业性电视网为主，但在法规中却普通反映着对公众利益的尊重，体现出电视业要为公众利益服务的精神。

2. 不得倡导暴乱、犯罪、反政府、反社会

在战时等紧急状态下，美国则更多使用行政手段引导管理广播电视。如“9·11”事件后，美国于2001年10月1日修订了《美国战时紧急状态下无线电频谱使用与协调程序》，对战争时期受到战争威胁以及公众处于危险状态或其他战时紧急情况下无线电频谱的使用进行指导，授权科技政策办公室可以关闭非政府广播电台。

3. 平衡报道

美国的《电视规范》中强调：“对有争论的公众问题，电视提供一个有价值的论坛，让人们发表认真负责的不同观点。”

在“9·11”以后的相当一段时间里，电视网都在做赔本生意，娱乐节目处境非常尴尬。美国在遭受恐怖袭击后，虽然没有宣布停止娱乐，但在那种极其沉痛的气氛中，各大电视网全都自觉地停止了娱乐节目的播放，一周以后才陆续恢复。NBC著名的夜间谈话节目《与大卫·莱特曼共度夜晚》一向以幽默和对时事的嘲讽为基本卖点，但在这种时刻，时势严峻到不容嘲讽，甚至无关痛痒的小玩笑也显得不合时宜。于是，号称幽默大师的莱特曼把原先节目套路中无法同贫嘴相剥离的“开场白”和“单口相声”等几个段落全部删除，只剩下干巴巴的访谈。

至今美国的商业电视还很少涉及宗教、种族等社会敏感问题，在道德、价值判断上，绝对遵照最标准的主流文化的态度。对社会上明显存在两派针锋相对意见的问题，电视业通常保持一种中立的态度。美国的广播电视，特别是电视，还是相当“干净”的，也最具“主旋律”气质。[①]

他山之石，可以攻玉。每个国家都有特定的文化语境，这一文化语境包含三个层面，即物质的文化语境、制度的文化语境和精神的文化语境。我们的节目主持内容要和自己国家特定的文化语境相匹配，否则就容易遭到失败。

---

① 苗棣、李丹：《美国电视的约束机制》，《现代传播》2004年第4期。

中国电视台新闻部主任孙玉胜曾在他那本《十年》中讲了这么一件事，这也正好用来说明我的这一观点。《实话实说》开播之前，一直认为谈话节目要好看，要吸引观众，就必须使谈话具有辩论色彩和对抗性——也就是对同一问题、同一现象和事件要有不同的观点，认为能够把这种观点的交锋过程淋漓尽致地表达出来就是好的谈话节目。其实不然。1996年6月9日，《实话实说》播出《拾金不昧要不要回报》，这期节目差点使《实话实说》走到了终点。节目讲的是一个出租车司机捡到了一个在那个时代十分稀罕，被看作身份象征的手机，司机把手机交还原主时，失主给了这个司机一千元钱作为酬谢。节目请了四个嘉宾坐到演播室讨论“拾金不昧该不该要回报？”“这种回报应不应该制度化？”编导之所以再次关注这个问题，是因为当时北京一家报纸就这个问题进行了一场讨论。在失者与拾者都参与的情况下，请嘉宾和观众讨论需不需要在制度上制定一个措施，让失物有可能尽快归还。现场嘉宾们的具体建议是：失主根据所失物品的价值，给拾者一定比例的奖励，比如10%、15%或者20%。嘉宾们介绍说，这种制度在发达国家已经很普遍，而且据说我国的广州市也已经有相应法规出台……

讨论过程中也有反对的声音，但节目的整体倾向是主张出台这样的法规。

节目播出后引来了批评。有观众认为节目立意不对，“意图否定中国人拾金不昧的传统美德”。针对这些意见，台领导提出批评，并要“限期纠正错误”。

二、节目主持人对现场要“学会控制”

节目主持的现场犹如教师的课堂、指挥员的战场，它是主持人展示才华，联系大众的舞台。主持人的现场控制对节目有重要影响，特别是谈话节目，主持人是一个重要的砝码。既然我们把谈话现场设定成一个“家庭客厅”的氛围，那么主持人就是“主人”的角色，论辩双方和现场观众是“嘉宾”，是来“做客”的。因而他们在心理上是随和的、亲近的，易于接受主持人引导的。那么对我们的主持人来说，不同观点应该如何平衡？即使我们在谈话的现场没有做出结论，但是结论的天平将倾向哪一方？主持人就得“学会控制”。

例如，胡健1986年开始参加中央电视台专题片拍摄，任主持人，1993年至1996年兼任中央电视台《东方时空》节目主持人。她认为，主持人大致应该分三种类型，即新闻型、综艺型和专家型。但是三类主持人无论是伶牙俐齿，插科打诨，还是庄重威严，正襟危坐，他们的风格无论多么迥异，却有一个共同的职责，那就是：控制局面。这也是“主持”二字的含义，是对每一个主持人的基本要求，是义不容辞的责任。

主持人的现场控制首先表现在对待被采访者的态度和方式上。各种主持人，有居高临下自我感觉优越良好者，有居低望高攀附逢迎者，也有极力平视却急于“木船打军舰”的挑战者……当然都知道平视平等平心静气最好，可是事到临头，见到平头百姓搂不住火，这就需要平日里养成真正的平常心态：不屈从，不俯就。而且阅历和磨炼对一个主持人来说是非常重要的。在节目中遇上一些自我中心意识很强的人，面对这些访谈者，主持人的控制能力就更显得重要了。

主持人除了对主题方向的把握，谈话氛围的营造之外，还包括对交流程度的深浅、双方情绪的张弛、对话节奏的快慢等其他重要因素的控制上。其次，话题提出的方式是最重要的控制手段。话题提出的方式和样式有很多，对待不同经历的人，不同具体事件的参与者，不同性格、不同职业、不同地位、不同文化程度、不同承受能力，以及不同体验能力、应答表述能力的人，一针见血还是循序渐进，直截了当还是“曲线救国”，注重情绪感受还是注重理性思考，是煽情的抒发方式还是严谨的调查方式……都需谨慎抉择。

三、节目主持人对自己特殊的媒体角色需要“学会控制”

“镜头前主持人所充当的角色，是一种媒体角色……媒体角色不同于一般的社会角色，应当说是一种特殊的社会角色，因为它除了履行社会角色的职责，还需要显示出具体鲜明个性特征的自我。也就是说，媒体角色应以媒体意志、社会化的审美需求来调节心理、控制言行。他既需要有意识地调节、改变自己的言行，使之符合节目内容和节目模式的需要，又要尽力暗示自己接近广大观众心目中理想化模式；同时又需要保持和强化（非角色化的）自我特征，充分地显示个性，以独特的个性产生出魅力来。”①

如果不这样控制，就会遭到非议。例如，张越在一次《半边天》的节目中，当说到女性读书问题时，她大谈自己如何爱读书，没有知识陪伴，自己无法生存等等。尽兴时，竟把嘉宾晾在了一边，似乎她成了节目的中心。节目播出后，观众较反感。再如，央视二台《鉴宝》栏目的女主持罗晰月，优雅、亲和，日益受到观众欢迎。但随着节目影响力的逐日增大，主持人表现的“度”也有些失控，抑或也是编导们设计的不注意。节目中，持宝人对自己宝物的介绍，常常被主持人打断，而安排了大段主持人事先准备好的台词，有时竟滔滔不绝，看起来对书画、家具、青铜器、玉器样样精通在行，却恰恰暴露了“不真实”。人是有局限的动物，不可能“路路通”、“样样懂”，主持人的媒介角色在这儿只是个“桥梁”、“导游”，相关的背景介绍多留

---

① 丁海宴：《媒体角色——谈主持人镜头前叙事方式的把握》，《北京广播学院学报》1992年第2期。

点给“音像资料”，对宝物的评价再多留一点给专家，这个节目将会更精彩。

因此，主持人在节目主持过程中，必须时刻注意自己的媒体角色定位，不要太自我中心化、个人化、情绪化，以便给节目质量带来影响。

下面，我们用克朗凯特主持生涯两次不寻常的报道作为例证，来说明媒介角色控制的分寸。

> 1963年11月22日中午12点30分，肯尼迪总统在达拉斯遭到枪击。
>
> 枪声一响，总统车队最后一辆车——第六辆车——记者梅里梅·史密斯立即抓住车上的无线电话向合众国际社达拉斯分社报告了这一消息。
>
> 枪响4分钟后，史密斯发出的消息就在电传打字机上响起来，传向电视台、电台、报纸。
>
> 12点36分，纽约ABC电台播出了这条消息。
>
> 12点39分，史密斯在帕克兰德医院发出第二条消息“肯尼迪伤势严重，或许很严重，或许遭到暗杀子弹的致命枪击”。
>
> 12点40分，克朗凯特出现在CBS《当世界改变时》的节目中，他打断节目的正常播出，根据合众社两条简讯报告说：“在得克萨斯州达拉斯市有三枪射向肯尼迪总统的车队。第一次报道说，总统伤势严重。”克朗凯特报告这一消息时，控制不住自己的感情，两眼含着泪水。

CBS新闻部领导立刻决定将克朗凯特换掉，系列片继续播放。12分钟后，电视上的消息连同克朗凯特的态度被人们议论纷纷，全国一片震惊。到1点35分，人们听到总统已经死亡的消息。

CBS为什么将克朗凯特换下来呢？因为新闻报道应该遵守客观、冷静的报道原则。肯尼迪遇刺是硬性新闻事件，主持人应该控制自我感情的流露。

这样说来，主持人是不是在所有报道中都要克制情感，不瘟不火呢？不然。克朗凯特在1969年主持人类登月的现场直播节目，曾激动地流下了热泪。观众没有因此而指责他的感情外露。相反，克朗凯特的这次主持如同神话一样将月球和地球上人的活动和声音串联在一起，使得这次节目本身也成为了一种奇迹。

> 1969年7月20日，美国“阿波罗11号”宇宙飞船将宇航员尼尔·阿姆斯特朗和埃德温·奥尔德森送上月球，掀开了人类登月史的崭新一页。那天，观众守候在电视机前，等待着那激动人心的场面。克朗凯特首先出现在屏幕上，面带笑容但不失庄重地向观众传达背景信息，介绍现场环境和动态；他穿针引线，将月球上和地球上的活动组织成一个统一体。
>
> 尼尔·阿姆斯特朗在月球上说：“对一个人来说，这只是一小步，但对人类，这是一大飞跃。”
>
> 尼克松总统站在地球上说：“由于你所完成的业绩，太空已经成为人类世界的一部分。并且因为你从‘安宁之海’和我们通话，这就激励我们要加倍努力把和平和安宁带给地球。”
>
> 克朗凯特流着热泪，开始他那权威性的评论。

两次不同的流泪却收到两次不同的效果，这更说明主持人应根据节目性质、节目内容的特定要求，把握好自己媒介角色的重要性。

1993年8月8日，《东方时空》播出100期特别节目：《洋河污染导致大片农田绝收》。张家口市的洋河污染，致使当地蔬菜烂根，水稻不能抽穗，农民丰收无望。市里的环保负责人说污染源来自上游的宣化，但宣化农药厂拒不承认。记者兼主持人章伟秋来到市政府，办公室负责人打着官腔："张家口有12个市长，12个秘书长，但你没有事先约好，所以不能安排。"章伟秋表现出特有角色控制，他站在市府大门口作现场报道："从上午8：20我们就到张家口市政府要求采访市长，但直到中午12：00市政府办公室的负责人还是不知道市长去了哪里，他说地市合并工作很忙，但我们认为老百姓吃饭的事情也很重要。"镇定、内敛，只有客观的描述，没有咄咄逼人的语词，但一点也不缺思想的锋芒。这个节目当年荣获中国电视新闻一等奖。

四、节目主持人对个人形象要"学会控制"

主持人是公众人物，所以要维护自身形象。从内在涵养到外在的风度、仪表、声音、容貌甚至服饰，都是影响观众是否喜欢的重要因素。主持人必须根据自身的状况很好地管理自己，以便更好地塑造自己的个人形象。

例如，我们日常的说话和主持都需要呼吸支持，但它们二者对呼吸的要求却明显不同。说话对声音的好坏没有什么特殊要求，但主持的发声吐字和表情达意有具体要求，主持人即使不紧张也可能因呼吸控制不好变得气喘吁吁、声嘶力竭。在日常生活中，使用胸式呼吸、腹式呼吸，还是胸腹联合呼吸，是由自身素质和各方面习惯决定的。主持人使用的呼吸方式却需要胸腹联合呼吸，胸腹联合呼吸的发声稳劲、持久、自如，它能全面扩大胸腔的容积，吸气量最大。其次，从动作特征看，胸腹联合呼吸建立了胸、膈、腹之间的关系，增强了呼吸的稳健感，有利于控制。第三，采用胸腹联合呼吸易于产生坚实、明亮的音色，它是多种音色变化的基础。所以胸腹联合呼吸是最为理想的播音主持发声的基本呼吸方式，也是目前被大多数专业人员所使用并认可的呼吸方式。另外，还要有意地练习发声、吐字归音、气息运用等技巧，使自己的声音更富魅力。

一个主持人在荧屏上与观众互动，并通过服饰、言辞、动作、表情的选择影响或改变受众对他的印象。在社会心理学中，将这种有意控制他人对自己形成各种印象的过程称作“印象整饰”或“印象管理”。

这一理论最早得益于意大利人马基雅维里的《君主论》，《君主论》论述了人类如何控制人类行为的见解，这一见解对现代社会心理学中有关“印象整饰”研究产生了重要影响。但对这一领域的研究产生真正划时代作用的则应首推美国著名社会学家欧文·戈夫曼。在戈夫曼那本享誉学界的《日常生活中的自我表演》（1956）中，戈夫曼认为,人与人之间的社会互动有如演员相互配合的演戏。人们按社会剧本的需要（即社会期望的需要）扮演自己的角色，而他们的演出又受到互动对方的制约。因此，要使互动能够顺利进行，互动的双方都应有能力运用某种互动的技巧对自己的印象进行控制、管理和整饰。

戈夫曼认为，在日常互动中，人们总是通过行为来表现自己以便给人留下印象。这种表现可以分为两个部分：（1）行为个体较易控制的自我表达，这是明显的“给予”互动对方的表达，包括各种语言符号或它们的替代物；（2）行为个体不甚留意或未加控制的较随便的流露，它包括在较广泛的社会行为之中，是隐含的意义。戈夫曼所强调的表演主要是指这后一部分的意义，以及对这部分自我表现加以控制的技巧。在日常互动中，行为个体的上述两部分表演往往不一致，并因此产生互动对方对其“给予的”的真实性的怀疑。所以，如果我们在互动中要制造真实印象的话，就要对后一部分"未加控制"的流露进行适当控制，以便对方产生我们希望他产生的有关印象。

对节目主持来说，要尤其管理好这"未加控制"的部分。例如，有的主持人对地位较低"嘉宾"较为不屑，虽然言词上尊重，但语气及面部表情的"表演"却和"言词"不一致，这就给人留下了非常不好的印象，以至影响了自己的声誉。"你自然些"，这是我们对互动技巧不娴熟的行为个体最常见的告诫。它说明，大凡成功的互动，互动的一方既对自己的行为有所控制，又能使对方觉得"未加控制"。而"做作"，无非是指行为个体对自己行为的控制、整饰太明显、太过分。

除此以外，戈夫曼从戏剧舞台中借用来的另一个最为形象、妥帖的比喻来说明日常互动和印象整饰的词语是"剧班"。剧班指的是"在表演同一常规程序时相互合作的任何一班人"。[①]在戈夫曼看来，不能将剧班视为个体表演者的简单相加，因为如果说个体表演者表现的只是自己的特征，那么剧班表现的则是成员间的关系和被表演的工作的特征（如一对夫妻表现的是他们的婚姻关系和家庭生活）。从这个意义上说，剧班的表演比个性表演更有价值，也更富技巧，因为它涉及剧班成员为共同表演一套常规程序而进行的相互配合。用我们现在的话来说，剧班的表演是一种群体性的印象整饰。说到这儿，不禁想起2001年10月《朋友》的一期节目，节目中著名主持人赵忠祥为中心嘉宾，周涛、黄健翔、孙小梅、张政等人以赵忠祥的朋友身份同时参加节目。这些名主持个个以赵忠祥的徒弟自居，开口闭口"赵老师"，且称赵的声音和主持水平为全国一流乃至世界一流。节目播出后，不少观众表达了他们的反感，还有人在网络、报纸杂志上公开发表文章，提醒《媒体，千万别自吹自擂》。再如，

① [美]欧文·戈尔曼：《日常生活中的自我表演》，黄爱华译，浙江人民出版社1989年版，第9—11页。

2011年7月10日《非诚勿扰》的一期节目中，当某女选手问一男选手："你说喜欢读书，哪一本书对你影响最大？"乐嘉抢着说："对我影响最大的书是上星期孟非出的《非说不可》。"黄菡接话："对我影响最大的书是《色彩性格学》（乐嘉著）。"像这样群体性的互相肉麻吹捧，都影响了主持界在民众中的"印象"。

戈夫曼在谈到"印象控制艺术"时，还陈述了一些控制印象的注意事项，譬如注意自己的"后台"管理，维护"演出秩序"，控制"表情和态度"，选择合适的"剧班"成员，限制"表演时机"等等，对我们节目主持人的"印象整饰"都有着非常重要的应用价值。

有人统计过，二十年前的一个城市居民的闲暇时间如果有70%是用于面对面的人际交往，那么到了今天，70%的闲暇时间是用于和大众媒介交往的。这种由大众传播媒介所提供的信息组成的"拷贝世界"[①]不仅成了人们生活于其中的现实社会的重要组成部分，而且由于其所具有的独特的社会心理作用，对人的社会化产生了比真实的"感情世界"更深刻、更广泛的影响。

大众传播媒介尤其是电视和网络，对人的社会化有着积极的作用。这种作用具体表现在：（1）它使人们能够有效地了解社会、分享经验、增长知识，能够促使人们接受社会所公认的价值观和行为方式；（2）大众传播媒介是全体社会成员进行社会化的"第二课堂"，而其中的电视更是成了千家万户最富色彩的"第五堵墙"。节目主持人成了现代文化最为壮观的一道风景。这种在美国排在总统、国会议员、工会领袖和企业巨头之后的重要媒介人物，更应学会"印象控制艺术"。

---

① 沙莲香：《社会心理学》，中国人民大学出版社1987年版，第58页。

第三章 节目主持艺术的审美特性

本章要点：任何艺术都有着独立的审美特性，创作主体只有按着特定的审美规律去实践，才能规避误区，不断生长。根据节目主持过程中各种矛盾存在的普遍联系，电视节目主持艺术的审美特性可概括为真实性与假定性、表现性与表演性、引导性与创造性。充分理解和把握这三组对立统一的审美特性，有助于广播电视主持艺术的正常发展。

“在每个领域中出现的凡是值得被称为艺术的活动，都必定具有审美意义”，[①]而且任何艺术都有着不同于其他艺术的独立审美特性。创作主体只有按照特定的审美规律去实践，才能不断提高艺术质量。为此，本章想就此追问：节目主持艺术的审美特性到底是什么？在实践的操作层面上，节目主持人又该如何艺术地把握？归纳起来，以下三组对立统一的审美特性，应该予以观照。

第一节 真实性与假定性

真实是艺术的生命，任何艺术都要求真实地反映生活，而且艺

① [苏]列·斯托洛维奇：《审美价值的本质》，凌继尧译，中国社会科学出版社1984年版，第17页。

术运动的发展将越来越接近真实，越来越接近现实。电影比戏剧更容易接近现实生活，电视这一“家用媒体”又比电影更能体现生活的真实感。因为电影的经验是超日常性的，电影追求视听的“奇观化”、叙事的“复杂化”、审美经验有限的“陌生化”，而电视提供的更多的是“日常性”，电视几乎就是与现实生活平行流逝的另一种生活。当电视节目引入主持人形式，实现了真正意义上的大众传播和人际传播的结合后，主持人就成了“家庭的一个重要成员”。邻里纠纷、柴米油盐、交通治安、购物买房、三月花会、五月歌会……林林总总，总有主持人与你唱和应答，有些人对主持人的喜爱超过或胜过了对家人的喜爱。

正因为电视节目具有这种高度“逼真”于现实生活的特性，主持人节目已经成为当今呈现现实生活的最好媒体形式，因而“真实性”是节目主持艺术中最本质的审美特性之一。然而主持人节目中体现的“真实”，并不等同于生活原生态的真实。这是因为：

（1）所有的媒介都是建构出来的，媒体所呈现的内容并不完全是对真实世界的反映，而是经过刻意选择，各种因素综合之后的结果。

（2）媒介建构了所谓的“真实”。人们往往根据媒介所提供的信息建构外部世界的图像，通过媒体来观察和感受世界。在很大程度上，大众媒介塑造了人们对周遭世界的态度与看法。

（3）媒介暗含有商业因素。大多数的媒介产物都是商业产品，也都需要获得利润。以电视为例，不论是新闻、体育还是娱乐节目，都要取决于节目能吸引多少观众以及能否得到广告支持，因而节目时段、内容安排、广告诉求对象、市场等因素都要事先运作。

（4）媒介包含有意识形态及价值观念。所有的媒介产品都不可避免地含有意识形态，倡导某种价值观和生活方式等。

（5）媒介信息包含社会、政治因素。媒介在政治及社会层面上也扮演着相当重要的角色，如电视会对总统选举中的选民产生影响，媒介让人们关切高考、关注非洲的饥荒、艾滋病等。媒介所选择的议题甚至能形成潮流，左右观众的喜好，引导时尚。

以上论述让我们知道，节目主持艺术中的“真实性”也掺杂着“假定性”，那么这是一种什么样的“假定性”，与艺术学中的艺术虚构、艺术虚拟的“假定性”又有什么区别呢？“如果我们将作为生活原生形态的‘真实’与作为电视观众所接受的‘真实’放置到一个系统之中，就会发现，这中间实际上经过了‘多重的假定’：从生活原生形态的‘真实’出发，到达电视工作者的眼中，经过了第一次选择、淘汰与提取，这是一种‘假定’；到达电视工作者的手中，经过了摄像机、编辑机、特技机的处理加工，又是一重假定”；[①]那么，到了节目主持人的嘴里，主持人的理解和阐释又是一重“假定”，最后到达广播电视观众那里。由于广播电视观众的不同身份、教养、种族、国度、地域以及各自自身的不同生理、心理状况和所处的观赏环境与社会历史背景，带来了各自不同的感受，那又得是再一重“假定”。

这种“假定”与戏剧、电影、电视剧的“假定性”是有所区别的。像新闻、谈话节目中的假定并不是纯艺术的虚构，它包含的只是某种假定的“成分”。例如，浙江卫视娱乐节目《人生AB剧》的题材大多直接来源于现实生活，而事件的过程却可以由演员用“情景再现”式的表演，这就有了场景以及人物情态的虚拟。又如，目前的谈话节目，与艺术界成功人士对话占多数，节目大多展示了他们成功的艰辛，也展示了他们作为普通人的喜怒哀乐。但不能否认，因为媒介具有商业性，为了满足人们对名人的“窥私欲”，对某些足够可以煽情的细节做足了渲染和铺陈，对其访谈对象的人生也是经过选择，

① 胡智锋：《电视美学大纲》，北京广播学院出版社2003年版，第15页。

并带有镜头倾向的。像央视三台《艺术人生》的一期节目是访谈台湾歌星齐秦，整场节目就是围绕齐秦曾是不良少年而做的。确实，齐秦曾经在少年劳教所待过三年。节目就其犯法的细节及劳教所的生活问题，在镜头前得以放大，而作为歌星的艺术积累和感悟却沾边极少。其实这也就不完全是对生活镜子式的再现重复了，而是创作者的有意选择加工了。

说来也挺有意思，艺术就是这样的精怪，也正是有了这样的选择、加工，不仅增加了生活的真实感，还能给创作主体和受众带来美的享受。但问题是，在实践的层面，我们不少节目主持人却错误地把电视在媒介中所呈现的“真实”和生活原生态的真实混为一体。仅以笔者偶然看到的节目为例：

例一，某地方新闻中，主持人津津乐道于叔叔与侄女之间乱伦通奸的过程展叙。

例二，某相当有影响的“夜谭”节目，主持人和嘉宾大谈与女朋友约会如何先“小摸摸”，再到“大摸摸”的秘招细节。

例三，某市“新闻60分”，一个赤身裸体的疯子在桥墩的支架处准备跳河，引来数名民警急救和群众围观。画面上，疯子如猴子般地跳来跳去竟达2分钟（闻名全美的电视顾问马德里曾建议，为加快新闻报道节奏，一则图像报道不应超过1分钟）。过后，主持人还补充道：“像这样的事在他身上已经发生三次了，”并笑着调侃说，“电视机前的小朋友可不要学他呦！”

国家广电总局对“荧屏”实行净化工程以来，黄金时段的暴力、反腐、色情电视剧是禁播了，但一些法制节目中诸如“重案跟踪”/“案情调查”之类的民间案件却代替了这些电视剧，且有过之而无不及，而更令人发指及危害更大的往往是以“真实”面目出现的：血淋淋的陈尸全方位呈现屏幕,同性恋、第三者插足、捉奸犯科成了广播电视节目“最佳卖点”，每日必报。主持人对杀人过程吸毒细节的陈述铺叙更令人毛骨悚然。

这些刺激性的节目确实吸引了眼球，带来了收视率。难道这就一定“真实吗”？其实亦不然。主观意愿的“真实”和客观效果的“真实感”中间却有着距离，“真实”和“真实感”并不是完全相等的概念。所谓“真实”，有外在真实、内在真实或现象真实、本质真实之分。节目主持的过程就是要透过生活原生态纷乱的物象表面，去探求事物深层的内在和本质真实。作为精神表达的载体，真实的表达绝不是目标，在真实之上还应有更高的目标地——精神。我想这“精神”指的是内在真实和本质真实。只有将精神的表达视作栏目表达的终极追求，新闻事实才不会成为碎片，表达的过程才因此成为一个有灵魂、成体系的完整表达。精神定位指的是贯穿一个栏目始终，并通过每一期节目做出具体表达的精神追求。这就是为什么同样在对新闻事实进行表达时，有的节目平淡无味，而有的节目却震撼心灵的原因。精神，在这里的另一种理解就是栏目的品质。从背景中去寻找新的事实关联和对事实的解释,利用事实表达来达到理性的“真实”。这种做法是符合广播电视传播规律的，否则，受众就会陷入一种对广播电视所提供的客观世界的“表象”满足中。结果受众知道的琐事愈多，对探求真理的兴趣就愈少；接受的信息愈满，判断的能力就愈弱；看到的经验愈来愈多，自我体验的机会却愈来愈少；看到的就等于知道的，听到了就似乎理解了。这种停留在生活原生态无假定、无选择的所谓“真实”上，反而让人们不能了解到真正的世界，人们看到的只是媒介上展示的世界。这好比一个人住在一座房子里，房子的窗户又少又小，看到的景色自然也就非常有限。而在节目主持中，如能把“真实性”和“假定性”有机地结合起来，那么“这个人”（即广大的受众）就能看到更远更开阔的世界了。

以上就节目主持人内容而言的，在节目主持工作中，许多时候主持人面前无人，只对着摄像机交谈，是一种虚拟的交谈，但又得给观众有真正和他们面对面交谈的感觉，这也是真实性和假定性结合的辩证运用。

第二节　表现性与表演性

如果广播电视屏幕是一扇窗，那么帮你打开这扇窗的不是手中的遥控器，而是站在你视线中的节目主持人，他（她）是节目和观众的一座桥梁和真正的联系纽带。而节目主持艺术实际上就是主持人运用一定的语言技巧，运用自己的生活积累、情感积累，把桥梁架好，把纽带系紧，把节目的意图“表现”出来，从而揭示节目内核的艺术。为此，主持人不仅仅要告诉观众“生活是这样的”，还要和观众分享“生活应该是那样的”。主持人、受众共生一个“情感场”，同欢同乐，同忧同悲，这种共鸣会产生一种审美的愉悦，从而使观众养成与栏目“约会”的习惯。这种“表现性”是主持艺术最富魅力的审美特性之一。节目主持人方式之所以能在世界范围内得到普遍推行和应用，魅力也在于此。同时，这种“表现性”为广播电视媒体注入了人格的因素，带来了“人”的气息，使电台、电视台更像一个“人”，使节目主持人更具个性化。曾经有人问敬一丹：“播音员和主持人在心态上最大的区别是什么？”敬一丹说：“是‘转述者’和‘我’的区别。多年来已经习惯了‘转述者’的身份和‘转述者’的表达。‘我’是谁？‘我’想了些什么？‘我’怎样说？……我曾经在话筒前久久地琢磨着这个‘我’。成为主持人以后，主动的、积极的因素被调动了起来，播讲欲望也变得强烈而由衷，我从理解稿子里别人是怎么想的，逐渐变成自己去想，自己去发现，去提炼，用自己的方式去表达。”[1]

---

① 敬一丹：《99个问号——敬一丹漫谈主持人》，中国广播电视出版社2004年版，第9页。

然而，节目主持作为一门艺术，仅有“表现”是不够的。恰如我们前面所说，广播电视节目是“多重假定的真实”，那么在节目主持这一中心环节，既需要“生活真实感”，也需要特殊的“假定”。具体地说，主持工作中既需要“表现”，也不能否认掺杂“表演”的成分。特别是电视节日主持人，要懂得一些表演知识和技能。过去表演似乎是播音主持的禁区，认为表演就会虚假、做作，其实，表演并不等于虚假，表演不好才是虚假。比如，如何在现场找到恰当的镜头感，如何支配形体动作，如何调动感情进入特定的节目氛围，如何与观众进行直接的交流等等，都需要借助一些表演手段。

一说起“表演”，20世纪八九十年代的业界和学界曾有过一场争论，反对、赞成、折中的声音皆有。更有意思的是，作为一线主持人，观点也各不相同。美国著名主持人沃尔特·克朗凯特言：“电视节目主持人更像一个演员，而不仅仅是记者。”央视主持人敬一丹则坚定地说：“主持人的特点是‘表现’出来的，不是表演出来的。”[①]在第一章中我也提到，倪萍说她的节目主持“是以斯坦尼斯拉夫斯基表演体系为金科玉律，”同时又矛盾地说道，“个别人认为我多年是用一种激情的表演赢得观众，我是不能同意的，真诚和信念是无法用表演替代的。”[②]

实际上不管是否承认，所有主持人的节目主持过程都是一个创作过程。这种创作就是一种表演，是一种以表演的方式来完成节目主持过程的。但有所不同的是，这种表演不是指那种在规定情景中对某个具体角色的影视演员的“戏剧”表演，而是根据自身条件，扮演一个与节目相吻合的、贴近现实，又肯定比生活中的自己更完美

① 敬一丹：《99个问号——敬一丹漫谈主持人》，中国广播电视出版社2004年版，第9、13页。

② 倪萍：《倪萍：自述与自视》，《现代传播》1997年第1期。

的角色——理想中的自我。我认为主持人从化妆、服饰到考虑如何调动观众的情绪都应该属于表演范畴。所有的人在开机之前都要对自己着装、头发加以修饰，对于要说什么和怎么说，都是需要准备和设计的。需要指出的是，即使是最“客观”、最接近“电视自然”的新闻节目中，其主持人一样存在着“形象塑造”。有位美国新闻节目主持人在波黑战场上说：“站在这里我为周围的死难者感到悲伤，”这时他的眼睛里出现泪花，“但这不符合新闻节目的要求，因此我又忍住了泪水”，他的泪水果然忍住了。这一段有没有事先的设计？绝对有。但有没有真实的感情？同样具有。

对于节目主持有无“表演”的争论是必然的，各自出发点不同，得出的结论自然不同。从职业属性来说，节目主持人不是以表演为职业的艺员；从节目类型来讲，各类型节目主持人的表演成分会多少不一，娱乐节目的表演成分会多一些，谈话、社教类节目的表演会少一些，而新闻节目会更少些；从艺术境界来说，任何艺术都是可以划分品级的，即自然状态（率性而为，顺乎自然）、自为状态（强调技巧参与）、“自在”状态（对技巧的“否定之否定”，从而达到了一种貌似“无技巧”境界）。我想主持人对“表演”各自不同的承认与否认，也许正是他或她行走于这其中的某一境界而得出的感受吧。

其实我们在节目主持过程中，没有必要羞于言说“表演”二字。美国社会学家埃尔德·戈尔曼（Erring Goffman）“场景理论”认为：“所有社会角色的行为实际上都是表演，都是有选择的展示，同戏剧表演一样，必须有恰当的舞台，演员要注意控制自己的举止，每出戏中的角色都该与其他戏中的角色有所区别，任何人在某个环境中的行为，可以被分成两大类：‘后区’或‘后台’行为以及‘前区’或‘台上’行为。在前区，表演者是‘观众’面前的一个特定角色，要扮演的是具有一定程度的理想概念的社会角色（即正式风格），但在后区则放松地演练（即日常生活非正式风格）。”[①]

我觉得，后台比较接近自己，限制和控制少，为此表演成分就少，甚而可以不表演；前台限制和控制多，表演的成分也必然多。主持人一旦开始工作，就加入了他的“前台”，开始了不同于日常生活中的“正式风格”，从而才能收到最佳主持效果。一个节目主持人如能选择他本色中最能和栏目宗旨相吻合的东西加以匹配，他的表演就不着痕迹，反之则相反。敬一丹就深谙其道，她曾这样说道：“在我的本色中，不太具有快乐、幽默的色彩，因此，我就不太适合去主持那种快乐类型的节目；我的节奏变化幅度不大，不善于主持热闹的节目；我比较拘谨，不适合去舞台上主持节目……”在谈到她主持成功的原因时说：“可能是我的本色里边，有端庄的、质朴的、严肃的这样一些色彩，而这恰恰是《焦点访谈》和《东方时空》这样的栏目所需要的。在和栏目的融合过程中，越来越自觉地意识到这一点，使得这部分色彩得到了放大。”[②]这种所谓的“本色放大”，已不是“本我”，而是带有社会角色的“他我”了。这种带有社会角色的“他我”，按埃尔德·戈尔曼“场景理论”也就是“表演”了，而笔者称之为“公共表演式主持”。

普通人也有前、后台的限制性，公众传媒人物限制就会更多，为此有人说，“电视的一个镜头相当于说一千句话。”在电视前亮相，字字是金。这当然就是我们说的节目主持中的“表演性”了。鞠萍主持少儿节目20年，节目主持中需要孩子式的语言和体态，用在前台的“栏目”中正合适。但到了“后区”，我想她不会和朋友、同事，

① [美]约书亚·梅罗维茨：《消失的地域：电子媒介对社会行为的影响》，肖志军译，清华大学出版社2002年版，第25—26页。

② 敬一丹：《99个问号——敬一丹漫谈主持人》，中国广播电视出版社2004年版，第9、13页。

甚而领导交流全都用这样的语言和体态吧。另外，主持人的“本色”如果和栏目风格相差较大，往往他的“表演”成分会更浓，主持效果会相应较差。因而聪明的主持人应该像明星选剧本一样，选择合适自己的“栏目”。

当今业界对“表现性”和“表演性”互为补充、互为转化、互为促进的审美特性理解不足。例如，有些年轻主持人“十项全能”包打天下，上到新闻财经，下到娱乐综艺，样样都要主持一番。偶尔玩一把没关系，长期在其中徜徉，不免有“本色”与栏目的冲突，从而带有严重表演的痕迹，最终导致无所作为，因为每个人都有其局限性。又如，有一些主持人喜欢把后台私密化的个人行为带到前台，有的主持人还利用自己的隐私进行新闻炒作，或出书自我暴露或把私生活照片公布于众。前后台的错乱不仅降低了自己的公信度、权威度，也消费着自己的神秘度。公共人物的适当神秘永远是吸引人的秘诀。广播电视节目主持人是各种节目信息内容的直接演播者，尽管经常以“我”的身份来演播，但实际上他的一举一动，常常不只是为自己个人负责，而是有代表性的，或代表一个国家（中央台）、一个台、一个地区、一群人等等。在我国，新闻主持人经常会接触政界要人，也会深入寻常百姓，有时还要对社会现象进行干预；文艺节目主持人则常常推动艺术潮流的发展，引领时尚。所以，做主持人的人首先要有社会责任感和公众形象意识。在发达国家，为了节目形象，著名节目主持人一般都是不做广告或不随便客串“走穴”的。因为他们不愿因此“丧失了自己的威信，损害了节目的形象”。再如，一些主持人认为越生活越好，越随意越佳，越“丑”越受老百姓欢迎，越不会表演越是主持人的基本素质，于是说话随便，着装随意，手势繁杂随性，严重影响了表达效果。

节目主持艺术是一门综合性很强的艺术，主持人如能既“养眼”，又“悦耳”，还“暖心”，大伙儿为何不喜欢呢？毕竟主持人是被大伙儿“欣赏”的。

值得注意的是，自从2009年2月北京卫视开播了故事类栏目《档案》以来，又创造了一种“戏剧表演式主持”且非常成功。“主持人在节目中不仅是故事的‘讲述人’，还会根据故事情节的需要，扮演不同的‘角色’。如《敦煌文物被盗之谜》一期节目中，当主持人石凉讲述藏经洞是道士王圆禄偶然发现时，一个镜头切换，屏幕上出现了‘石凉’扮演‘王圆禄’的场景：只见他身穿道士服，坐在古代的条案旁，用芨芨草点起了手中的烟袋烟锅，慢悠悠地享用着。忽然，他像往常一样磕打烟锅时，发现了墙壁声音的异常。接着，‘王圆禄’双手轻轻地向墙面推去，配合此墙倒塌的音响，三维动画模拟制作的敦煌藏经洞隆重显现，数不尽的经卷文书、成堆的佛像文物迎面扑来。这段表演惟妙惟肖，不仅展示了主持人的表演才华，还使观众穿越了时间的隧道，和讲述者一起见证了那个举世闻名的时刻。像这样的表演，几乎每期节目都能见到：那个《太平洋战争之风声阵阵》中的‘约翰·福特’（主持人扮演），操一口流利的外文，写一手流畅的密码，深夜暗淡的灯光下，潇洒烧掉密码本的一瞬间，让人唏嘘不已；《绝秘飞行》节目中，那穿着黑色风衣、戴着黑色礼帽和墨镜的‘基辛格’（主持人扮演），一出场就奠定了故事神秘的基调，同时也吸引着观众全力注视着那场改变世界的中美会见。”①

《档案》的“戏剧表演式主持”为主持界增添了新的生长点，已经被广泛运用于一些节目中，如广受赞誉的求职节目《非你莫属》，主持人也常常使用“角色扮演”的方法，以考察应聘者的能力。如在2012年10月21日这期节目中，主持人张绍刚和应聘者扮演起“顾客”和“营业员”的角色：

---

① 魏南江：《电视化+戏剧化:故事类栏目的增值空间》，《中国电视》2011年第10期。

应聘者：“帅哥，您进来看看我们的纪念品！”

张绍刚（一脸不耐烦）：“没兴趣！全是弄钱的！跟抢一样！”

应聘者：“怎么回事啊？”

张绍刚（义愤填膺地用手比画着）：“我在隔壁那家看到一盒小破麻将，小破麻将！跟抢钱一样！要180块钱！你说说这……”

应聘者：“哎哟是吗，您知道吗，我们这儿现在搞活动，我们这儿麻将是纯木头的！样式好，拿着又方便。不知道您爱打麻将吗？”

张绍刚（此时情绪已平静下来）：“还行吧。”

应聘者：“看着您就特别有福相。您看看我们这儿麻将多好，买一副赠一副，108块钱两套！”

张绍刚（脸上洋溢着喜悦的神情）：“实木的？！108？！姑娘我觉得你真的满嘴跑火车了吧？”

应聘者：“不不不，真的，我全当拉你一个回头客，回头您和朋友一块儿再来！”

上述这段“戏剧角色”表演，既考查了应聘者的职业能力，也活跃了现场气氛，使节目变得好看有趣。

当今，“戏剧表演式主持”和“公共表演式主持”交相辉映，共同展示着节目主持艺术的无限魅力。

第三节 引导性与创造性

“引导性”是广播电视节目主持艺术一个极为鲜明的审美特

性。因为既然所有的媒介产品都不可避免地含有意识形态，倡导某种价值观和生活方式，所以节目主持人所选择的议题往往能形成潮流，左右观众。其一言一行、一举手一投足、一种发式、一款服饰，有时竟能引领时尚，引导消费。加上现实中，只有很少数的人能有意识地控制和管理个人的广播电视使用实践，所以节目主持人可以成为“舆论领袖”、“消费向导”、“崇拜偶像”。例如，美国女节目主持人奥普拉·温弗莉（Oprah Winfrey）1996年9月开始主持她的另一个节目《读书俱乐部》。其间，她凭借个人魅力和感召力创造了28本严肃小说成为畅销书的奇迹。据不完全统计，这些小说共销售2000万册，其作者因此成为了百万富翁，出版商从中盈利约1.75亿美元。内容严肃的小说没有市场和读者的局面，在温弗莉这儿却能改变。20世纪末，随着各种新型娱乐形式的出现，真正静下心来到书海中遨游的美国人越来越少，在温弗莉这儿，却能使一些不摸书本的人重新手不释卷。目前，美国有将近1300万人定期观看温弗莉的《读书俱乐部》节目。温弗莉可以捧红一本小说，救活一个出版社，她是美国最有影响、最富有的女主持人。有人说她是“女人的一切”、“美国的象征”。由此可见，一个名主持的“引导”的能量。

为什么一位名主持人有这么大的威力？固然有她个人的魅力，但也不能否定亦是当今特定的文化使然。

现代社会是大众文化与精英文化并存，高雅文化与通俗文化共生的社会。大众传播机制对传统文化产生了质的影响，表面上新的传播媒介使传播的信息大大增加，大众在信息传播环境中眼界开阔并形成了开放、宽容的性格。但任何事物都有其双刃剑，在大量信息塞满生活的时候，我们已经来不及思考抑或也不需要思考，看见的似乎就是真的，想要的似乎媒介上都有，接受就变成了被动的、简单的活动，同时也容易形成缺少自主性的“他人引导型”性格。于是我们看到，一方面接受者（也即消费者）根本不可能根据自身的喜好去选择自己想接受的信息，另一方面，传播媒介为了商业利益又千方百计研究受众喜好，力图使自己的传播内容更趋向大众化，从而取得利益最大化。受众在不知不觉中得到了“服务”的“满足”，但同时也就更加依赖媒体了。加上中国的老百姓目前缺乏媒介素养，又不善理性思维，盲目从众也就在所难免了。再加上后现代主义影像文化的基本特征：远离神圣，颠覆传统，消解意义，又暗合了人们长期对政治厌倦的需要。所有这一切，传媒的引导力量显得尤为重要，也就更需要节目主持人用社会良心和社会道德来做好引导性的工作。同时，根据我国的国情，主持人还得义不容辞地做好导向工作。“党管干部、党管导向、党管资本”是中国共产党不变的政策，“工具性”是主流媒体的首要功能。

可以这样说，没有哪个国家和地区不重视传媒“引导”的。美国媒体不也将“9·11”事件引导成一场空前的美国式的“爱国主义教育”？美国三大广播公司在那段日子，不也放弃了许多热播的节目，新闻节目主持人别上国旗徽章，系上印着国旗的领带侃侃而谈吗？

再说，一切大众文化（包括广播电视），要想生存，都必须也必然得向主流文化贴近。所以笔者认为，越是大众的也越是主流的。精英和通俗并不完全是对立的，大多数是利益的共同获得者。因而一切优秀的节目主持都不是把“形而上”与“形而下”予以对立，而是善于把一切精神的东西形诸于日常生命和感受。前面所讲的奥普拉·温弗莉就是这样的高手。

例如，2002年11月5日《奥普拉秀》节目的题目是：“世界如何看待我们（美国）。”虽然没有太直接与“9·11”事件和美伊紧张局势联系，但无疑这是大背景。她在节目中创造性地引导公众自己去思考：节目开始就几个简单的地理问题发问，但在场的几位全都答不上来。于是她说：“我们美国人对身外的世界究竟了解多少？”接着播放了几个外国城市街头的人物随访，其回答大多是对美国的不喜欢。奥普拉在其基础上发问：“为什么在这个世界上，有许多人并不喜欢我们？”她善于把一切精神的东西形诸于日常司空见惯的物象，而且善于把“形而上”与“形而下”糅合贯通。这足以凸显奥普拉能够调动、引导大众传媒和文化力量而又不为其左右的才、识、学。细观温弗莉这种引导的威力，不仅来源于她良好的教育，充满坎坷的人生阅历，对人性深刻的认识和理解，更重要的是来源于她昂扬的创造力。这一“创造力”既包括本人敏锐的洞察力，还包括能够带领观众自己去寻找、去感悟、去一起攀登人生参悟的本领。

再如，央视《开讲啦》的主持人撒贝宁在节目主持过程中，始终坚守在“满足”受众的同时进行精神层面的“引导”，从而也提升了这个栏目的文化品质。在2014年4月6日《你可以不认命》的一期节目中，嘉宾蒋雯丽多次阐述“知识改变命运”的理念。但一位青年代表却不认可，站起来挑战说：

> 我小学辍学的同学，现在资产上亿，旗下有三家五星级宾馆；初中辍学的同学，现在资产上千万；高中辍学的同学，资产上百万；大学辍学的同学，现在有房有车，工作稳定；而大学毕业的我，却没有任何积蓄，每个周末还要加班；更可怜的是我的那些读研的同学，现在还在找工作。

正当这样尖锐的问题让蒋雯丽一时无法回答时，撒贝宁即兴讲道：

> 首先，我们要明确一个概念，是知识改变了命运，不是学历或分数改变了命运。你的那位小学辍学的同学，虽然没有上过什么学，但也许他在生活中学到的知识，在他的那个领域里用起来更加得心应手。

撒贝宁恰到好处的引导不仅打破现场的尴尬，而且推理得当，具有说服力。

在我看来，节目主持艺术的创造性有两点非常重要：

其一，主持人的创造材料与其他艺术不同之处，即是他们自身。这自身指的是他们必须运用自己的知识思维、感觉感情、聪明才智以及发声肌体来进行创造。而人对自身意志、思维、情感、声音等的支配又是最困难的，这就需要长期的修炼和不断地挑战自我。日本著名新闻节目主持人久米宏是日本朝日电视台每晚22:00~23:20《新闻站》的节目主持人，他是个靠娱乐节目起家的主持人。在1985年开始从事新闻节目主持之前，对新闻特性一窍不通，但他没有条条框框，利用自己主持娱乐节目的优势，扬长避短，给一向死气沉沉、墨守成规的日本新闻节目带来了一股清新之风。他悟性高、反应能力强，具有操纵节目由静到动的转换技巧，他大量使用图表、字幕、模型配合即兴讲解，创造一种轻松、自然、有趣味性，却又让人有回味的新闻主持风格。这种独特风格不仅吸引了普通观众，连日本知识界人士也是其节目的忠实观众，成了日本家喻户晓的电视明星，并被法国的广播电视杂志评为世界50位著名新闻节目主持人。反过来，久米宏的创造力，使他产生了巨大的影响力，具有权威的“引导力”。

其二，创造性的核心是“发现”，能在常人熟知的司空见惯的事物中，即原生态的生活中，发现他们应该发现的秘密和故事，进而进一步达到艺术的升华。恰如罗丹所说：“生活中不是没有美，而是没有发现美的眼睛。”

我们不知是否知道，“人大”的一个提案“民工子弟教育问题”引起全国上下关注，它最早就来源于主持人敬一丹的一次“发现”。一次，敬一丹在贵州山村小学的教研室里，随手翻开六年级同学的作文本，一本一本地看下去，期望着能从作文里看到山里的孩子在想些什么。一个叫卢有顺同学的作文引起了她的注意："我妈妈给我寄来一件毛衣，问我穿着合身不合身。"她想，农村孩子一般来说都是和妈妈住在一起的，卢有顺的妈妈为什么会从外地给他寄来一件毛衣呢？接着往下看，卢有顺写道："爸爸妈妈已经去浙江打工很长时间了。"于是，敬一丹立刻请老师找来这个孩子。放学的时候，跟随卢有顺回家。走了一个小时，才走到那个路尽头的小山村。当时的卢有顺13岁，这个13岁的少年，独自生活在村里。父母留下的地靠他来种，每天吃饭自己做，他居然把家里收拾得整整齐齐。当大人出去打工的时候，这些民工的孩子就留在村里。固然有了学费，但却没有了正常的家庭生活，父母长期不在身边，一个正处青春期的孩子，所需要的那些温情、父爱、母爱，似乎离得都很远。所以，敬一丹说："走近一个学生，就走进了一个家庭，走进了一个家庭，我们对现今农村社会就多了一份了解。现在，我们国家流动人口已经成为一种非常引人注目的经济现象和社会现象，一亿三千万农民在城里打工。每年汹涌的民工潮，似乎都在向我们发问，这群人背后是什么？他们的流动对中国社会意味着什么？仅仅关注汹涌的民工潮是远远不够的，民工潮背后是一个很复杂的社会现象，要研究当今中国社会就不能忽略民工潮以及他们背后的人群。"节目播出后，引起了极大反响，民工子女教育问题也就成了"人大"提案。

再如，2003年元旦过后不久，《焦点访谈》播了一期很有影响的节目：《追踪矿难瞒报真相》。节目聚焦于2002年12月2日山西省临汾市阳泉沟煤矿发生的特大瓦斯爆炸事故，对其死亡人数的真相进行了追踪报道和深入挖掘。节目的材料源自于主持人曲长缨在跟踪报道途中的发现。在采访期间，一些矿工家属和当地的老百姓都表示，他们听说死的是三四十人。然而在尧都区安监局、市矿山救护大队的报告上和主管副区长的汇报中却清楚地写明，事故死亡人数是八人。带着重重疑问，曲长缨在一个破旧工棚的杂物堆中捡到了一个破破烂烂的通讯录，通讯录主人的名字不在死亡名单上，还有路过矿区时一个过路人念叨出来的几个死难矿工的名字,也不在死亡名单上……凭着这点线索他来到了安徽，在界首通过派出所找到了那位通讯录主人的父母，死者父母亲口证实：他们的儿子死于"12·2"矿难。接着，凭着残破的身份证碎片又找到了另几名不在死亡名单上的矿工家人，证实了矿主恐吓死者亲属，最后"私了"的全过程。横跨三省、历时半个多月的取证，一个个被掩盖的生命终于浮出了水面：

安徽省界首市陶庙乡前吕村的吕世文
河南省沈丘县冯营乡小高营村的高凤新
河南省上蔡县韩寨乡石桥村邱梅松
河南省商水县胡吉乡康老村的康雷
四川省北川县内古镇茶房村的陈伦兵和周丛友
…………

当《焦点访谈》最后在屏幕上静静地滚上这几行文字的时候，很多观众的心流下了血。

节目主持艺术的引导性和创造性是互为联系，不可分割的，引导的基础是创造，而创造又促进了引导的顺畅流通。正是这种引导性与创造性的有机结合，彰显了节目主持特殊的艺术美。

目前，主持人引导力、创造力的减弱，实在令人堪忧。例如某个电视栏目一炮打响，各地就迅速模仿、复制。《南京零距离》带响了全国的民生新闻，主持人孟非光头、音色软塌的外形也成了模仿的样本。广州、杭州、安徽等地先后出现了貌似孟非的光头主持人。然而，形似代替不了神似，主持人前台的整体形象塑造和后台创造力的递增，才是做好主持人的不二法门。再如，当今各类电视节目的娱乐潮澎湃汹涌，似乎什么节目、新闻、谈话节目都可以娱乐，并且有“娱乐至上”趋势。看起来，这确实满足了受众休闲放松的需要，也满足了受众“游戏精神回归”的需要。但人有多少欲望，就有多少需要。叔本华曾说过：“人是千百种欲望的凝聚体。”节目主持仅仅在“满足受众需求”上做文章，是永远没有底线的。不少节目过分夸大了广播电视传播的快餐文化特点，感官化、低俗化倾向明显，缺少深度和高度。这种倾向刺激了部分受众，尤其是青少年受众的浮躁心理，而这种浮躁心理反过来又刺激电视制作者更加追逐娱乐化和感官化，从而形成恶性循环。这不但使电视传播的教育、引导职能不能得到正确发挥，不能代表最广大人民群众的根本利益，不能代表先进文化的前进方向，对电视传播事业的发展也极为不利。娱乐化和感官化所刺激的只是受众相对短暂的感官知觉，不能吸引受众对节目产生长期有效的注意，这叫“快感”而不是“美感”。

我国广播电视节目主持人在我国现代化进程中扮演着极其重要的角色，承担着重要的信息传播责任和引导舆论的职能。如何在满足受众的同时进行精神引导，提升人的文化欣赏格调，将是主持人新一轮竞争的聚焦点和重要的业务课题。

今天的广播电视艺术纳人类艺术之精华，而节目主持艺术又是广播电视艺术中高度复杂和精微细致的人的艺术。之所以用以上三组概念揭示其审美特性，主要考虑到主持艺术中各种矛盾间存在着普遍的联系，充满着丰富多彩、生动活泼的辩证法。一如音乐讲对位和声，绘画讲多样统一，建筑讲比例尺度，任何艺术都有强弱、轻重及快慢、明暗、疏密、刚柔等对比法则。正是这种相反相生、相辅相成的东西交织、补充，在一定条件下互为转化，才构成了一个无比美妙的世界。

第四章 节目主持艺术的特点及其分类

本章要点：深入探讨节目主持艺术的特点及分类，有利于我们更全面认识主持艺术的外部表现。本章认为，节目主持具有鲜明的个性化、情感性、对象性、综合性特点，只有掌握这些特点，才能更好地进行主持实践，少走弯路。另外，本章还认为，主持人节目是节目主持的土壤，没有这块土壤，也就没有了节目主持。因此，节目主持人还必须了解主持人节目的类别特征。

节目主持艺术有哪些特点？又如何来进行分类？这都是节目主持艺术学深入探讨的基本理论问题，又是对前面所述节目主持艺术的本质以及审美特性的自然延伸，同时也有利于我们全面认识主持艺术的外部表现。

第一节 节目主持艺术的特点

凡是艺术，都是由一定的物质材料按照一定的科学与美学规律创造出来的。由于其物质材料及创造美的规律各不相同，因而各种艺术也就各具不同的特点。一如舞蹈艺术具有综合性、节奏性、抒情性，建筑艺术具有物质性、实用性、空间型、环境性、模糊性和抽象性一样，节目主持艺术也具有其自身的特点。概括起来，有以下四个特点：

一、个性化

前面我们讲到节目主持人是“在广播电视节目中，以个体行为出现，代表群体观念，以有声语言为主干或主线驾驭节目进程，直接面对受众，平等地进行传播的人”。从这一概念中我们看出，“以个体行为出现”、“驾驭节目进程”、“直接面对受众”、“平等进行传播”，这些表述都充分显示了节目主持艺术的个性化特征。

所谓个性，是指在一定社会条件和教育的影响下形成的一个人相对固定的特征。

所谓个性化，是指节目主持人在节目主持实践活动中，在适合广播电视传播语境的基础上，能充分展示个人的兴趣、爱好、经验、特长、外形风貌、性格等鲜明特征。

事实上，节目主持方式为什么能在全世界得到普遍的推广运用，其魅力就在于主持人有自己与众不同的语言表达方式、神态仪表以及切入社会的角度，从而成为区别于同类栏目或同类主持人的“这一个”。例如，1997年6月起，由日本人发明的电子宠物开始进入中国市场，一时迷倒了不少中国中小学生，有的孩子甚至因为迷恋电子宠物而影响正常的生活和学习。中央电视台在1997年7月至9月针对这种情况播出了三期节目，三期节目分别由三个不同个性的主持人白岩松、方宏进和水均益主持。他们就同一个问题,从不同的角度，用不同的主持风格发表了富有个性化地评论。

白岩松有一段话是这样说的：“日本人真是能琢磨，寻找人性的弱点，一抓一个准，你不是都在号称自己是新人类？你身边的绿色不是越来越少吗？你养动物、看动物的机会不是越来越少吗？你孤独、烦闷到了感情不是已经没有寄托了吗？那好，电子时代的最大好处便是可以寻找替代品让你找到了一份安慰。于是电子宠物大行其道，迷倒了那么多人。”这段话表现了白岩松尖锐、犀利、爽直的个性。

而方宏进则议论道：“玩电子宠物的孩子的爱心是一种虚拟的，他把这种爱投射到了电子玩具上。虽然他在这方面有了更多的沟通，但对他自己的真正那些亲人、父母、小朋友反而增加了更多的隔离。”这段分析体现了方宏进沉稳平和、朴实诚恳的个性特点。

到了水均益这儿则又换了一个角度，他议论道：“现在的孩子到底是不一样在哪儿了呢？那么有的人可能会说：他们追求时尚，什么新潮就追求什么，什么耐克鞋呀，太阳镜呀，滑轮呀，什么‘三只眼’、电子宠物、麦克尔·乔丹等一大堆……有的大人们连听都没听过。当然也许我们并没有想过，就是除了这些之外，我们的孩子还在追求另外一些东西。他们和他们的前辈相比呢，有着更强的求知欲，而这些恰恰是他们能够超越我们，成为未来的主人翁所必备的东西。”水均益的这一段议论，在颇具时代气息的词汇中既表现出对青少年的理解，又在两代人之间架起了一座相互理解的桥梁，体现出主持人轻松而不失儒雅的个人风格。

从上面这个例子，我们可以清楚地体味出主持人的个性化特征与魅力。正是这些各具个性的主持人才带来了广播电视节目的无限生命力。其实，所谓生命力就在于不统一，犹如中餐的魅力，其奥妙就在于不统一。你想，同样的原料，不同的佐料和厨师技艺，就可以烹饪出淮扬、川、粤各种菜系风味。所以，央视可以有罗京的“正襟危坐”（《新闻联播》），可以有鲁健的“俊朗敏捷”（《东方时空》），可以有王志的“刨根问底”（《面对面》），还可以有阿丘的“嬉笑怒骂”（《社会纪录》）。红绿青蓝紫，各领风骚。

真正具有个性化的主持人不仅是一个栏目的支撑，同时也能把节目主持上升为一种艺术。香港凤凰卫视的杨锦麟，其貌不扬，口音不正，五十多岁时放弃了商报的专栏写作，硬是把《有报天天读》做成了2003年度电视优秀节目，并赢得了十大著名主持人称号。《有报天天读》有点像我们纸媒体的“报刊文摘”，但又不是单纯的“文摘”。杨锦麟的特色则在于充分发挥了他的长处：“夹叙夹议”的点评，深入浅出、妙语连珠；洞察受众关注点，睿智而幽默；讲到得意处，还摇头晃脑地在电脑上大笔一挥，写下一两个关键词，书法峻峭凌厉，关键词一针见血。所以，有观众在网上评价他——“老杨读报，吓人一跳，国语不准，英文走调，样子太老，‘吼报’着调。”但他却“吼”得人们想听、要听、爱听，把每天的报刊“吼”出了思想的火花。如果说每天的读报是“画龙”，那么杨先生的点评就是“点睛”，他使《有报天天读》充满了活力。杨先生的学识，使他对历史有了不同常人的反思。他是“文革”后考上厦门大学历史系，后独闯香港的，他搞时事评论，纵论古今，妙笔生花，是香港纸媒体一支有名气的铁笔。因而在凤凰台读报，常插入一些简短的点评，寥寥数语，却每每入木三分，体现出浓厚的学识和哲思，给快餐式的读报加入了思想的维他命。而敢说真话则是杨先生的最大特色。读报中他对腐败、专制等社会丑恶现象疾恶如仇、直面抨击。恰如已故黄仁宇在《万历十五年》一书序言中所说：“中国的过去，禁忌特多，所以说话作文时有隐晦，或指彼而喻此，或借古以讽今，这在明朝人更为惯技。如果要我对今人今事有所议论，自当秉笔直书，决不愿学明人的办法，否则就是违反了自己写书的目的。”杨锦麟秉承了黄仁宇的风骨。如果说，别人读报节目是在“上班”时间用汗水或茶水浇“园子”，而杨先生却是在用心血浇“园子”。[1]

① 奕鸣：《看杨锦麟读报》，《南方周末》2005年2月20日。

可惜我们现在具有个性的节目主持人实在是凤毛麟角，千人一面的倒比比皆是，像杨先生这样的秉“口”直“吼”的却少之又少。看来要真正做到主持艺术个性化，主要依赖于传播体制的进一步开放和主持人的综合素养了。

二、情感性

节目主持人的情感因素包括两方面：一是主持人与受众的情感关系，主持人要获得受众好感，扩大节目影响，必须和受众建立良好情感关系。二是主持人与受众沟通过程中必定渗进自我的情感体验。

特别是现场直播，主持人没有情感投入，就不真实。不真实的场景，很难使受众投入。因此，主持人必须要捕捉画面所提供的现场信息，感受现场氛围，恰当地进行情感交流。例如，颇受大家欢迎的倪萍，是个富有热情的人。1995年初她曾做过一次以母亲为主题的《综艺大观》。当节目快结束时，导演急匆匆地告诉她还剩3分钟时间，可当时已经没有稿件内容了。导演让倪萍即兴发挥，把这3分钟的时间填补上。“在直播现场，3分钟，太长了，说什么呢？多少话才能填满这3分钟呢？直播就是战场，你来不及周密策划，在场上你也找不到任何可以商量的人，最重要的是观众并不知道你是临场发挥，他依然要你准确得体，职业要求你必须具备这种能力。而现场你不能有片刻的停顿。”[①]结果，倪萍灵机一动，说道：

“我想知道，今天在场的观众朋友们，有哪位是陪同母亲一起来看《综艺大观》的？”

观众席上一位清秀的小伙子站起来，“我！”

“是吗？可不可以把你的母亲介绍给大家？”

① 倪萍：《日子》，作家出版社1997年版，第133页。

小伙子看了看母亲，说："可以。"

"请这位母亲站起来好吗？"那位母亲笑盈盈地在观众热烈的掌声中站了起来。

"这位妈妈，我们都为你自豪，有这么好的儿子真幸福啊！小伙子，孝敬老人是最受人们尊敬的。请坐下。"她们母子又在热烈的掌声中坐下了。

倪萍回头看了看导演，还有时间。她动情地说："儿子带母亲来看节目本来不算什么了不起的，但我常常在我们的演播厅里看到的却是一对对情侣、一对对夫妻，有的是父母带着孩子，我却很少看见儿女陪着父母来的。其实，老人更需要多出来走走，他们更愿意来看看电视台是什么样儿，演播厅是什么样儿，倪萍是什么样儿，我希望从今天以后能在这里见到更多的孩子陪着父母来……"①

这种情感传导给受众，使受众产生了强烈的共鸣。人都是有情感的，而这情感又是丰富多彩、千变万化的。但主持人毕竟是媒介代言人，不同于个人与观众的日常性交流。所以，情感传递就得有个分寸问题。有人认为，节目主持人在主持时不要太"进入"，要站在第三者的角度来观察，要能够艺术地"化入"节目内容，而不单单沉溺于感性的表述。说法是没错，但这也要看什么节目类型和什么内容。其中健康、高尚的情感是人们普遍追求的情感，只要是健康、真实的，使受众得到普遍的安慰和启示，我们都应提倡。而当有些人说倪萍会煽情，倪萍自己是这样解释的：

> 其实我不是刻意煽情，我比较本色，这些都是我的真情流露，不是作秀，更多观众希望我的风格能有所改变。可是人的本性很难改变。他们可能不了解我这个人很看重感情。仔细想想做过的节目和自己的感受，我觉得前提是真

① 倪萍：《日子》，作家出版社1997年版，第134页。

实。当你情感是真实的而不是虚假的以后，我自己就称其不是煽情。至于别人怎么说，可能他有他的理解，我不做任何反驳。如果说因为我是一个主持人，就对我说“你没有权利当众流眼泪，或者当众表达感情”，那我必须告诉他，首先我是一个人，我是一个崇尚感受和感悟的人。主持节目也好，演电影也好，我从来没有专门去设计：我要感动你们了，我要煽情了，我的工作方式很简单也很原始——感受、感悟，带着新的感受带着灵魂去感悟。①

我不觉得倪萍是在什么“煽情”。其实，“煽情”也不一定就是贬义词。在我看来，有些时候，它与“感染力”同义。我们的主持人大可不必一听到“煽情”就恼火。我觉得倪萍主持的综艺节目、谈话节目，能表露一点自己被感动的真情，这恰恰是她的风格。当然，在有些情况下，要明确自己的任务，情感传导要注意分寸。

实际上只要是主持人节目，就必须带有自己的情感。例如，香港凤凰卫视《文涛拍案》的主持人窦文涛回答记者提问时说：“最根本的区别就在于我不认为它是个法制节目。就像它的名字一样，是建立在客观事实基础上的某种传奇。我把案件都看成是一个故事，有自己的喜怒哀乐。所以，（节目中）我也会随之流露出我个人的喜怒哀乐以及联想和感慨。”

确实，只要节目主持人不是为情感而情感的去一味迎合受众就行，因为“情感性”是主持艺术的一大特点。

三、对象性

主持人的情感交流和日常交际的情感交流对象明显不一样。日

① 邢虹：《倪萍：带着灵感去感悟人生》，《南京广播电视报》2002年9月9日。

常交际的交流对象或亲戚或朋友或工作对象，是生活中真实场景中的交流对象，而一般来说，广播电视中主持人的交流对象有两种：其一，是节目规定情境中的嘉宾、观众；其二，是虚拟的收音机和电视机前通过想象出来的听众和观众。前一种，我们又叫作“一对一”或“一对众”的对象传播方式，如《面对面》，主持人与一位嘉宾交流，《小崔说事》主持人崔永元与几个和在场观众进行讨论、交流。另一种是主持人面前无人，要对着摄像机，想象面前有观众的对象传播方式。为此，这时就需要“目中有人，心中有人”，要有对象感。这是节目主持艺术又一个显著的特点。

所谓“对象感”，是指主持人在话筒和荧屏前能够设想和感觉到交流对象的存在，并能从感觉上意识到听（观）众的心理要求和情绪愿望，由此而调动起自己的思想感情，和听（观）众进行动态性的交流。对象感正是主持人用来作为使思想感情处于动态状态的一种手段、一种途径，它属于某种联想、想象中的东西。想象离不开假设，假设是主持人进行创造性工作的基础，也是主持人内部技术的重要组成部分。俄国戏剧艺术家斯坦尼斯拉夫斯基称其为“内心视像”，简称“视像”。主持人应当锻炼自己善于敏锐地正确地激发形象的能力，做到不仅准确地把自己的“视像”传达给别人，还能使观众看见这个“视像”。是的，好的画家能给不在他面前的人画像，因为他内心视觉好；音乐家能奏出刚刚听过的旋律，那是因为他内心听觉好；好的主持人应具备一看见文字稿或在荧屏前，就能迅速捕捉到有关交流对象的信息，并能迅速地激发出相应的情感且用语言传达给听（观）众。但主持想象不是任意驰骋的，它必须遵循语言内容规定的目的、性质、范围、任务，它要以节目内容为依据。

那么获得对象感途径是什么？

1. 时时处处心里有受众

主持人就主体自我感觉而言，要时时处处感觉到受众的存在和反应，并能真实感受到受众所处的真实环境和心理感受：受众哪些地方明白了？哪些地方不大明白？哪儿会很有兴趣地听，受众听到什么地方会流露出喜悦，只有当传播者真的从自我感觉上时时处处感觉到受方的存在，才能与之产生语气、情绪、情感上的交流与呼应，才能使自己的主持有根有据，才能“交流”得起来。因为所谓“交流”就是人与人之间在思想、动作、情绪上的相互给予和接受。

2. 要善于调动自己平时的生活积累，学会用自己的经验、经历去补充和丰富自己的传播内容

因为每个人都有一定的局限性，他不可能亲身经历一切事情，所以要主持好节目，就要或多或少地借助间接经验去补充和丰富自己的传播内容，使“情景再现”得更逼真些。为此，我们在平时要做有心人，广泛地向社会学习，诸如看电影、电视、话剧，看摄影、绘画、人物传记，听歌、听演讲、读文艺作品……都可以丰富我们的见闻，增强我们的感受，努力记住日常的所遇所见所感，以便用时信手拈来。恰如鲁迅先生曾说过的那样：作者写出作品来，对于其中的事情，虽然不必亲历过，最好是经历过。诘难者问：那么写杀人最好是自己杀过人，写妓女还得去卖淫吗？答曰：不然。我所谓经历是所遇、所见、所闻，并不一定是所作，但所作自然也可以包含在里面。

3. 学会灵活运用主持技巧

中央电视台著名主持人水均益在介绍他主持节目的经验时就曾经指出，他经常在自己主持的节目中，想象他是在和自己的母亲说话，告诉她波黑又出了什么事。而有同样感受的还不止水均益，几乎所有的主持人都有在面对话筒、面对摄影机时，不是把话筒、摄像机仅仅当成无生命的机器，而是把他们设想成某个确定观众的经验。这种情况用央视主持人敬一丹的话说就是：节目主持人的对象感运用强调具体化，他一般不做“一对多”的设想，而把交流设想成“一对一”、“一对几”。这种心理状态是“我”与观众谈话的必然要求，他以个人对个人的形式来适应观众的接受心理，有时是和一位真实存在的观众直接呼唤，有时是把收听、收视对象设想成一位熟悉的朋友。这就有了鲜明的“目的性”，也就能自如地把言语作为一种达到目的的手段了。

四、综合性

节目主持的综合性，主要表现在以下两个方面：

其一，节目主持艺术是一门综合性艺术，集体创作的艺术。节目有策划、编辑、摄影、记者、制片人等多人和各部门密切配合，节目的播出是集体付出的心血。它完全不同于文学家、画家、音乐演奏家的个人创作。这就决定了主持人节目创作的综合性特点。而偏偏一个栏目播出后，人们提起和记住的只是节目主持人，主持人如何适应集体、配合集体，正确处理好自己和集体的关系，这就很重要。如朱军有一次主持完节目，非常诚恳地邀请栏目组人员出场，并请摄像师把镜头给他们。这也是对栏目组人员的尊重。

其二，节目主持的综合性还指节目主持人的综合素质。节目主持人是一个栏目的灵魂和核心，最好的状态是对整个节目具有决策权，甚至领导权（国外采用“主持人中心制”），这样的好处是在节目的采、编、制、播的过程中，能较好地贯彻自己的意图，使节目尽早形成一定的风格。从这一点说，主持人的能力也应具有综合性。目前，电视生产属于大众化的工业生产，容易复制，但在一系列制作的环节中，只有人的性情灵感、技能技巧、内在修养无法复制。节目主持的综合素质需要自身的反复实践，实践包括对经验的认同，也包括对实践反复琢磨的悟性。没有量的积累和经验的获得，也就无从谈质的飞跃。不断修正，不断积累提升，才能不断提高主持技艺。另外，知识面越宽，联想就会越丰富，越能引发即兴话题，并能提高应变能力，从而达到预期效果。这就是主持人应具备的“专”与“杂”相结合的金字塔形知识结构。理论功底差，认识、判断事物难免流于肤浅，节目就会停留在直观的浅显层面上，对其内在的意蕴挖掘就不可能深广，这样就不会也不能正确引导受众。知识面狭窄，有时会使人陷入捉襟见肘、孤陋寡闻的窘境。

第二节　主持人节目的传统分类法

主持人节目是节目主持的土壤，没有这块土壤，也就没有节目主持。因此，节目主持艺术的分类也就是主持人节目的分类。

一、分类的含义及主持人节目分类的意义

1. 什么叫“分类”

所谓分类，即是根据事物的性质、特征，按照一定的标准将其分门别类。分类既是认识事物的方法和途径，也是认识事物的一种思维方式，是人们思维的条理性、系统性的体现。人类认识事物总是把相同事物与不同事物区分开来加以比较和分析研究，以达到更深一步的认知。

2. 主持人节目分类的意义

对主持人节目进行正确、科学的分类，就是为了掌握不同节目的特点、规律，以达到对主持人节目全方位、系统化的认识。它对探讨主持人节目类型的本质，寻求其内部构成的基本规律，以及把握各类节目的创作特征，都有着重要的价值和意义。因为不同的主持人节目有不同的形态，不同的创作动机、创作流程和创作规律。只有把握住各种主持人节目的个性，才能有效、准确地把握住主持人

节目的共性；只有把握住各种主持人节目类型的特点和规律，才能根据不同的创作需要，生产出内容与形式相协调的优秀节目；也只有对不同形态、类型的主持人节目有全面细致的了解，方可以高屋建瓴，认清当前主持人节目形式的优势和弊端，并对主持人节目的发展趋势有较准确的判断，继而推陈出新，发展更符合时代需要的主持人节目。所谓善厨者只有了解食物的种类、营养成分，才能调和众口；而善兵者只有熟悉武器的品种性能，才可以克敌制胜。

关于主持人节目分类的意义，概括起来，它至少满足了五种需要：即满足了节目生产和管理的需要，满足了节目编排播出的需要，满足了节目交易和评比的需要，满足了节目理论研究的需要，满足了节目主持规律探索的需要。

二、主持人节目的类别

将众多的主持人节目科学地归纳成几大类别，并非一件易事。然而，作为系统的新兴艺术样式，科学的分类又是必须进行的。我们知道，整个广播电视节目是一个完整的系统，而主持人节目只是这个大系统中的一个组成部分，所以在探索主持人节目类别的时候，首先必须着眼于整体广播电视节目系统的分类，并以此作为基础和依据，才有可能给主持人节目做出分类。

目前，电视分类学虽已引起电视理论界的重视，然而却处于刚刚起步的阶段。在这方面，金戈的《试论广播电视节目分类》一文，做了有益的拓荒工作。首先，他根据电视节目分类的“发展原则”，寻得了电视节目最初的形态。世界上最早出现的广播媒体：1919年美国威斯康辛大学实验台，1920年初俄国实验成功的无线电，都是以两类节目开始显示它的传播功能的，这就是新闻类节目和艺术类节目（主要是音乐节目）。而第一次同人类见面的电视，1936年英国广播公司更是以艺术节目——舞台剧的转播出现的。世界各国广播电视媒体，也都是以新闻、艺术这两种节目形态起家，然后才繁衍出多种电视节目的。因此，广播、电视的始祖节目——种子节目，就是两大类：新闻和艺术。继而，他又从人的心理结构和思维形式，为这两类"种子节目"寻得了心理和思维的依据：电视节目产生的根本规律是满足人们的需要，人们既有物质生活的需要，也有文化生活的需要，而这两种需求都离不开信息的传递。人的心理结构分为：理智部分、感情部分；人的思维形式分为：逻辑思维、形象思维。然而，理智、逻辑联系，对应"知识—情报"信息；感情、形象联系，跟"美—艺术"相连。故而，电视节目从基本属性来看，也必分作与之相适应的两大类：新闻节目种群—艺术节目种群。[①]

我个人认为，把主持人节目分为新闻、娱乐两大类很有道理，确实也符合人类生存发展的需求：人需要信息。因为人活在这世上，别人是自己最好的参照系，世界是我们成长的环境。世界是无限的，而人的活动范围又是十分有限的，社会的任何政治变化和自然变化都会影响我们的生活，我们自己是无能为力的，只能去适应环境，趋利避害。所以柏拉图说过，"人就像坐在洞子里的僧侣，他无法看见更为广阔的世界，而只能通过洞壁上的'映像'了解外面的世界。"媒介使我们认识了外面的世界，提供了更大的"映像"。今天，人类越来越依赖媒体，人类的世界几乎就是媒体的世界。如果农业经济以"水网"为核心，"靠山吃山，靠水吃水"，造就了一个个"村庄环境"；工业经济以"路网"为核心，所谓"要想富，先修路"；那么，知识经济则以"因特网"为核心，信息承担着整合各种社会要素的功能。媒体给我们提供了生存的"第二空间"。另外，人需要娱乐。正如我在前面所言：寻找愉快，躲避苦难，是人的本性。人不管到了哪个朝代，人的这些基本要求都是不会变的。随着

① 高鑫：《电视艺术概论》，学苑出版社1992年版，第12页。

科技的不断发展，依据广大广播电视观众对节目多样化的要求，还可以进一步的细化。即种子长成了大树，大树再有了枝丫，枝丫再有了分支。

一般来说，从不同的角度，运用不同的方法，对广播电视节目有四种分类方法：

1. 内分法：依据广播电视节目的内容分类

新闻类——指对正在或新近发生的事实报道。它可以从不同的领域，运用不同的手段和方式，传播世界的各类信息，以满足观众了解国内外大事的需求。

教育类——指教育性节目，其中包括科学教育、理论教育以及思想教育等节目。

文艺类——指艺术性、娱乐性强的节目，包括音乐、戏剧、曲艺、舞蹈、杂技等。当然，它们不再是原有的艺术形态，而是经过充分广播化和电视化的艺术新样式。

服务类——为民众和社会日常具体的需要，提供具体服务的一种节目形式。其中主要包括社会发展目标型、社会公益型以及日常生活型的节目。

这也叫作“四分法”，是国内外通行的划分法，有人在此基础上增加了言论类、知识类，加上前面的四类，叫作“六分法”。

2. 外分法：依据广播电视节目的外在形式分类

综艺类——这是一种包罗万象的综合艺术节目，它既可以集音乐、舞蹈、戏剧、猜谜、问答、笑话、故事、杂技、魔术、游戏于一身，又可以选择其中单项或数项，根据内容的需要，加以自由灵活的编排、组合。尤其是电视还可以运用光色效果、时空变化、独特造型，构成供观众从事艺术鉴赏的节目。

报道类——以节目主持人直接与观众交流为其主要特征的节

目。节目主持人向受众传播或提供信息。

谈话类——受众直接在广播电视里接受采访或与主持人交流，主持人也可与众多现场观众及嘉宾就某个或某些问题进行交流，其中电视节目还可分为室内谈话节目和室外谈话节目。

竞猜类——指受众直接或间接参与广播电视节目制作和演播过程的竞赛和猜谜的节目。受众参与节目方式可分为：自娱性参与、竞赛性参与、激发性参与、荣誉性参与等等。

还可以不断递增……

3. 以节目制作、播出方式为标准来分类

根据节目制作、播出方式为标准来分类，可以把主持人节目分为录播节目、直播节目、准直播节目三类。所谓“准直播节目”，就是以直播形式录制下来，但不立即播放，如凤凰卫视窦文涛主持的《锵锵三人行》就是这样的准直播节目。

4. 以节目的受众为标准来分类

按年龄分：如少儿节目、青年节目、老年节目等等。

按性别分：如妇女节目《半边天》等等。

按职业分：如工人节目《当代工人》，农民节目《乡村俱乐部》，军事节目等等。

按地域分：如少数民族节目《民族之林》，港澳台节目《海峡两岸》等等。

还可以不断递增……

第三节　主持人节目分类的新思考

广播电视是一门“经验学科”，广播电视分类学作为广播电视学的分支，更依存于广播电视实践的能力、水平和过程。我国电视发展的速度快而种类繁多，像万花筒般耀人眼帘。近年来，出现了许多新的节目形态：

如《东方夜谭》是个“四不像”的节目，在内容和形式上颠覆了传统并糅合了许多形态特征：包装上的荒诞思维和娱乐元素的渗透；虚拟的观众和副主持小蔡的预设；有新闻又有访谈，且新闻不“新”、旧闻不“旧”，重“访”又重“谈”。

又如，央视经济频道《绝对挑战》，有人说它是：“服务类——为人找工作”的栏目，而栏目编创者却定位为“益智类娱乐节目”，还有人把其定位成“大型演播室真人秀节目”。

再如，由湖南卫视和上海天娱传媒有限公司（下称“天娱传媒”）共同制作的平民选秀节目《超级女声》在节目设置上，与英国Fremantle Media拥有版权的Idol（偶像）电视节目模板非常相似。因而英国电视节目制作公司Fremantle Media亚洲版权总监伊迪斯认为：“他们没有购买我们的电视节目模板的版权，抄袭Idol节目形式，侵犯了原创者的知识产权，必要时我们将对其提起法律诉讼。”[①]而天娱传媒总裁王鹏则完全否认了“盗版”一说。事实上，《超级女声》的节目形态也作了本土化的改造。

中国的部分电视节目正在自觉或不自觉地挣脱传统的中国教科书分类和具有强烈欧美等海外色彩的译介分类束缚，通过调配电视艺术要素、手段和比例构成新的节目类型。为此，上面我们介绍的传统分类法已不适应飞速发展的节目形态的变化了。由于我国电视节目形态分类学还没有真正形成，电视本身还处于探索发展阶段，因而主持人节目的分类也同样处于认识阶段，我们只能从一般的认识、解释来分类。但要研究分类，从艺术学角度看，形式和内容是一个事物的两大要素，任何事物都是这两大要素构成的。这是研究分

① 一财：《美国偶像称〈超级女声〉涉嫌盗版》，《扬子晚报》2005年7月31日。

类的“本体”出发点。

仔细看,再怎么变化,主持人节目是以“内容”和“形式的外延”式增长为主要手段的。随着电视频道的急剧增加,中国的电视市场竞争正在全方位走向份额竞争阶段,那些同质同构、相互模仿的频道和节目越来越受到业界的冷落。这就必然促进电视人在内容和形式上的创新。

如若再认真观察,你会发现,节目内容基本是万变不离其宗,仍然是国际通行的新闻类、文艺类、服务类、教育类、言论类和知识类几种,而飞速变化的是“形式”,其中主要是“形态”的变化。因而,笔者提倡节目分类用“内容名称+形态”的方式给广播电视节目分类,这样比较客观。所谓“形态应该是属于形式里的一个小元素,它比形式小,但它又比一个具体的样式大,是这样一个从大到小的关系:形式→形态→样式。形态有些像电影上的类型,研究电影非得研究类型不可。西部片、歌舞片,这都是类型。做西部片,就得按照西部片的样子来做。把西部片做成歌舞片,那就很难想象。实际上电视这种‘形态’的概念跟电影的‘类型’有关系”,[①]但它还不完全等同于“类型”。但现在大多数人也用“类型”指称某类节目,如“这种娱乐类相亲节目类型……”、“服务求职类节目类型……”在本书的写作中,笔者也称“类型”,约定俗成嘛!毕竟大家都习惯把某类相似的东西归类叫“类型”。

但我们研究者必须知道,“形态”和“类型”的内涵还是不同并有区别的。电影类型相对较稳定,而电视不稳定。电视的形态,或者叫电视的类型,虽比样式要稳定一些,但还是动态变化的。这也符合事物发展规律,变是绝对的,不变是相对的。比如谈话节目往回看,是电视报告、电视讲话,往后走,到《实话实说》、《超级访问》,

---

① 李幸:《电视节目形态之我见》,《现代传播》2001年第5期。

再到《锵锵三人行》、《壹周立波秀》，虽然这些节目还属于脱口秀这种形态，但有动态调整。比如央视的《当代工人》，是户外的谈话节目，《超级访问》、《锵锵三人行》、《壹周立波秀》是室内谈话节目。而后者虽然都是室内谈话节目，但《超级访问》是娱乐谈话节目，《锵锵三人行》是新闻娱乐谈话节目，《壹周立波秀》则是娱乐清谈节目。再比如，《壹周立波秀》和《是真的吗？》都是室内娱乐节目，但前者是“清谈”，后者则是“竞猜”。

我们说，电视具有兼容性，它可以兼容各种政治的、社会的、艺术的、经济的内容，也可以兼容各种艺术的表现形式。电视又是一种复制文化，它可以拷贝任何对象的创意。电视文化这种后现代的特性，使得电视节目的编排、制作表现出“形式杂糅”、“种类拼合”、“内容组装”的特征。而这种杂糅、拼合、组装，实际上都是形态变换出的种种花样而已。

事实也该如此，广播电视节目是“日产”的，即每天都播的文化产品。既需要翻新，符合人们喜新厌旧的心理，又要有相对固定，否则是无法生产的。这就像我们天天吃饭，主食是基本不变的，即使变化也是在米面基础上做些调配：干饭、稀粥；馒头、包子、花卷、大饼……

从以上的阐述我们可以看出三个问题：（1）形态很重要。一档节目的内容和样式可以调整，但形态却相对固定。（2）形态最富有本土化。西方的节目形态到了中国，就犹如盐撒大海，必然会进行本土化改造。（3）形态不等于具体样式。形态可以在各种各样的节目里流动，它不仅规范了一批节目，且可以随意流动,并在流动中又产生出新的节目形态，就此产生新的节目类型。

事实上，我们现在也都在无意有意地采用“节目内容+节目形态”相结合的方法给主持人节目分类。例如，中国广播电视学会主持人节目研究委员会从1994年以来举办的“广播电视主持人金话筒”

的评比活动，其节目主持类型就采用这样的分类法。下面我们不妨看一下2003年第六届广播电视主持人金话筒评比分类，把参赛的广播电视节目主持人作品分为：新闻类、谈话类、文娱类、社教类、体育类五类。见下表：

电视节目主持人获奖名单

单　位	姓　名	作　品　名　称	类　别
中央电视台	王　志	《和神话较量的人》	新闻类
中央电视台	鲁　健	《伊拉克战事特别节目》	新闻类
浙江电视台	小强(王志强)	《小强热线》	新闻类
福州电视台	姚　敏	《新闻110》	新闻类
中央电视台	刘建宏	《我爱世界杯》	体育类
中央电视台	朱　军	《秦怡》	谈话类
中央电视台	张　越	《我叫刘小样》	谈话类
中央电视台	杨　锐	《专访章含之——〈毛泽东、乔冠华和我〉》	谈话类
重庆电视台	韩咏秋	《八十老太选美》	谈话类
南京电视台	东方(陶毅)	《真相》	谈话类
济南电视台	袁小冬	《拳王本色》	谈话类
青岛电视台	理冰(李兵)	《2002海洋国际论坛——海洋经济与城市归展》	谈话类
云南电视台	张　齐	《“怪才”宣科》	谈话类
河北电视台	周晓丽	《轮椅上的绝顶》	社教类

续表

单　位	姓　名	作　品　名　称	类　别
吉林市电视台	韩立新	《渴望》	社教类
山东电视台	肖东坡	《乡村季风》	社教类
淄博电视台	霍小语	《齐瓦当》	社教类
中央电视台	王小丫	《开心辞典》	文娱类
中国农影电视中心	毕铭鑫	《快乐铁岭——乡村大世界节会纪行》	文娱类
北京电视台	赵　普	《公益歌曲大擂台、北京春节联欢晚会》	文娱类
上海东方电视台	陈　蓉	《主持集锦》	文娱类
湖北电视台	官　琳	《幸运智多星》	文娱类

广播节目主持人获奖名单

单　位	姓　名	作　品　名　称	类　别
北京人民广播电台	明可（蔡明可）	《从慧聪的发展看知识经济时代的用人特色》	谈话类
上海东方广播电台	尚红（商红）	《金秋十月话扬州——访扬州市市长》	谈话类
辽宁人民广播电台	陶　松	《解读新新人类》	谈话类
黑龙江人民广播电台	洪源（刘洪源）	《让爱情更纯净》	谈话类
天津人民广播电台	黎明（刘志明）	《为一个被爱扭曲的灵魂》	社教类
天津人民广播电台	王萱（王淑英）	《笑傲人生——一个没有时间哭的女人》	社教类

续表

单 位	姓 名	作 品 名 称	类 别
河北人民广播电台	李 爽	《一个美妙的经历》	社教类
黑龙江人民广播电台	欣莉(亓欣莉)	《主持人直播间布网抓骗子》	社教类
武汉人民广播电台	柳莺(刘英)	《一枝迎风歌唱的小草——介绍青年歌手李琼》	文娱类
广东人民广播电台	靓靓(徐靓)	《靓靓2002娱乐大盘点》	文娱类
湖北人民广播电台	郭 静	《啤酒带来的烦恼》	新闻类
上海人民广播电台	阿丁(丁葆华)	《阿丁谈交通》	服务类
扬州人民广播电台	朱 宁	《东西南北商业街》	服务类

中国广播电视学会主持人节目研究委员会更改为“中国电视艺术家协会主持人专业委员会”后，于2005年2月26日在上海首次举办了2004年度最佳电视主持人颁奖晚会。此次颁奖活动，根据主持人节目的发展变化，将节目主持类型的分类更加细化为八类，即体育节目、综艺节目、娱乐节目、社教节目、专访节目、谈话节目、新闻主播、新闻评论。同样采用“节目内容+节目形态”相结合的方法分类。见下表：

2004年度最佳电视主持人名单[①]

单 位	姓 名	节 目 名 称	类 别
中央电视台	康 辉	《世界周刊》	新闻主播类
上海东方卫视	劳春燕	《东方夜新闻》	新闻主播类

① 表格来自中国电视艺术家协会主持人专业委员会主办：《主持人月刊》第4期，2005年2月。

续表

单　位	姓　名	节　目　名　称	类　别
湖南卫视	张丹丹	《晚间新闻》	新闻主播类
中央电视台	白岩松	《中国周刊》	新闻　评论类
北京卫视	元　元	《第7日》	新闻　评论类
江苏卫视	徐浩然	《1860新闻眼》	新闻　评论类
中央电视台	董　卿	《晚会》	综艺类
山东卫视	王　俐	《今夜星光灿烂》	综艺类
湖南卫视	汪　涵	《音乐不断歌友会》	综艺类
中央电视台	李　咏	《幸运52》、《非常6+1》	娱乐类
上海东方卫视	陈　蓉	《今天谁会赢》	娱乐类
湖北卫视	官　琳	《幸运智多星》	娱乐类
中央电视台	王　志	《面对面》	专访类
凤凰卫视	鲁　豫	《鲁豫有约》	专访类
北京卫视	曾　涛	《世纪之约》	专访类
中央电视台	朱　军	《艺术人生》	谈话类
凤凰卫视	窦文涛	《锵锵三人行》	谈话类
上海东方卫视	刘仪伟	《东方夜谭》	谈话类
中央电视台	张　越	《半边天——张越访谈》	社教类
重庆电视台	韩咏秋	《拍案说法》	社教类
浙江卫视	亚　妮	《亚妮专访》	社教类

续表

单 位	姓 名	节 目 名 称	类 别
中央电视台	张 斌	《奥运特别报道》	体育类
上海东方卫视	唐 蒙	《唐蒙视点》	体育类
广东卫视	王泰兴	《体坛三棱镜》	体育类

且不谈这样的分类是否更科学合理，但从中可以看出我国主持事业的发展，只有不断前进的事业才能有如此大的运动变化。一般来说，影响物质运动方式的不外乎内部因素和外部因素。而主持人节目和节目主持类型发展的因素，也主要可以归纳为这两种因素。

就其内部因素来讲，电视技术及其设备是节目制作必需的物质条件，也是节目形式产生和发展的基础，而广播电视工作者是制作节目的主体。他们的知识和才能，直接影响着节目形式和风格面貌的发展，这两者成为影响节目形态（类型）的内部因素。比如，正是有了卫星通讯技术、电视转播车，以及集摄录编辑于一体的便携式摄像机等先进的电视技术设备，才使得现场直播式的新闻报道方式深入人心。换言之，没有先进的灯光、音响、计算机以及一些相关的电子设备所带来的电视表现手段的丰富，“春晚”也不可能变得如此的美轮美奂。

就其外部因素来讲，不同国家和地区的社会政治、经济以及文化的发展水平，广播电视功能的延展，以及广播电视受众的接受心理、接受方式、文化素养、审美趣味的拓展，也规定和预示着广播电视节目形态（类型）的发展趋势。很难想象，在一个经济、文化十分落后的国家和地区会出现《最强大脑》、《星光大道》这样的节目类型。

综上所论，根据笔者的理论推演及针对近年节目主持实践的分类状况，运用“节目内容+节目形态”结合的分类策略，可以把基本不变的五种节目类型作为基点，相对固定下来。然后，根据节目形态的不断流动变化再作二级、三级、四级……分类下去。即：

- （1）新闻类
  - 主播类
  - 评论类
    - 时事评论
    - 热点评论
    - 大众评论
    - ……
- （2）言论类
  - 专访类
  - 谈话类
    - 精英谈话节目
    - 大众谈话节目
    - ……
- （3）文艺类
  - 综艺类
    - 文艺晚会
    - 综艺节目
  - 娱乐类
    - 言论类娱乐节目
    - 行动类娱乐节目
- （4）社教类
  - 法制类节目
  - 经济类节目
  - 生活类节目
    - 气象节目
    - 心理咨询
    - ……
  - 教科类节目
  - 对象类节目
- （5）社教类
  - 赛事类
  - 资讯类

随着节目不断发展，细化以后可以不断填充，如娱乐节目三级标目后还可以有四级标目（如例1）；社教类节目的二级标目后，如生活类节目、对象性节目后还可以有三级标目（如例2、例3）。

例1，娱乐类节目
- 言论类娱乐节目
  - 娱乐咨询
  - 娱乐清谈
- 行动类娱乐节目
  - 游戏类节目
  - 益智类节目
  - 真人秀节目
    - 室外真人秀
    - 室内真人秀

例2，生活类节目
- 气象预报
- 心理咨询
- 婚恋家庭
- 医疗保健
- ……

例3，对象类节目
- 妇女节目
- 少儿节目
- 军事节目
- 农民节目
- ……

以上分类设想的好处是：稳定中能适应变化，变化中又坚持了稳定。这样可以更稳健地满足节目生产和管理、节目编排播出、节目交易和评比、节目理论研究和节目主持规律探索的需要。

第五章 节目主持的有声语言表达艺术

本章要点：节目主持主要是靠有声语言传达信息、表达思想，并与观众交流的，同时节目主持人的个人魅力、风格特征也主要靠有声语言的运用才凸显出来。所以，有声语言既是主持人的创作材料，又是主持人谋生的工具。为此，节目主持人必须研究所在栏目的语体特征，并根据不同的语体特征，制定不同的语用策略和提高自己的语言素养。

第一节　节目主持的有声语言简说

节目主持主要是靠有声语言传达信息、表达思想，并与观众交流的，同时节目主持人的个人魅力、风格特征也主要靠有声语言的运用才凸显出来。所以，有声语言既是主持人的创作材料，又是主持人谋生的工具。但这又不是简单的“工具”，因为主持人的每一个语音功能的设计、每一个词语的选择抑或每一个语篇的表述，都附着着一个时代、一个集团抑或一段个人情感的烙印。因而有声语言不仅仅具有“工具性”性质，还具有强烈的“人文性”性质。节目主持有声语言的双重性质，决定其必然是一个立体交叉、综合层叠的动态语言实践性的理论研究，而不像静态的语言理论研究，可以划分单位、排列体系、建立规则。鉴于此，研究节目主持有声语言涉及的领域较为广泛。

1. 就节目主持有声语言的研究范围而言

因为它是一种声音，就具有“物理属性”，这种物理属性主要表现为音高、音长、音强、音色的“语音四要素”，而音高、音长、音强属于语音的韵律特征，也就是说语音的高低、强弱、长短可以表现声音的抑扬顿挫的特征。语音是人的发音体振动引起周围的空气或其他媒介质振动而形成的声波，所以节目主持的有声语言又具有“生理属性”，要研究人的发音器官如何活动才能发出清晰、标准而又富有美感的声音。由于节目主持人的有声语言是在特殊的语境中进行的，同时受到社会、政治、经济等多方面的影响，所以节目主持有声语言又具有“社会属性”。作为社会活动的节目主持又是由一个个鲜活的主持人来进行的，而具体人的语言传播过程中，即信息编码——发送——传输——接收——解码的过程，除传输这个环节外，无一不与人的心理活动有关，因而节目主持的有声语言又具有“心理属性”。

据上所论，节目主持的有声语言是物理的、生理的、社会的、心理的综合“物化现象”。

2. 就节目主持有声语言的表达技术而言

有主持人的内部表达技术，即理解和转换语言的能力，诸如语言目的的确立、对象感的寻找以及内在语的编码等等；有主持人的外部表达技术，即表达和表现语言的能力，诸如呼吸、共鸣、吐字归音的调节，重音、停顿、语调的运用等等。

3. 就节目主持人有声语言的能力构成而言

一个人的语言表达能力固然有先天的因素，然而后天的养成更为重要。我个人认为，主持人的口语表达能力养成可以分为三个层面：用通俗的话来说，一个主持人在节目中表现出来的“口才”如果是塔尖的话，那么“耳才”（听力）、“思才”（思维能力）就是塔身，而“肚才”（知识积累、生活积累等等）则是深深的塔基。见下图：

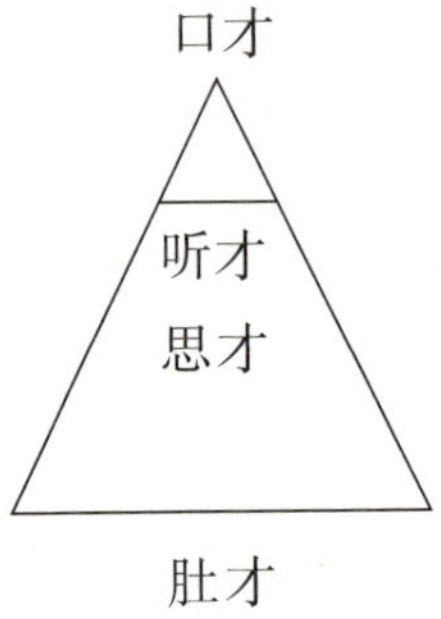

然而，再复杂的事物总是有规律可循的。在我看来，节目主持的有声语言表达艺术，重要的是要掌握三点：话语切境合体，表达富有策略，话语体现素养。

第二节　节目主持的语体特征

主持人兴起至今，围绕主持人语言表达的方式方法争论颇多。改革开放前，广播电视的传播只能依据文字稿的有声版，所以有人称播音员为“肉喇叭”、“传声筒”。改革开放后，广播电视节目主持人的语言样态开始变化，特别是1998年兴起的“说新闻”，一时“说新闻”的“变体”遍地开花。“啊、吧、呢”的语气词不断，方言词港台腔夹着用，结结巴巴也无妨，似乎越“生活化”越“真”，越“口语化”越“美”，越不像语言就越“好”，恨不能“返祖”回到口语传播的年代。“口语遭遇被神化、虚化、人化、俗化的危机。”[1]

那么，主持人的口语到底应该是什么样子的呢？我们又该如何

① 张颂：《“口语至上”批判》，《现代传播》2000年第1期。

去把握它?

新时期最早研究口语的陈建民先生认为:"口语就是在人们现想现说的情况下,借助各种辅助手段的口头语言。它包括口语本身(指零零碎碎的话),也包括口语表达(指连贯的话)。"由此可见,以口头形式出现的话语需要进一步分类。这就启示我们,作为广播电视节目主持的口语绝不是陈先生所讲的口语本身的那种"零零碎碎的话",而是一种"口语表达"。事实是,"在任何一种语言里面,即使由同一个说话人所使用的语言,都有着许多不同的语体,许多不同种类的语言,它们主要是由说话人当时所从事的活动类型所决定的"(帕尔默H.E.Palmer)。

由此认为,主持人的有声语言仅从书面语和口语的角度来争论,是找不到出路的,必须从语体特征入手。如今,节目主持对语体的疏离,已经带来了实践的茫然,我们有必要正视它。

一、语体的定义及对节目主持的功用

1.语体的定义

学者们对语体已经下了许多定义。

"语体是适应不同交际功能、不同题旨情境需要而形成的运用语言特点的体系。"①

"在一定活动领域中运用语言特点形成的体系叫作语体。"②

"语体就是根据不同的交际领域、交际对象、交际目的任务、交际方式,长期地反复地使用不同的语言材料而形成语言特点的有机统一体。"③

以上学者都抓住了语体的某些重要特征,而南京大学王希杰教

① 胡裕树、宗廷虎:《修辞学和语体学》,上海教育出版社1999年版,第1页。

② 唐松波:《语体·修辞·风格》,吉林教育出版社1988年版,第15页。

③ 倪宝元主编:《大学修辞》,上海教育出版社1994年版,第490页。

授对“语体”的理解却别有心得。他认为：“假如全民共同的核心的语言是一种零度语言的话，那么语体就是一种偏离形式，是为了适应特定交际环境的需要，而对全民族共同的核心语言所做出的一种偏离——语境偏离，也可以叫作‘变体’。换句话说，语体就是语言的语境偏离而固定化了的格式或模式。它是在语言运用过程中历史地形成的，是同特定语境类型相对应的、反复出现的，并且相对定型化了的语言运用区别性特征的总和。所以，语体是语言零度形式在语境的影响和制约之下而产生的偏离形式，是相对稳定的一系列区别性特征所构成的系统。”①

也就是说，语言运用方面偶然出现的特征不能够代表语体，它们同语境的联系并不是必然的和不可缺少的，只有那些同语境之间有着必然联系的语言因素才是语体的本质表现，才能作为语体的特征。

作为全民语言的一种变体，语体一旦形成之后就有了自己的相对独立性，成为区别于其他语体的小系统。每一种语体都是一系列区别性特征的总和，这些区别性特征表现在语音和语义、词语和句法、语用和修辞等方面。例如，作为诗歌语体生命的平仄和押韵，在学术科技语体之中，不但并不重要，甚至是通常所不允许的。大量的科技术语和符号公式在学术科技语体中却是必不可少的，几乎成了它的一种标志，而这又是诗歌语体所不能忍受的。也就是说，相对的封闭性是语体的本质特点，是语体划分的主要依据。如果没有相对封闭的区别性特征，那么语体就不存在了。

2. 语体对节目主持的功用

语体对节目主持而言，它具有两种功能：

（1）具有选择功能

节目主持过程实际上是一个言语选择的过程，主持人只有先正

① 王希杰：《修辞学通论》，南京大学出版社1995年版，第462页。

确选择了适当的语体，然后才谈得上对各种各样的词语句式和修辞手段的选择。语言运用失误，首先就是语体选择的失误。这有两个层次的问题：一个是，所选择的语体同交际的具体场景相违背，话语偏离了特定的语境；另一个是，所选择的词语句式和修辞方式同所选择的语体相矛盾。例如，报道摩托车竞赛时一位主持人说："我们的两个女记者去采访，不知从哪儿弄一辆'偏跨'，美得屁颠屁颠的……"报道骗婚事件时，这位主持人又说："昨天我们报道的'两个放鸽子的人'，那对狗男女……"主持人节目的语体是媒介语体，这样的报道显然和这样的语体相违背，其选择的词语"偏跨"、"屁颠屁颠"、"放鸽子的人"、"狗男女"皆与选择的语体相矛盾。语体对选择词语、句法和修辞方式的影响和制约，是人所共知、必须遵守的，否则，只能失败或闹出笑话来。

（2）具有定位功能

一切正确的合理的编码、解码都必须首先把握住特定的语体，只有在这个语体的范围之中进行，才有可能获得比较正确的结果。因此，语体具有定位的功能，弄错了语体，就不可能正确地进行主持传播活动。例如，有一位著名体育节目主持人曾因对足球独到、专业的分析，朴实又富有激情的解说，受到广大球迷的喜爱，但他在一次比赛的直播现场曾指责某球员"根本护不住球"、"没有一脚像样的射门"、"又浪费了一次机会"，他还质疑教练"18分钟过去了，他还不换人，还要固执到什么时候"，"28分钟又浪费了，换迟了怕来不及了"，当对方进球时，他毫不客气地说这是教练"受到的惩罚"，并用"所谓神奇"、"昏招"等挖苦、讽刺色彩的词语评价教练。这些话语内容显然"越位"了，忘记了作为体育现场报道的栏目和主持人都只是一个客观介绍的角色。当然，主持人也可以有自己的一些分析，但不能在媒介语体中带有极度的个人情绪宣泄。孔子曾说："可与言而不与之言，失人；不可与言而与之言，失言。知者不失人，亦不失言”（《论语·卫灵公》）。可见，在什么时候对什么人，该说什么不该说什么，要“言有节，言尽善”（《周易·系辞下》），对主持人来说就是切境合体。

二、语体的分类及其特征

1.语体的一般分类

语体分类是最具有实用价值的。语言的口头形式和书面形式，是语言的两种基本存在方式，还不能够完全等同于语体。我们在这一章开头说到的当下节目主持口语表达时，要么把它当作“口语”，要么当作“书面语有声版”，都是出于这样认识的不科学。对语言的口头形式和书面形式，还可以区分出许多不同语体。对许多语体来说，其实大都具有口头形式和书面形式两种。所以，我们把口语和书面语当作语言存在的两种方式，而不当作两种语体。

语体的分类应主要根据语境类型来划分。从目前研究情况看，学者大多把语体分为以下五种类型：日常会话语体、公文事务语体、学术科技语体、文艺审美语体、报刊媒介语体。其主要特征如下：

（1）日常会话语体的特征

日常会话语体主要是个人和个人之间信息和情感交流的一种手段，是语体中最早产生的一种语体。因为一切其他的语体都是从这个语体上产生和分化出来的，所以它也是最重要的一种语体。人们可以一辈子不同其他的语体打交道，但却不能不同日常会话语体打交道。从这个意义上说，可以把日常会话语体作为一个参照系，其他语体的研究都可以以日常会话语体作为参考，一来日常会话语体是其他语体的基础，二来它又是人们最熟悉的。

日常会话语体一般有两大特征：其一，交际双方一般同时出现，双方为说话人又为听话人，不断地变换交际角色。而在其他语体中，交际双方不一定非得同时出现，交际活动可以在两地两时分别进行，交际对象也可以呈隐蔽的状态。就此而言，日常会话语体可以说是最完备的交际形式，而其他语体则是不完备的交际形式。其二，日常会话语体是随意的、临时性的，这使它不可能做到像其他语体那样简洁严密。人们要想提高日常会话语体的质量，就必须具有敏锐的感受能力和随机应变的能力。日常会话语体中的句子可以分为随便口语句和经过整理的口语句。

日常会话语体最为复杂，话题变化比较多而突然，大都缺乏必要的衔接手段，连贯性比较差；句子比较简短，省略句多，重复句多，变式句多，句子和句子之间大都缺少形式上的连贯，需要用各种非语言的因素来补充，信息冗余度也就特别大。语气词多，大都带有强烈的个人色彩和主观色彩。它对具体语境的依赖性特别强，离开这个特定的语境，那么另一个人是很难正确地把握会话的真正含义的。日常交际生活中，我们经常会看到，在特定的“情境场”中，交际双方的一个措词、一个眼神，抑或一个身姿都能传达信息，并被对方心领神会，而不在“情境场”中的人却云里雾里地闹不明白。

例1，顾客上街买了鸡，到宰鸡处宰鸡。

顾客：我不要头。

宰者：脚呢？

顾客：也不要。

（没有双方具体的情景，听上去，会觉得这顾客怎么要求别人杀头剁脚呀？）

例2，姑：嫂子你们不$_1$呀？

嫂：不$_2$呀？

姑：不$_2$不$_1$呀怎么不$_3$呀。

嫂：不$_2$不$_1$呀都不$_3$了，要不$_1$更不$_3$呢。

（不$_1$：指性生活；不$_2$：指不是；不$_3$：指不生孩子）

在日常会话语体中，更容易受到各种各样非语言因素的影响和制约，尤其是交际双方生理和心理因素的影响和制约。交际者的面部表情，特别是眼神、手势和身体的姿势，重音、语调和语气，甚至于交际者的长相、服饰和仪表，颜色和气味，等等，都对交际的效果产生巨大影响。

（2）公文事务语体的特征

公文事务语体就是国家、集团、单位、协会等机构和机构之间，或是机构同个人之间需要进行信息交流用的一种语体。公文事务语体中，信息的流动不像日常会话语体的双向性，而具单向性，是由一方传递信息，而另一方则单纯接受信息。这种语体有固定行文格式。公文事务语体有两个主要特征：程式化、庄重性。

（3）学术科技语体的特征

学术科技语体的任务是传播科学技术的成果，是以逻辑思维为基础，以信息传递为目的的一种社会活动。学术科技语体主要是以书面形式存在的，但也有口头形式，那就是课堂教学和学术演讲。学术科技语体不像日常会话语体那样的随机性，而是具有充分准备，有特定目的和主题的一种交际活动，其主要特征：单义性、系统性。

（4）文艺审美语体的特征

文艺审美语体是最讲究形式美的语体，但是，形式上的美必须服从感情的美。审美语体是能够激发人们美的联想的符号，是意象的符号，感情的符号。在文艺审美语体中，语言符号已经再一次被符号化了。文艺审美语体同其他语体相比，最大的特征就是“美”，它最大限度地偏离了日常会话语体。这种偏离，换一种说法，就是有一种“陌生化”的“间离效果”。

（5）报刊媒介语体的特征

与日常会话语体不同的是，在报刊媒介语体中，交际对象是广泛的，甚至不受说写者控制。从内容方面来看，日常会话的话题只是两个人之间的事情——“私事”、“小事”、“个人的事情”，甚至具有不可公开性。报刊媒介语体的话题则是公众所共同感兴趣的，具有某种普遍性。学术科技语体和公文事务语体都太专门了，只能在一个狭小的圈子里活动，而报刊媒介语体则是“大众化”的。

2. 节目主持属于报刊媒介语体

节目主持属于报刊媒介语体，有日常会话语体的特点，但又有明显的区别，表现有三：

其一，日常会话语体中的行为主体是一个个普普通通的人，每一个人都可以成为日常会话语体的行为主体，但并不是每一个人都可以成为报刊媒介语体的行为主体。报刊媒介语体中行为的主体一般是专业人员。

其二，日常会话语体是完备双向互动的人际交际形式，而报刊媒介语体不是完全完备的双向互动的人际交际形式。例如，纸质媒体实际上还是单向度的传播，广播虽融进了主持人与听众的双向交流，但不是面对面的交流，电视主持人虽然和嘉宾、现场观众、采访者有面对面的交流，但镜头前面已不是完全的原生态的日常会话语境了。

其三，在日常会话语体中，交际行为是一种“为我性”的活动，并不是表现给别人看；在报刊媒介语体中，交际行为是“为他性”的，带有表现性或表演性，目的是要影响他人。

以上三点足以说明，在本章前面提到的主持人的口语表达完全等同于生活的纯粹口语，无论从理论还是实践上都是不可能的。

报刊媒介语体，既没有日常会话语体中那样有利的人际关系，没有公文事务语体的强制性质，也没有学术科技语体强有力的知识优势。但它却成为当今最有影响力的语体，这是为什么？因为它具有任何语体所不具备的综合性。

报刊媒介语体的综合性具体体现在：它可以运用一切其他语体中合适的表现手法，以达到自己的目的。它向学术科技语体学习，努力用真理来吸引和打动对方；它向文艺审美语体学习，努力用美的魅力来感染对方；它向日常会话语体学习，努力用双向互动的手法，同交际对象进行双向交流。

其实，语体有其封闭的一面，也有相互联系、相互渗透的一面，而且成了一股世界性的潮流。我们不妨看一下现实：随着物质生活的丰富，教育的普及和文化素质的提高，文艺审美语体不断向日常会话语体、学术科技语体渗透，科普读物的出现就是最好的说明。公文语体呢，也在努力“以人为本”，力求少些刻板和程式。

所以，“广播电视语言应是加工过的口头形式。首先，它是有声的口头形式，其次，它是‘加工过’的口头形式——对于无稿播音或主持，它是向书面形式不同程度靠拢的口语；对于有稿播音或主持，它是向口头形式不同程度靠拢的书面语。这也就是说，广播电视语言的‘口语化’和‘谈话体’不等于初始的口语或原生态的随意交谈，更不是书面形式的简单外化——照本宣科。吴郁在《主持人即兴口语特点探讨》一文中，把主持人节目的口语特点概括为五点：汲取书面语的精粹口语、强调规范化的大众口语、讲究艺术性的宣传口语、富于个性的正式口语、应对得体的机智口语，是颇有参考价值的”。[①]

三、节目主持语体特征的具体阐述

从上面我们看到，广播电视栏目的语体从广义上说，属于“报

① 吴玉章：《新编普通语言学教程》，北京广播学院出版社1999年版，第20页。

刊媒介语体”，这应该成为节目主持工作的“正式语体”。但对一个个具体的广播电视栏目来说，由于栏目受众群不同，栏目类型、栏目宗旨不同，语体的特征也各有区别。主持人在具体的栏目主持中，要在“正式语体”的基础上，有鲜明的“专门语体”（也可叫“主导语体”），坚决摒弃非报刊媒介语体特征的“非正式语体”（如上面不合语境的举例）。这样才能形成自己独特的主持风格，从而脱颖而出。为此，主持人的脑子中一定要时时有“正式语体”、“专门语体”、“非正式语体”的概念。笔者这种想法来自于（美）爱德华、T. 霍尔的“基本三分法”理论。

霍尔认为，“弗洛伊德区分了意识和潜意识；沙利文区分了有觉察和无觉察；后来的拉尔夫·林顿等人类学家谈论公开的和隐蔽的文化；另一些人则使用含蓄的和明显的一类比喻，这些都是为了说明作为行为及控制行为的模式之基础的假定。这种对事物的两极分析法很快遍及其他领域。”[1]是的，一般人皆喜欢这样的两极化思考，很难接受用三种范畴思考问题的方式。然而霍尔却提出这样一种三分法，认为一切文化皆有三个层次的理论。这三个层次分别是“正式的”、“非正式的”和“专门的”。他通过对美国人谈论和对待时间的方式作细致而长期的观察之后才建立这种三分法的，他发现有三种时间：一是“正式的时间”，每个人对此都熟悉并习以为常，而且这种时间深深根植于日常生活之中；二是“非正式的时间”，它与情境的或不精确的指称有关，如“暂时”、“后来”、“一会儿”等等；三是“专门的时间”，这是科学家和技师使用的一种完全不同的系统，其用语对普通人来说或许是闻所未闻的。观察了人们怎样使用这些时间系统，掌握和认识了它们的历史，他发现，在人生的其他方面，人也是将活动分成“正式的”、“非正式的”或“专门的”三

① [美]爱德华·T. 霍尔：《无声的语言》，刘建荣译，上海人民出版社1992年版，第67页。

种。换言之，我们发现，人不是有两个而是有三个行为模式，其应用范围比我们原先设想的要宽广得多。例如，学习有“正式的学习”、“非正式的学习”和“专门的学习”，在任何特定场合，这三者都存在，其中一种形式将始终居主导地位。感情也有“正式的感情”、“非正式的感情”和“专门的感情”，[①]在任何特定场合，这三者也都存在，其中一种形式将始终仍居主导地位。

正式的行为和专门的行为常易混淆，理由之一是正式的行为被专门的后盾所支持，当人们感到一筹莫展时，常常求助于专门的行为。节目主持的语体把握也是如此。例如，地域新闻可以加一些方言词，如报道一位民间瓷片收藏家时，主持人这样说：

> 在北京也有不少人专门鼓捣小玩意儿，搞出了门道。北京人管瓷片叫‘瓦碴儿’，就是残瓷碎瓦，归扔的东西。可白明偏好这玩意儿，二十年来收了上万片。敛巴这东西也不是件容易事，什么地方施工挖地，就跟边儿上溜达，保不齐就有好宝贝出土。垃圾堆也是淘金地，别人瞧不上眼，他却视若珍宝。
>
> （北京电视台《晚间新闻报道》2000年9月14日）

按“正式的风格”播这段新闻当然行，但特意选用老年间土得掉渣儿的“京味”方言词语，活用的修辞效果既符合人和事的特点，在当代快节奏的背景中糅进些许怀旧的、温暖的、风趣的生活气息，突出了地域特色和平民化播报主持风格，这就是具体栏目“专门的风格”，也可以称其栏目的“主导风格”。久而久之，就成为这个栏目和主持人的个性特征。

① [美]爱德华·T. 霍尔：《无声的语言》，刘建荣译，上海人民出版社1992年版，第71、72页。

又如，气象节目中的天气预报，可以说："明天全国多云，0到3度"。还可以这样说：(1)从今天开始将要面对寒风刺骨的冷天气了，所以我特别想说一声：对不起。(2)周末的特点将是多云的天气，有些冷，就像从冬天直接拷贝来的一样。(3)今天我们都已经知道大西洋上发生了什么，有人担心这个台风是不是会影响明天周末的度假，我可以告诉你：放心吧，不会的。气象节目中往往也可以有"非正式风格或专门风格"，因为任何场合这三种风格都可以存在。但气象栏目中这样幽默动情的句子只能像味精调调味而已，大部分还得用一些专门的气象术语。否则，人们就会不满意。譬如，"近来英国气象局公布了气象预报新规定，要求天气预报员使用更'清楚和有意义'的语言，让更多的人了解天气情况'光明的一面'。按照新规定，气象预报员应多从正面描述未来的天气状况：不能说'偏远地区寒冷'，而要说'大部分地区温暖'；不能说'有时多云'，而要说'基本晴朗'；禁止使用'阵雨'或'风暴'等字眼。因为这样听起来让人心情愉快。新规定一公布就引来了众多批评和嘲讽。"[①]

再如，中央电视台体育节目主持人黄建翔有一次为足球比赛作解说：

> 又是吉诺拉，左侧传中，头球！打在门柱上弹出来，再碰一下，进了！非常轻松。现在纽卡斯尔联队3:0领先，这场比赛纽卡斯尔联队的进攻犹如水银泻地，无孔不入……

这一段足球比赛的解说词，句式简洁，用词富于动感，融进了日常会话语体，与场上气氛和观众的心理互动十分合拍，但又兼收了专业的术语解说，形成有特色的"专门风格"。

① 《英国天气预报要求多说好话》，《金陵晚报》2005年10月15日。

而有些主持人不能很好地把握主导风格，正式的、非正式的、专门的互相串味，造成了很不好的影响。所以，我们的主持人一定要清楚自己的“主导语体”特征和栏目定位是否匹配。例如，刘仪伟主持的《东方夜谭》，定位是娱乐节目，他的语言也具备这个栏目特征的“专门语体”风格。

我最近对经济有一定研究，还有一个发现，从经济学的角度来解释日常生活中遇到的问题，非常有意思。举例说吧，前不久我的一位朋友准备谈恋爱，他的这个过程我同样能从经济学的角度准确地描述出来——

我这个朋友，到了这个年纪想找个女朋友了，我管这叫创业初期；

于是就四处跟周围的朋友打听，你们公司或者亲戚同学里面有未婚的女孩子吗？这叫市场调查；

问到我，我就说我们公司多着呢，个个都是美女，这叫泡沫经济；

然后他开始厚着脸皮，求着我介绍几个，这叫关系营销；

我就说那好吧，我跟公司的女同事说说看，我这叫销售代理；

之后他还一个劲儿地叮嘱我，让我夸他长得帅，这叫联合炒作；

我把他带到公司，到了公司他一看，哇！女孩儿还真不少，这叫市场潜力大。

香港凤凰卫视有一档节目是杨澜采访建筑大师贝聿铭的。在节目的开始，杨澜这样开场：

贝聿铭的建筑设计被人称为“充满激情的几何结构”。他已经八十高龄，还担当设计中国银行在北京的总部大厦。在我看来，这位老人身上有一种非常神秘的力量。很多看起来是完全对立的东西，在他身上却能够和谐地统一起来，比如说他是一位典型的中国人，但他又是一位非常成功的美国人；他在同行中是一位广受推崇的大师，但是在政界、商界和社交圈里人缘极佳；他设计的五十多件建筑作品散布在世界各地，在它们刚刚建成的时候，往往招来非议，但是不久又能够成为当地人的骄傲，或者成为那个城市的一个标志，他身上有一种与生俱来的贵族气质，却让每一个跟他谈话的人感到平等和自在。你说这样的人，难道不值得去跟他聊一聊吗?

这段语言的设计，日常会话语体融进了审美语体。句式的选择颇具文学色彩，在“比如说”的后面，运用了排比兼对比的手法，层层深入，层层递进，全方位多角度地向我们展示了建筑大师贝聿铭的风采。语言说起来朗朗上口。这也符合《杨澜访谈》栏目的“专门风格”，如若用刘仪伟那样的风格，在这就是“非正式的语体”了，也就不合境也不合体了。

第三节　节目主持的语用策略

节目主持时的语用策略很多，但针对目前节目主持现状，我觉得有以下几点尤为重要：

一、节目主持要善于"移情"

"移情"是心理学上的一个名词，一般指的是能够设身处地感受和理解对方的心情，并能够把自己内心的情感移入对方与对方一起分享。这一点对节目主持人来说很重要，因为节目主持过程就是主持人和受众进行不断的精神交流的过程，这是人与人心灵上最微妙的相互接触。从节目主持艺术规律来说，主持人要善于"移情"，是出于以下的考虑：

1. 节目主持艺术交流的反馈性

主持人对受众传输信息后，其反馈便是受众相应的评价、建议等等，而受众的这种反馈又直接关乎主持人对传播内容的改进或对工作的热情。节目主持艺术交流的反馈性特点，要求主持人既要提高自己信息传输的质量和效率，又要同时关注受众反馈信息的内容和形式，并将之作为进一步改进和调整信息传输活动与方式的重要依据，从而保证节目主持艺术交流的针对性和有效性。因而节目主持要善于移情，你才能知道受众怎么想，自己该怎么说。

2. 节目主持艺术交流的多元性

节目主持艺术的交流，既有情意的交流，又有个性的交流；既有功利的交流，又有审美的交流。特别是谈话节目，交流都是面对面进行的，交流内容是多元的，主持人必须具备知识、情意及审美等多方面的修养，使自身成为双方交流的重要信息源。而这种多元的交流要能够进行下去，主持人必须时时会"移情体验"，才能不断找到观众的兴奋点，以更好地激起观众的兴趣。

3. 节目主持艺术交流具有同频共振的特点

"同频共振"或称"共鸣"，原属物理学的概念，是指两个物体由于振动的频率相同，一个物体振动就会引起另一个物体相应的振动。

艺术理论常借用此概念说明审美想象的移情过程中，情感活动的强烈程度达到了感同身受、物我两忘的境界。恰如托尔斯泰所说："感受者和艺术家那样融洽地结合在一起，以致感受者觉得艺术作品不是其他人创造的，而是觉得这个作品所表达的一切正是自己很早就已经想表达的。"[1]正可为"人人意中有，人人口上无"的东西。在节目主持艺术交流中，主持人和受众之间也存在"同频共振"的现象，观众有时对某个节目或某句话会产生强烈认同的感觉。

这种共鸣主要表现在以下几个方面：

（1）思维共振

所谓思维共振，是指节目主持过程中，主持人和嘉宾的思维处处呼应、时时合拍，达成共识。怎样才能引起嘉宾的思维共振呢？实践证明，主持人首先做一个积极的思考者，尊重嘉宾，关键是创造双方思维的"同频"条件，熟悉嘉宾的思维状况，知道嘉宾平时都思考些什么问题，思维习惯是什么？思维态度的倾向又是什么？主持人了然于胸，才能和嘉宾的思路合拍，恰到好处地在关键之处拨动他（她）的心弦，从而诱发广播电视受众的思维共振，取得较好的传播效果。

例如，《鲁豫有约·杨钰莹——为爱作交代》节目中，主持人的思维时时和杨钰莹合拍，双方产生了共振，节目进程流畅自然，不乏精彩：

> 鲁豫：你从什么时候开始做那个明星梦？
>
> 杨钰莹：我没有，我从来没有做过明星梦，真的从来没有。

鲁豫从做歌手谈起，气氛缓和些。1990年，杨钰莹在广州发行

---

① [俄]列夫·托尔斯泰：《艺术论》，人民大学出版社1958年版，第149页。

了个人首张演唱专辑，开始走红。1996年底，杨钰莹不顾母亲的反对，悄悄退出歌坛，开始了一段长达三年的鲜为人知的恋情。

鲁豫：那段恋爱的日子你现在可以去回忆吗？比如说这是一段什么样的感情，他是一个什么样的人，这些你现在可以跟我们分享吗？（鲁豫问得非常小心，试探性地）

杨钰莹：其实那个时候的恋爱是非常幸福的很快乐的，没有想到多年以后，我们的感情会因为一些重大的事情而遭受了非常多的、别人不可想象的打击，我觉得特别残忍。但是无论发生什么，它也不能破坏我们当初这段感情的纯真和快乐。后来有一些媒体也曾经说到过关于“远华”的一些事情，我想我跟“远华”所有的联系，应该是因为我在八年前认识了赖文峰，也就是我的第一个男朋友……（赖文峰是原厦门远华集团董事长赖昌星的侄子，曾任香港远华公司总经理）

鲁豫：你们其实也没有结婚，只是在一起比较快乐地过了三年。（摸准了“杨”需要说明的事）

杨钰莹：对对，三年多，那个时候确实想到过婚姻，非常认真的。

鲁豫：后来两个人再见面的时候，哭了。当时是因为……

（两人分手后，重见面又怎样？主持人只问半句）

杨钰莹：我们已经很久不见了，但是确实是分开很久以后，再次见面或者是通话的时候，觉得心里特别悲凉。

鲁豫：因为周围的原因？

杨钰莹：可能这是一个很重要的因素，也有我们本身感情的原因。（鲁豫知道此时已到了“杨”表达感情的高潮，

所以接连追问了好几个问题，杨都一一作了回答）

鲁豫：那种悲凉……发现感情真的是走到了尽头的那种感觉，是很无奈的那种感受？

鲁豫：晚上一个人的时候，你有没有经历过特别难受特别痛苦那样的日子？

鲁豫：其实我也一直在想，杨钰莹来上这个节目，她这一段时间、这一段事情我们是不是应该去说，说到一个什么程度，因为就像一个伤疤一样把它包起来，可能包得很潦草，但毕竟把它包起来了，为把它彻底治好，可能要把它重新撕开，这个过程是挺痛苦的。

（几句话深深地打动了“杨”，也拨动了观众的心）

杨钰莹：我想说出来……（难以启齿的事情此时顺畅地倒了出来）

（2）情感共鸣

所谓情感共鸣，是指节目主持艺术交流过程中，主持人和受众之间的思想、目标、兴趣、体验处于一致性中。优秀主持人总是想方设法与嘉宾和受众达到“情感共鸣”。要求自己进入角色，想对方之所想，爱对方之所爱。然后把对方的思想感情运用富有情感的讲述，扣人心弦的提问，适时地传达给受众，引起受众的共鸣……

情感共鸣的产生，需要主持人与嘉宾之间有相同或大体相近的思想感情和心理经验基础。如鲁迅所说：“是弹琴人么，别人心上也须有弦索，才会出声；是发声器么，那人也须是发声器，才会共鸣。”[①]可见，感情一致是共鸣的主要前提，而主持人的移情体验是最必要的条件。例如，《艺术人生》栏目的主持人朱军采访张海迪

① 《鲁迅全集》第一卷，人民文学出版社1957年版，第423页。

时，就很好地运用了移情体验：

朱军：我每次见到您的时候，我都觉得特别漂亮。

张海迪：我从5岁得病，但始终没有放弃对美丽的追求，我曾经说过越是残疾越要美丽。我追求美丽的心灵，所以在家里也好，或是出门也好，都要把自己打扮得非常整洁、漂亮。整洁、漂亮对一个女性来说，不仅仅是外表的事，它还要有一种心灵的东西。

朱军：听说你决定要来这里做嘉宾的时候，特意给自己买了一件衣服，就是你身上穿的这一件吗？

张海迪：是的，大家觉得好看吗？我特意配了一件开满鲜花的衬衣，五月的鲜花。就在昨天，我拿到自己刚刚出版的一本书，我想它会在5月份跟朋友们见面。5月是鲜花遍地开的时节，在这美好的季节，跟大家在一起，从心里觉得非常非常地高兴。让我们大家的生活都像鲜花一样，永远美丽地开放着。

"越是残疾越要美丽，我追求美丽的心灵"，这是张海迪的情感目标，主持人准确地捕捉到了，并且体验到了这种情感的美好，适时地提问"听说你决定要来这里做嘉宾的时候，特意给自己买了一件衣服"，一下子激起了张海迪的思绪，同时也激起受众对"美丽"的思考。

二、节目主持要调控好"言语信息差"

1. 什么叫"言语信息差"

言语信息差是指在言语表达的流程中，发话人所发出的言语信息与受话人所接收到的言语信息不等值的一种语言现象。这种"不等值”有时会造成误解、误读或误传，还会带来不必要的信息损耗，收不到好的传播效果。

在我们的节目主持中，主持人自己就是“言语把关人”，言语信息就是“被检验的产品”。怎样做到我们说的话与受众接收到的信息“等值”，这是任何一位主持人都必须掌握的技能。令人遗憾的是，在实践中，还是有不少主持人对此不以为然，节目中往往只关心自己应该“说什么”，而对受众“说什么”的心理和话语含义揣摩不够，从而导致种种信息差的产生，严重影响了节目质量。

2. 如何调控“言语信息差”

“言语信息差”的调控可以从以下几个方面进行：

（1）从词语选择上进行调控

言语交流中的信息传递主要靠的是词语之间的组合搭配，因而不少信息差的产生均与用词不当有关。节目主持要善于在特定的语境中，根据不同的语体，运用同义手段用心地选择词语。例如：

> 一期节目中，赵忠祥去精神病院同一位女患者（小学教师）交谈。事先准备的问话是：你什么时候得的精神病？到了现场，他临时改为：“你在医院住多久了？”并和蔼、委婉地说，“住院前觉得怎么不好？”没想到这位患者说道：“最近快出院了，我非常想念我的学生。我真想能快一点治好病，能为孩子贡献我的一份力量。”（话语感人，大出意料，赵忠祥也很兴奋）“你很快就会出院的。今天这段话已经录了像，过几天电视一放，你的学生看到你，一定会非常高兴。”

这个节目播出后，社会反响很好。其关键是赵忠祥在节目中控制了对患者容易伤害的词语表述。

阿拉伯的修辞学家贾希兹在《修辞与阐释》中说："不同谈话用不同词汇，不同内容用不同名称，该荒诞则荒诞，该铺叙则铺叙。"[①]这对我们应该是有启发的。如果我们误选了词语，还可以更改，进行必要的调控。例如：

听众："我是一个大龄青年，好不容易交了一个女朋友。可是，她不仅支配我的空余时间，还想支配我的金钱。你说该怎么办……"

主持人："这个姑娘也太霸道了！……"

在接到听众倾诉电话后，主持人产生某种情感上的共鸣，这原本是一件很自然的事情。作为节目主持人，其责任不仅是回答听众提出的某些问题，还同时肩负着引导的责任，而不是"火上浇油"。主持人此时如果意识到自己已经说了不该说的话，正确的做法是立即补充发出新信息，以减弱刚才误发信息所造成的影响。可以补充说："哦，刚才我的意思是，你那位女朋友应该……"在言语上作一番这样调控后，至少可以降低不必要的麻烦。

（2）从语调变化上进行调控

关于语调，目前学界有宏观学派和微观学派之分。宏观学派以广义语调为研究对象，认为语调不仅跟句子的音高变化有关，而且与语句的节奏、重音也有密切的关系，所以必然联系句型、句子的交际功能来研究语调。微观学派则以狭义语调为研究对象，狭义的语调专指句子的音高变化，包括调高、调移、调幅的变化。

我们这儿所说的语调，专指狭义语调。实际上，在节目主持过程中，主持人语调上的任何起伏变化，都会影响到观、听众对言语

① 《东方文论选》，四川人民出版社1996年版，第470页。

信息的感知与理解。所以有人说：改变了语调，就改变了你的意思。同是一句“你把书还给我”，用不同的语调来表达，意思就完全不一样，因为生活中的每一句话都带有行动，都是以内在的根据（目的）所赋予的情感（态度）为依据而采用不同的“语言动作”来表达的。例如：

（内容）	（调型）	（语言动作）
你把书还给我！	↗（升调）	请求
你—把—书—还—给—我。	—（平调）	威胁
你把书还给我！	↘（降调）	命令
你把书还给我。	~~~~（曲调）	发嗲

升调上升，一般用来表示疑问、号召、鼓励、意思未完等思想感情；降调下降，表示陈述、肯定、感叹、情绪稳定等思想感情；平调表踌躇、沉吟、冷淡等思索之中的思想情感；曲调表示惊讶、意外、夸张等特殊的思想感情。

与语词信息所产生的效应相比，语调所传递的信息有着更为直接的现实性，受众可以即刻感知发话人的态度，并把这种态度理解为发话人的真实意图所在。从一定语调中体现出来的往往是一种附加的意义。而这种附加性信息与特定的话语所承载的信息之间，应该是一种有机的结合，然而情况有时却并非如此。在实际的言语交流中，交流双方对彼此说话时所用的语调十分在意，有时甚至会比较敏感，当然这种敏感性因人、因彼此关系的远近而有着程度上的差异。

在节目主持中，不少信息差的产生均来自语调上的误用。因此，主持人的语调选择应以特定受众的心理效应为出发点。在信息发出的过程中，应随时准备根据有关的回馈信息对自己的语调加以修正。请看以下语例：

主持人："你没有这个勇气给她打电话？（↘）那么好吧，（↘）你把你女朋友的电话号码告诉我，（↘）我来给她打电话，（↘）让她打电话给你。（↘）"

听众："那太谢谢你了。（↘）（停顿）不（↘），这个电话还是我自己来打，（↘）而且现在就打。"（↘）

以上这段做过调型标记的对话中，主持人的第一句话用的是升调，蕴涵着鼓励——听众的女友即将飞赴大洋彼岸，而他却没有勇气倾诉自己的爱慕之情，只能借助电话向主持人诉说苦闷。主持人在"那么好吧"之后，所用的语调均为降调，表示主持人对听众的关心和体贴。而听众所用的语调也均为降调：第一句是对主持人的关心表示感谢，稍作停顿后，表现出了一个男子汉应有的勇气："不，这个电话还是我自己来打，而且现在就打。"

为进一步说明正确选用语调的重要性，我们不妨对此语例发话人所用的语调调型稍加改变，看看受话人一方在理解上会发生怎样的变化：

主持人："你没有这个勇气给她打电话？（~~~~）那么好吧，（↘）你把你女朋友的电话号码告诉我，（↘）我来给她打电话，（↘）让她打电话给你。"（—）

听众："那太谢谢你了！（~~~~）不（↗），这个电话还是我自己来打（~~~~），而且现在就打。"（↘）

在这段改变过的调型对话中，主持人的第一句话用的是曲调，表示的不过是一种惊讶的情感，并无任何的恶意，然而这一语调却很有可能在听众一方产生如下的信息差：

①她（主持人）在嘲笑我，在笑话我不敢给我的女友打电话！

②我好不容易才拨通了“情感专线”，主持人也太没有人情味了。

③她（主持人）算老几？！说话怎么这个味道！！

…………

正是由于上述的信息差之故，受话人回馈话语的语调上也相应发生了变化，前三句的降调分别变为曲调、升调和曲调，其不满之情清晰可见，最后一句仍用降调，其目的是示威。

（3）从语用角度对信息差做出预测

节目主持中，从语用角度的预测信息差有以下两个特点：①可供预测的角度多。②可资借鉴的参数多，预测者尽可能多考虑涉及的有关参数，并择其最相关者作为预测时的主要依据。由于语用角度预测所具有的这种多角度、多参数的特点，因此，发话人首先应该注意从主观上排除自身因素的干扰，以求能够较为客观地做出某种预测。否则，就会影响节目正常进行。请看下例：

主持人：作为一个演员，一生演过一个角色即使再成功，也不能算成功吧。

男老艺术家：（果断地）不！我认为一个演员一生只要演成功一个角色就是成功。

主持人：（同情、怜悯地）这些年，你一个人生活太孤独了。

男老艺术家：（不以为然地）不！我一个人生活得很好，一点都没有感到孤独。

主持人：（对大伙狐疑地）我们相信吗？

（老艺术家拂袖而走）

上例中看到，主持人没有排除自身因素的干扰，做出了不够客观乃至失败的预测。交流双方因特定语境因素的影响而在理解上产生了信息差。当然，主持人可以从其他角度做出预测：如果主持人在第一句问话后面用上委婉、体贴的“对吧”，恐怕节目会成功些；如果主持人在第二句问话中加入“觉得”、“是不是”之类的预测：“这些年，你觉得一个人生活是不是孤独了些？”恐怕节目会更成功些。因此，供主持人预测的角度很多，就看你如何进行调控了。

三、节目主持要善于“留白”

我国传统艺术讲究“计白当黑”，这种审美特征几乎贯彻各种审美领域，是许多艺术门类营造“意境”的重要手段。中国传统画技“遗形似而尚骨气”（略于形式重内涵），一个大画面，只画一个茶壶和一个茶杯，画面题字却是“陆羽高风”（可是不见陆羽其人），如果只画一个酒壶、一个酒杯，便可题“陶潜逸兴”（不画陶潜）。一个画面，只画两三尾虾，配以几根水草，足以显现“虾在水中游”；一轮圆月晕上几丝淡云，就能感到“月在云中走”。画面留了白，意与神就大有奔驰的余地和想象的空间。中国园林讲究曲径通幽，遮掩错落。中国戏曲尚“化工”而弃“画工”，舞台布置，演员动作以虚拟为主，一根马鞭挥舞似骏马狂奔，一支木桨划动，犹为小舟缓行……这种审美习惯，让人感觉“韵外之致”的含蓄之美。

任何艺术在本质上都是相通的，“留白”也同样是主持节目过程中的一个重要艺术手段。“留白”是处理作品疏与密、实与虚、张与弛的一种技巧，绝不是随心所欲的“沉默”，而是按照节目的整体构思需要而做的匠心独运。目的是在看似不经意的地方给受众营造一种氛围、一种思考，以调动受众的想象力去丰富它、建构它、完善它。

例如，新闻类节目中的“留白”，要特别注意说话不能“满”，因为不是执法部门，尽量展示过程，而不仅仅留下结论。有些问题要让观众根据自己的生活体验、审美情趣去思考。央视的《焦点访谈》节目在揭露某些问题之后，往往不做结论，而是在节目的段落或结束语中采用设问或反问代替观点。例如，“不知道这些生产假冒伪劣产品的人，有没有想过如果有一天自己也被其他的假冒伪劣产品坑害时会有怎样的感受？”“难道经营煤矿的人不知道会有这样的结局吗？”这样的句式留了白，既给受众以思索的空间，又给那些做坑蒙拐骗商以良心上的谴责，产生一种无形的威慑力。

娱乐类节目也可留有“空白”。如果有收看《娱乐串串SHOW》习惯的人，不妨回忆一下，在节目里，你能看到主持人所罗列的对某一事件的各种不同的猜想或者推测或者解释，却从未有确定的结论，这就吊足了观众的“期待视野”。

谈话类节目中更可以“留白”。2005年5月7日《半边天》节目中，张越和嘉宾谈“百年电影中的爱情”，谈完《孔雀》时，张越说道：“我们许多普普通通的女人，都有过女主人公这样的浪漫情怀，有的一辈子都不为人知。好在还有电影，电影让我们找寻自己的梦。人生如果没有梦，还有什么活下去的理由？”我想，这样动情又动心的话，将会触动多少女观众柔软的心，将会掀起多少人情感的震荡？说不定还会改变某些人的行程。

现在有不少主持人认为“主持主持”就是要在节目中多说话，就是要在规定的时段中用语言去填充，且填得越多越好。似乎只有这样才能对得起受众，才能树立主持人的形象。殊不知，话并非多多益善，有些时候需要的是少而精的三言两语，点到为止。在需要激发受众的潜意识和想象空间时，在一定程度上带有潜移默化的规定性和指向性，以完成媒体特有的服务受众、提升受众的历史使命。因此，从某种角度理解，“留白”似乎是善意的“陷阱”、“请君入瓮”，而这恰恰是艺术欣赏和媒体社会导向功能的需要。

大而言之，主持人创作是否“留白”，实际上也是一个“受众观”的问题。20世纪60年代崛起的接受美学在文学研究中引出了第四种要素——读者（引申到广播电视中亦即“受众”），并且认为读者是文学活动中最重要的决定性环节。作家完成的文本还只是一堆印刷符号，它是一个多层面的未完成的图式结构，有着不确定性，是一块等待读者烧冶的“毛坯”，是一个充满空洞等待读者去填充的“灯笼架”。文本意义的实现必须靠读者读过它而具体化，通过读者自己的感觉和经验去填充文本描写的空白处，以把作品的结构组织起来，从而使文本的不确定性得以消除。用接受美学代表人物伊瑟尔话说：“作品本身显然既不等于文本，也不能等同于具体化，而必定处于两者之间的某个地方”，“作品的意义只有在阅读过程中才能产生，它是作品和读者相互作用的产物。”[①]

为此，我们也可以这样说，广播电视节目中的“不确定性”与“空白”，就是赋予受众参与节目意义构成的权利。

不过接受美学也强调了作品和读者审美经验之间的“美学距离”。为什么要有适当的距离，读者才能顺利接受作品呢？这就涉及接受美学中一个极其重要的概念“期待视野”了。

“期待视野”并不是接受美学新创的概念，在科学哲学和社会学中早已使用这个概念，来指科学研究中人们以已有的经验提出的对研究的期望。接受美学家姚斯借用这个概念，来说明读者阅读文学作品时主体性对文本的渗透和限定。只有读者的期待视野与作品相融合，即所谓“视野融合”，读者才谈得上接受和理解作品。作家在创作文本时，应当考虑读者的理解和接受水平，在文本中适当增加未定性和空白度，以提高读者的理解和想象水平。“期待视野”类似于皮亚杰所说的“图式”，它是在接受者阅读文学作品，接触各

---

① [德]H.R.姚斯、[美]R.C.霍拉勃：《接受美尔与接受理论》，周宁、金元浦译，辽宁人民出版社1987年版，第5页。

种文本类型的过程中，借助“同化”与“顺应”的交替运动而不断得到提升。人们的阅读过程往往是这样：一种文本类型会唤醒以往的阅读记忆，将读者带入特定的接受态度和阅读情境之中，从而唤起对作品的过程和结局的期待，这种期待或是因文本类型与期待的相符而继续保持下来，或是因文本类型与期待的不符而被修正、被改变、被重新定向。阅读一个具体作品，是在文本召唤结构和读者期待视野的互动中完成的。

人类的文学创作和一切艺术欣赏活动，同样都是在召唤结构和期待视野的互动中发展的。主持人节目和节目主持人的艺术创作亦应如此。

懂得“留白”艺术需要中国传统文化修养，特别需要有一定的文学修养。当今影视艺术评论家仲呈祥先生在他的自选集中曾有过这样一段话：“可以说，我是一个文学、电影和电视艺术都懂一点的杂家，而非真正意义上的专家。但我从实践中深知：欲通艺术学，文学是基础。离开了宏阔的人文背景的滋养和主体健全审美神经的锻造，弄艺术是难成气候的。”①“杂家”是自谦，这段话却有很深的含义，留给我们主持人在主持艺术的天地中去品味。

是的，节目主持人有了宏阔的人文素养，语言表达也相应会得心应手了，同时，也能深领“空白”之美妙了。

第四节 节目主持人的语言素养

语言素养是语言知识、语言能力、语言魅力的总和，其“灵魂”

① 仲呈祥：《艺苑问道》，北京广播学院出版社2004年版，封底。

是“语感”。说起语感，有人觉得很神秘，有则有，无则无，深则深，浅则浅，似乎有些禅意，如人饮水，冷暖自知。其实，世间任何事物都有内在规律可循。语感包括两个层面：语言的理解力和言语的生成能力，即组织语言的能力。早期的“语感说”，只是界定在言语主体对语言的理解层面。例如，有人说：“语感是人们对语言文字正确、灵敏、丰富的感受力。”实际上，人们在感觉、感受、感知言语作品时，“思维并未侧身其间”，而是“天马行空”，纵横恣肆，直接参与了言语生成运动的创造。

为此，“语感是个体的人与言语世界的直接联系，它表现为对作用于他的言语作品的内在反应能力，即听和看（读）的能力，也表现为因表达个人情感的需要或适应社会交际需要感觉层面生成言语作品的能力，即说和写的能力”。[①]如果用通俗的话来说，语感的本质就是“一读就懂，一听就清，一说就顺，一写就通”，且“听得真、懂得深、说得好、写得美”。语感与乐感一样，有先天的要素，更多的是后天的培养。马克思早就说过“感觉是知识之母”，人不仅在思维中实现自我，也在感觉世界中实现自我。

语感既然客观存在，我们就应该研究语感在后天获得的途径。正如钱学森说过的“教育科学中最困难的问题，也最核心的问题是人的知识和应用知识的能力是怎样获得的，有什么规律”。我想，朗读、朗诵是主持人语感获得的必经之路。这是因为：

一、朗读、朗诵是培养主持人口语表现力的一座最好的桥梁

从理论上说，我们平常“说”的物质材料——词汇、句式，获得

① 王尚文：《语感论》，上海教育出版社2001年版，第3页。

方式虽然很多，但归纳起来不外乎两条渠道：一是靠直接地从日常生活中“习得”，一是靠间接地从书本中“习得”。语言的“习得”和“学得”是有区别的：“习得”是一种无意识的自然学习；“学得”则是有意识的规范学习。语言学家把无明确目标的、在自然的语言环境里通过言语交际活动不知不觉掌握语言的过程，称为“语言习得”。需要说的是，这一过程可以伴随一个人的终身。不少人不识字，但可以道“三国”，说“水浒”，有很强的口语表达能力。你问他究竟如何学会的，他可能自己也说不清，但他肯定经历了一个模仿、实践的“习得”过程。两者的学习目的和学习方法有些不同：前者的学习目的是自己生活交际的需要，学习的方法靠言语交际活动中的自然模仿；后者的学习目的明确，是为了汲取语言知识和增强语言能力，学习方法主要是通过大量的练习，也包括一定的模仿。但从个体语言形成情况来看，两者之间是不能截然分割的，它们是遵循着“习得——学得——习得”循环往复的圆形轨道运行的，因而它们之间的关系也就是相互促进、相互融通的关系。一个人语言运用能力（包括口语、书面语）形成的过程中，仅靠“习得”只是学习的初级阶段，充其量只是凭聪明或悟性有些表达能力而已。要从语言这一“自然王国”向“自由王国”迈进，形成较好的口语、书面语能力，则必须经历语言学家认为的有目标、有步骤的“学得”过程，这是一个以知识促能力，从感性到理性质的飞跃，也是个体语言表达能力飞速增长的时期。

我们有目的的练习朗读和朗诵，就是一种“学得”。朗读的作品都是典范的文字作品。为此，朗读、朗诵的过程，就是广泛汲取名家高手言语表达精华的过程。那些准确的词语、精湛的句式、妥帖的修辞，总在潜移默化地充填着朗读者的知识宝库，让我们“说”时

“顺口溜出”，显得“肚里有货”，因而经常朗读或会朗诵的人，说起话来，诸如重复、啰唆、词不达意、任意添补等毛病就比一般人要少得多。另外，朗读又赋予书面语没有的声音色彩，诸如轻重缓急、抑扬顿挫。在这样不断的练习中，我们口语表达的声音会变得富有磁力和感染力。

二、朗读是把诉诸视觉的文字语言转换为诉诸听觉的有声语言的创造活动

从朗读学的本体论来看，朗读是有声语言的艺术，是把诉诸视觉的文字语言转换为诉诸听觉的有声语言的创造活动，是一个“再现”“加工”的过程，是一个由“平板的”变成“立体的”、“枯干的”变成“丰茂的”、“黑白的”变成“色彩绚烂的”过程。这一过程就是让文章“复生”，赋予文章生命力的创造过程。这是一个必须植根于朗读者对作品的理解之上，用语音塑造形象，传达作品思想感情的再创造。“凡音者产乎人心者也，感于心则荡于音，音成于外而化于内。”（《吕氏春秋·音初》）这个“成于外而化于内”的运动，就是用前面所讲到的用接受美学的观点来解释，就是朗读的作品只是一个文本，具有开放的“召唤结构”，召唤读者运用自己已有的知识、经验，通过思考体验以后，再用声音把它创造出来。由此看来，朗读、朗诵是培养语感的极好途径。

三、朗读是一个多重思维、多重感觉不断叠加的动态运动过程

从朗读过程来看，朗读是一个多重思维、多重感觉不断叠加的动态运动过程。图示如下：

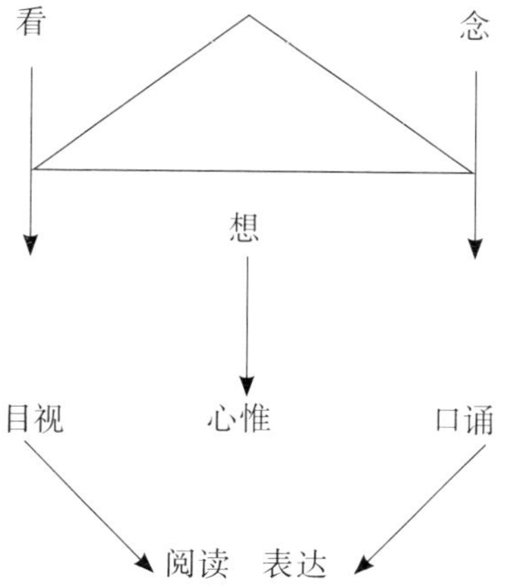

“目视”的过程是识字，划分语组，组织语意的过程；“心惟”的过程是要把上一阶段感知到的符号转换成画面并映入眼帘，这一过程是抽象思维（逻辑）、形象思维（直感）交叉互动的过程；“口诵”是要借助画面来读，并要读出语音、语势和语调来。由此看来，朗读的过程是一个全方位的感悟自得、灵感思维（顿悟）参与其中的过程，是一个人“入乎耳，箸乎心，布乎四体，形乎动静”（《劝学篇》），形成语感的过程。

由上可见，既然朗读、朗诵是获得语感的必经之路，我们做节目主持的人必须加大力度强化训练。在近几年主持人大赛中,有的人对作品感受不深，“进入”不够，有“外在行为”无“内心感受”，有“腔调”无“思想”。因此，节目主持人要加强文学作品感受能力的培养。但文学作品的感受能力不是一日之功，还须努力参加社会实践，多看、多听、多积累，到用时才能把生活中遇到的人、事，用“情景再现”方法转为自己的“内心视像”运用到主持中来。

近年来我们不少主持人还轻视语言知识、语言基本技能的训练，以自己不是播音主持专业出身而得意，以不会用气发声共鸣控制，更不懂吐字归音而得意。其实这是十分错误的。

加涅的五种学习结果分类法告诉我们，一个人的输入、提取信息的速度和存储信息的能量具有明显的个性差异，这种差异先天形成，一般不受后天教育的影响，人的智力和人格特征是在先天的基础上经后天环境与教育的影响而形成的，而促使个体发生相对持久变化的是认知、态度和动作技能，具体表现为言语信息、智慧技能、认知策略、动作技能、态度五种类型。这五种类型也是学习的五种状态或五个阶段：

（1）言语信息，是信息加工心理学中的陈述性知识，相当于我们所说的语言中的基础知识。它是用来回答世界“是什么”的。陈述性知识一般都是客观静态、记忆性的知识。这种知识为学习者进一步学习指明方向，也是学习迁移的必要条件。

（2）智慧技能，即个体运用概念处理信息和实际问题的能力，可以用信息加工心理学中的程序性知识来解释，相当于我们所说的语言中的基本技能。实际上，一些程序性知识的学习离不开一定的陈述性知识，例如重音停顿。一些陈述性知识在一定条件下又可以转化为程序性知识。

（3）认知策略，是支配个体自身的学习、记忆和思维行为的技能，即我们常说的“如何运用语言的智慧”的技能，可以称为策略性知识，加涅称之为特殊的智慧技能。

（4）动作技能，是在运动规则的支配下，逐渐变得精确和连贯的实际肌体运用，主持中声带的运动及体态语的表达等。

（5）态度，是习得的、影响个体对特定对象做出行为选择的有组织的内部状态或反映的倾向性，包括认知、情感和行为倾向三个方面。其中情感是其核心构成，它影响和规范着一个人的学习和发展方向。

这就启示我们，不管人的语言素养构成是多么的丰富和复杂，它们的基本组织细胞就是这五个方面，且每个语言学习细胞的基本结构都是以语言智慧为核心（细胞核），以语言信息为基础（细胞质），以动作技能和工作态度为动力和方向（细胞器）的固定模式。由此可见，主持中缺少了基本知识、基本技能，也谈不上语言的魅力，更谈不上有语言素养。换言之，只受过一些专业技能训练，缺乏策略性知识、情感态度、人生阅历涵养的人，上手会快些，但后劲却不足。这是因为知识、技能是显性的目标，在主持过程中表现为外显的行为；而情感态度价值观是隐含于这一显性目标的实施过程中，渗透融合于知识掌握、能力建构的各个环节中，表现为个人的感悟、情感的浸染、品味才识等特征，是隐性目标，具有内隐性。所以，主持人语言素养必须经过多方面有意识的锻炼。

目前，由于我们主持人的语言素养理论不够，自我创新阈值也就低，就会偏向注重经验操作层面上的东西。问题是操作性的东西归根到底还得由观念和方法论来决定的。总在经验操作层面盘旋，犹如一个人总在山脚下行走，所有的劳作只是一个平移的往复运动。所以，我们必须扩大视野，去掉低层次的遮蔽。

新一轮的节目主持竞争胜利者，必将属于那些有着独立人格、自由思想、较高语言素养的人。

第六章　节目主持中无声语言的表达艺术

本章要点：电视节目主持艺术是个视听艺术，不仅要注意有声语言的表达，也要注意无声语言的正确表达。无声语言在特定的栏目中具有特定的含义，表达特定的情感。主持人必须通过有声语言和无声语言的巧妙配搭，才能有效地提高传播效果。节目主持的无声语言表达主要包括三方面的内容：体态语的表达艺术、服饰语的表达艺术以及主持人的化妆艺术。

第一节　节目主持的无声语言简说

人们用于交际的语言，可以分为语言与非语言两大体系，而且人们交际时很大程度都借助于非语言交际。这种非语言体系，也叫无声语言。美国人类学家、宾夕法尼亚大学的伯德惠斯特尔（Birdwhistell）曾对人与人交际中有声语言行为和无声语言行为作了一个量的估计，认为有声语言交际最多只占整个交际行为的30%左右。萨莫瓦（Samovar）则更为肯定地说："绝大多数研究专家认为，在面对面交际中，信息的社交内容只有35%左右是有声语言行为，其他都是通过非语言行为即无声语言传递的。”[①]

在许多传播学者看来，人际传播中无意流露出的行为提示，比有意发出的语言符号更值得注意，一个人的体态语大都来自下意识，因此很难抑制。主持人节目不是纯粹的人际传播，因而节目主持中的无声语言表达也就没有上述那样的比重。但电视传播途径主要是视觉传播和听觉传播，其节目主持人的动作姿态、行为举止、音容笑貌、化妆造型、服装配饰等无声语言毕竟是视觉捕捉的主要内容。这种无声语言在特定的栏目中具有特定的含义，表达特定的情感，主持人必须通过有声语言和无声语言的巧妙配搭，并化为自身的技能素质，才能有效地提高传播效果。当然，在节目主持过程中，无声语言仅仅是辅助工具，是“绿叶”，而不是“红花”。

另外，我们谈论节目主持的无声语言表达，还包括主持人能运用这些知识洞察嘉宾、现场观众，从而更好地待人接物。节目主持就是一门研究“人”与人“沟通”的艺术，这是学科的本质属性。有些主持人总认为要达到相互沟通，一个重要的前提是了解对方的心理动态，有些人则以为只要通过语言交谈就能够彼此了解，这种想法未免太乐观。节目现场，有些人会因种种原因有意隐瞒真相或撒谎。因此，我们可以通过对方的姿势动作和神态表情来看其性格特征或对话题是否感兴趣，以便调整话语，展开更好的交流。例如，嘉宾解开外衣纽扣，讲话时，双手的手掌常朝上摊开，最起码说明他性格较开朗，是有合作配合的好意。相反，如遇一位嘉宾始终交叉双臂，面孔表情变化不大，这恐怕不是个愿意袒露心扉的人，主持人就要设法找寻对方的闪光点、双方的共同点以及对方的兴趣点，才能取得较好的沟通效果。

节目主持的无声语言表达主要包括三方面的内容：体态语的表

① SamovarL, et al. *Understanding Intercultural Communication* [M]. Belmont: Wadsworth, 1981, p192.

达艺术、服饰语的表达艺术以及主持人的化妆艺术。

第二节　节目主持的体态语表达

节目主持人是公众人物，因而必须也应该养成体态优雅的好习惯。之所以称之为“习惯”，是因为优雅体态的形成绝非一日之功，它是长期有意识冶炼的结果。而一旦形成，便于举手投足间让主持人更具魅力。

一、什么叫作体态语

体态语又叫态势语、体姿语或行为语言。体态语最早是由伯德惠斯特尔在《体语学导论》（*Introduction to Kinesics*）一书中提出的，它指人们在实际生活中有意或无意使用的姿势和动作。体态语大体上由身姿语言、手势语言和面部表情三部分构成。这儿所说的体态语首先要和“体形”、“体态”区分开来。所谓体形，是指身体的自然形状，也有人将它称作“静态形体”，即人体处于静态时的形态状况。它包括身体外形、肢体围度、脂肪百分比以及身高、体重等诸多要素。所谓“体态”，指的是人们站立、行走、坐卧、举止的身体姿势状态，也有人将它称作“动态形体”。一个人的体形好，不一定体态就美，一个体态优美的人也可能他的体形并不好。“体形”带有许多先天因素，“体态”却是后天可以培养的，正确优美的体态，不仅是健康所需，也能体现一个人的良好品性修养。

我们这儿所论的节目主持人的“体态语”，它不同于一般日常生活的动作、表情，它意味着这些动作表情是具有意义的，是一种重要的交际符号。我们节目主持人不仅要注意保持自己的体形，也要注意自己的体态，更要注意自己体态语言的正确表达。

二、体态语的功用

1. 准确地传情达意，提高传播效果

每一个体态语都有一定的词汇含义和表意功能，并具有鲜明的区域和文化特征。如，用拇指和食指构成一个圆圈，在美国表示一切都顺利，在日本表示谈论金钱，在法国是指某个没有价值的东西，而在希腊则认为这是个猥亵的动作。将手掌平放在脖子下面，在中国文化中有杀头的意思，但在英语国家中表示吃饱的意思。

每一种姿势在特定的地域和文化中也都传递着一定信息，反映出交谈双方的地位、等级以及关系亲密程度。在西方，站立者通常在职位、年龄或地位上长于坐者，交谈中扮演主导角色。可在中国，情况正好相反：一般而言，晚辈或地位较低者以站为礼，倾听意见；长辈或地位较高者则常坐着，处于支配地位。

我们现在大部分的谈话节目，主持人和嘉宾都采用坐着的姿势，表达的是一种平等的交流，也避免了中外体态语方面的差异而带来的误读。而有的节目主持人是采用站姿和坐着的嘉宾交流的，这就比较别扭。

体态语的表达不仅要考虑文化差异，还要注意在不同的语境中，使用好不同的体态语言，否则会影响传播效果，甚而影响主持人的形象。例如，有一次中央电视台新闻节目主持人鲁健在报道甘肃地震时，看到担任嘉宾的国内地震局专家穿的抗震救灾服的颜色和国际救援队的颜色不一样，就笑了几下说“你穿的很特别”。没想到节目一播出就有人给鲁健打来电话，指责鲁键“地震这么严肃的事情，你还笑得出来”。这件事给鲁健很深的感触，以致后来他在多次接受记者采访时说：“主持人的姿态、表情就是他的无声语言，应该与他新闻话题的整体基调保持一致。”

2. 改善气质，传达美感

有人说，“谁上了电视，谁就被放大”。确实，在荧屏上，一些本不显眼的细节，如驼背、肩膀歪斜，双腿重心不均衡，含胸探颈等就会袒露无遗，从而影响节目主持人的形象和节目质量。因此，节目主持人要有意识地修炼自己的体态语。一般来说，无声语言中的服饰、化妆可以通过他人造型完成，而体态语必须由自己强制性地学习养成，并且还可以进行精心包装打造。例如，凤凰卫视当家花旦吴小莉的成名，固然有其自身的素质和努力，但也是现代传媒精心包装的结果。据她自己说，她先后换过五个造型顾问，每一个手势、行走、站立的姿势都是精心设计的。再如，王小丫在《开心辞典》活力四射，形象很好，出镜时跑着上场就是伊英心悦（EVE NY）集团公司的CEO和首席创意师沈宏建议的。王小丫在《开心辞典》中常借助形象的手势来解释答案，传达其特有的气质，而这些手势又成了她个人的标识，如在讲解海水结的冰晶为什么是淡的时，她一边说一边做着手势：“其实答案是这样的，就是说海水结了冰分成三个部分”，双手伸开并拢，再分开握住，然后伸出左手三个手指头。当她说道：“开了一个好头，请听题。”她又握住右手，接着张开伸向前方。这些手势不但让选手清楚答案，而且鼓舞士气，同时还能表现出王小丫干练的个性风格。

三、体态语的运用

1. 身姿语

身姿语由“坐姿”和“站姿”两部分构成。

（1）坐姿

坐姿是节目主持人运用最多的一种姿势，坐姿依据身体姿态、椅子类型和镜头方向又可分成正坐、靠坐和侧坐三种类型。

正坐，这是节目主持中最常见的坐姿。这种姿势不用靠背做支持，上身保持端正姿态，两手可在桌面上拿起稿件，也可平放桌上支持身体。正坐常用在以面部特写为主的节目中，新闻播报常采用这种姿势。正坐时上身挺直，容易造成身体的僵持，适当地前倾，可给人亲切感。央视四台的卢琛、王端端均采用这种前倾的姿态，很有亲和力。前倾时还可稍有手势变化，这样可以丰富语言的表现力。

靠坐，这种坐姿常在具有多台摄像机的大型演播室里进行，可使用靠背椅或沙发做坐具。主持时可不断变换身体姿态，镜头画面也很灵活，正面、侧面、全身、半身、面部可不断变换。这种坐姿需要主持人十分留心"细节"，一般采用双腿并拢或跷腿而坐。例如，新版的《鲁豫有约》，主持人和嘉宾就坐在演播厅正中的长沙发上，鲁豫基本上采用跷腿而坐的姿势。椅子如有扶手，两侧手臂可以自然放在扶手上；椅子没有扶手，双手应自然放在腿上，可以双手相握，也可以双手交叠，两手要形成交流，不要各放一边。

侧坐，也是一种常见坐姿。侧坐时下身与上身方向不一致，通常有45度的角度偏差。节目主持中有时要面对观众，有时又要面对现场来宾或采访者，可采用这种坐姿，因为这种姿势便于变换对话方向。

主持人的坐姿必须注意以下五点细节：

①女主持人切忌两个膝盖分开，两脚呈八字形，这种坐法不雅观。

②坐时不要两脚尖朝内，脚跟朝外，这种坐法俗不可耐。

③两腿交叠而坐时，悬空的脚尖应向下，不要朝天，也不能朝向交谈者，更不能上下抖动，这些姿势对人极不礼貌。

④与人交谈时，往椅背上靠不礼貌。正面对坐久了会产生压迫感，可稍偏斜，人感到疲劳时，可变换坐姿。这样才不呆板。

⑤女性如着裙装入座时，要用手把裙子向前拢一下。起立时，右脚先向后收半步，站起后，向前走一步再转身。

（2）站姿

采用站姿主持，可大幅度调配身体，出入画面。节目主持人站姿的基本原则为挺、直、活。

所谓“挺”，是指在站立时身体各主要部位要尽量舒展、放松。头正、肩平、胸挺，背部不驼，髋膝不弯，给人以挺拔、昂仰之感。

所谓“直”，就是在站立时脊柱这根中枢轴要尽量和地面保持垂直。脊椎垂直轴称为“主轴”，在两耳之间连一横线，此为头轴；在两肩之间连一横线此为肩轴；在两髋之间连一横线，此为髋轴。头轴、肩轴、髋轴统称“三轴”，另外三轴和主轴相交成为一个整体。三轴完全平行，姿态最端庄挺拔。因此，人在站立时，要微收下颌，微挺前胸，收腹挺腰，才能显出精神。

所谓“活”，指的是上述两点做法有时往往让人觉得僵板，所以要有控制地打破完全对称的形体格局，打破三轴完全平行的状态，使立姿不失变化。在我国传统的戏曲艺术中，很讲究形体的身韵变化，有所谓“子午相”的要求，即人物亮相时，要求头、胸、腹不完全在一个平面上，往往是头朝舞台的旁侧，身体却在舞台的正面。另外，还有藏三露七（或藏二露八）的说法，即头朝前面，胸肩微侧，这都是为了打破三轴平行、平板一块似的呆板立姿。主持人出镜形体应该在“挺”、“直”的基础上，做到灵活自然。我们看到，现今的主持界往往受过形体训练的演员身姿比未受过训练的人更灵活自然。

主持人的站姿必须要注意以下几个问题：

①无论如何调整，身体始终要保持整体向上的挺拔感，重点在腰，所以，站立时腰部保持直立最重要。

②调整站姿时，身体要保持肌肉有对抗力量，也就是有控制的感觉。如果身体重心落在左脚上，不能整个身体重量都“落”在左边，在左腿有往上顶的力量的同时，右腿也应有随时成为主力腿的

准备；如果手臂向上扬起或向外伸出，也不能只有向上、向外的力量，同时还应有向下、向内拉回的力量感，这就是有抗拮、有控制。

③双肩可一前一后有所变化，但不能一高一低（手臂有所动作除外），两肩应尽可能保持与地面的水平。

④女性站立时，一种是双脚呈“V”字形，膝和脚后跟要靠紧，两脚张开的距离约为两拳；另一种是把双脚并拢，或是把重心放在一脚上，另一脚超过前脚斜立而略为弯曲，这种站姿也很自然优美。不管采用哪一种站姿，上半身一定要保持挺直，下巴要往内收，肩膀要平，腹部要收，臀部不能翘起。

⑤节目主持人在摄像机前工作，拍摄机位的不同带来了拍摄角度的变化，也带来了画面成像效果和成像特点的不同，并直接或间接地影响着主持人的形体表现。因此，主持人要对机位有了解。机位有三个元素：拍摄方向、拍摄高度和拍摄距离（即景别）。主持人应有意识地配合摄像机进行形体位置调度，以取得适宜的效果。

2. 手势语

手是人的第二张脸，手势语能流露出重要的信息。例如，双手紧绞表示紧张，双手指头相合（宝塔形）表示自信，搓手有所期待等等。同时，手势在身体不同区域活动，往往表达不同的意思。从整个手势的活动范围来看，可分为三个区域：

上区（肩部以上），手势在这一区域活动，多表示理想宏大张扬的内容和情感。

中区（肩部至腹部），手势在这一区域活动，多表示记叙事物。

下区（腹部以下），手势在这一区域活动多表示憎恶、不悦、蔑视和厌弃的内容和情感。

节目主持人手势语的运用多在中区活动，应该符合“适度”、“需要”和“美”的原则。

所谓“适度”原则，指的是手势忌多、忌杂、忌乱。有些主持人手势太多，像蝴蝶飞舞，又像车轮旋转，让人很不舒服。记得有则故事，讲的是一家大公司的总裁十分中意自己秘书的工作能力，但这位秘书的坏毛病就是手势太多，为此，总裁想出了一个办法，在这位秘书的袖口处用彩带绑了一个蝴蝶结，动作幅度小时基本看不到；如果动作多而大时，这个蝴蝶结就会露出来。久而久之，秘书就渐渐地改掉了这个坏毛病。因而我们也不妨借鉴一下这个经验，如平时手势过多，节目主持中可拿个小物件做道具，像《超级访问》中，李静手拿彩色毛毛球，既可制止手势乱飞，又美化了画面，实在是一举两得。据有关资料显示，人类的手势可以有近500种。目前，我们节目主持人的手势动作过于单一，有待我们进一步挖掘。

所谓“需要”原则，指的是根据内容需要设计动作。老艺人张德成曾说过：“凡出一指必有所指，凡出一脚必有所因，手莫乱动，脚莫乱行。”这是很有见地的。

所谓“美”的原则，指的是运用手势时必须与眼神、表情和姿势密切配合，形成整体美。例如“专访”时，双方的眼神能够方便地对视，应尽量多用开放的手势，少用双臂抱在胸前或两手在胸前合拢握拳等封闭性姿势。打手势时，多让对方看见你的手心而不是手背，这样效果通常较好一些。另外，“话没出口，先别出指”，手势打出，恰好落到表达的词语上，才能协调有声语言的表达，也才能有美感。

3. 表情语

表情语主要包括微笑、目光语、伴随语和体距处理，我们这儿主要讲“目光语”和“伴随语”的正确表达，这种表达和整个人的面部表情是融为一体的，单列出来只是为了表述的方便。法国雕塑家罗丹说过：“只要注意一个人的脸就能了解一个人的灵魂。”观众看节目，是要“读”主持人的“脸”的。英语中有to read one’s face（去

“读”他人的脸）的说法。为此，节目主持中要关注面部表情的正确表达。

（1）目光语

所谓“目光语”，指眼睛所传递的内心感情和信息。孟子在《离娄》中说：“存乎人者，莫良玉眸子，眸子不能掩其恶。胸中正，则眸子眼瞭焉；胸中不正，则眸子眊焉，听其言也，观其眸子，人焉瘦哉？”人的眼神变化是非常细微丰富的，不同的眼神可以传达出不同的意思。

在人们相互交谈过程中，两个人的目光相互接触的时间如达到交谈总时间的50%～70%，就可以形成比较融洽的感情交谈，建立起和睦友好的关系。鉴于此，主持人应该学会用目光传递信息，表达情感。电视里经常出现特写镜头就是为了突出人物的面部表情，以衬托出人物瞬时的心理变化和情绪波动。而眼睛往往是这种特写所展示的主要对象。

现代人体语言将人的凝视分为公事凝视、社交凝视、亲密凝视和侧扫视四类。公事凝视，凝视区域以双眼为底线，上顶角到前额的三角部位，凝视这个部位显得严肃认真；社交凝视，凝视区域以两眼为上线，嘴巴为下顶角，即双眼和嘴之间的三角部位；亲密凝视，凝视部位为对话者的双眼和胸部之间的部位，凝视该区域有一种特殊的亲密感情；侧扫视，是一种用来表示有兴趣、喜欢、轻视或敌意态度的凝视形式。

主持人的目光语表达最终要根据节目的性质和内容而定。例如，新闻评论类节目主持时，基本运用“公事凝视”。同时，眼睛不要只盯镜头中的一点，这样容易有目光僵滞的感觉，而要看镜头中的一线（虚拟的横向线条），这样就有了灵活自然的眼神。用提示器时，主持人很容易眼珠不断地跟着字走，如果头部完全不动，只有眼珠随着提示器的显示从左看到右，在屏幕上相当明显，眼神也显得呆滞。可以采用头部的微小动作跟上眼睛的动作，配合起来看提示器，状态就会自然了。又如做谈话节目时，主持人的眼神要和嘉宾对视和交流。再如，综艺节目主持人出场时，要抬头微笑并对观众行注目礼，并用眼睛环视观众后再开始说话。主持时，要注意与搭档、嘉宾进行适当目光交流，不要旁若无人、自说自话。

（2）伴随语

1952年，美国学者霍尔（Hall）开始使用“伴随语言”这一字眼，1958年，他又提出了“伴随语言学”（Paralinguistics）的概念。后来学者们又区分了“有声的伴随语现象”和“无声的伴随语现象”。从此，伴随语言就被特指伴随言语的一切声学现象。伴随语言亦称副语言（Paralanguage），指的是人们讲话时的音型和功能性发声，属于音型的要素有音质、音幅、音量、语速等等，属于功能性发声则主要包括下述几种形式：笑语、惊讶语、叹气以及习惯性的“啊、嗯、哩、是吗”等附加语。它们和语言符号的传播一样，均能够表达某种意思，或传递某种弦外之音。一般认为，这种副语言属于表情语中的一种。关于“音型”方面的伴随语言应归入有声语言表达艺术范畴。在此，我们仅谈功能性的伴随语在节目主持中的表达艺术。

在谈话类节目或采访中，节目主持人要运用好自己的功能性伴随语言，以便和嘉宾形成互动，更好地完成节目任务。例如，《鲁豫有约》主持人陈鲁豫是以“善于倾听”为杀手锏的。仔细欣赏她的节目，你会发现，她在倾听过程中，伴随嘉宾的讲述，时而掩口笑出声，时而跟着嘉宾叹息，时而跟着嘉宾应和“哦、嗯”，虽然话不多，但受众时时感受到她的存在，嘉宾也觉得主持人能跟随自己的感情上下波动。而我们有些主持人只听嘉宾讲述，而自己少有伴随语言，就显得场上冷落，甚而觉得主持人冷漠。广播节目主持人的伴随语言更加重要，特别是和听众通过电话交流时，更需要不时用上伴随语，以表示你对听众感兴趣。

我们看到，在和英语国家的人交往时，他们常不习惯中国人经常采取沉默的态度。如听报告时只是静静倾听，不爱提问；交谈时，听话人不以明确的声音做出反应。中国人确实重视交谈中沉默的作用，认为沉默有丰富的含义。而这种文化方式却容易遭人误解为“不感兴趣”、“没听懂”或“不屑一顾”。因而我们要重视这一点，在任何情况下都要做出有声反应。例如，美国人在讲话和交谈中重视话轮转接的有声信号，一般有以下几种规矩和技巧：反馈时常用“Uhm,hmm…”或“Uh,huh…”或“Okay.yeah.Well…”向讲话人表明你在认真地听，你已听懂了或没有听懂。

当今，随着国际间合作交流的日益增多，广播电视媒介与国际友人进行交流的节目也越来越多。诸如北京电视台《国际双行线》，东方卫视《21@21》，央视《对话》、《艺术人生》，每每均有国际友人参与。在这样跨文化交际的领域中，我们要特别重视伴随语的表达，以便更好地完善我们的节目。

第三节　节目主持的服饰语表达

“服饰”是指服装和配饰。“服饰”虽不会说话，但它却是一种特殊的无声语言。它的功能不仅仅是舒适，保护遮羞，也有文化展示的功能，具有沟通感情、传递信息的作用。例如，在中国文化中，白衣服是素服，常常用在丧事上；而西方文化中通常用作婚纱，象征纯洁和贞操。中国人穿大红大绿为庆典，英美人则大多以此为随意着装。再如，2005年5月，宋楚瑜一行访问大陆，除其“宋式方言”、“宋式造句”有明显的精心设计，其夫妇的着装也是有其政治技术含量的：宋楚瑜橙色的领带，夫人陈万水橙色的套装携手走下飞机，其政党的标志非常醒目；胡锦涛总书记接见宋楚瑜时，陈万水上身着橙色装，下着苹果绿裙子，暗喻“和平搭桥”。国际上的公众人物没有不在服饰上苦下功夫的。小布什有卡尔罗夫设计政治形象，把德州牛仔打扮成美国总统。竞选前的克林顿，戴着有卡通图片的领带和幼儿园孩子联欢……再理性的思考也要用感情的、个性的形象来传达。所以，美国一位研究服饰的学者说：“一个人在穿着打扮时，就像在填一张调查表，写上自己的姓名、年龄、宗教信仰、职业地位、经济条件、婚姻状况、为人是否可靠、在家的地位以及心理状态等等。”

服饰是身份的标志，由于社会中人与人的交往越来越少，人们之间的了解和判断往往要依靠外表的包装。例如，当代行为艺术家苍鑫曾经做过这样的实验。他拍下一组名为“身份互换”的照片。每一幅照片的主角之一都是固定的作者“我”，而另一个主角则是来自不同社会位置的人：有大学教授、舞厅小姐、作者的母亲、特级厨师、建筑工人……当作者“我”穿上被拍摄者最典型的服饰，而被拍摄者则只穿着最简单的内衣两人并排站立，照片下方赫然标记着照片的标题：“我与大学教授”、“我与舞厅小姐”……面对这组照片人们会感到一种身份的错位。身份的含义在照片中只能是指向某种典型服饰，如教授的西装、厨师的围裙等等。而随着衣服的剥落和调换，人们完全可能混淆了对象的身份。[①]

对节目主持人来说，服饰这一无声语言不仅是个人的第一张名片、栏目的一个定位，甚而是一个城市、一个国家的名片。它同样是大众传播的基本载体之一。了解和掌握服饰语言的特性，有助于获得最佳传播效果。

一、服装语言的表达

1. 服装语言的基本要素

服装以质料、色彩、款式之要求构成一种特殊的造型语言。而

① 王蕾、代小琳：《媒体服饰话语研究》，中央编译出版社2004年版，第1—2页。

在三种基本要素中，色彩又是最重要的。我们都有这样的经验，在尚未经人介绍，但意欲认识一个人时，远远望去，最先看到的是这个人所穿服装的色彩。不仅这样，当我们听到门铃声响起，去打开门的最初一刹那，首先给我们印象的是这个人的服装色彩，接下来才会看到这个人穿着什么款式的服装，再往后才是那个人的容貌、神态等等。所谓“远看色，近看样”就是这个道理。

色彩有着丰富的语言，只有了解这些语言的“结构”，我们才能准确地运用它们。

（1）色彩的冷暖感。冷与暖在人心理中的反应是相对的，冷色一般指蓝色、绿色等，而暖色多指红色、橙色等。

（2）色彩的轻重感。明亮的颜色呈轻感，有上升的趋势；相反，深暗的颜色呈重感，有下垂的趋势。通常白色或浅色，给人一种清爽飘逸感；而黑色或深色，则给人一种厚重感。

（3）色彩的软硬感。一般情况下，明亮的颜色感觉软，灰暗的颜色感觉硬。同是绿色，浅绿色、亮绿色呈软感，而深绿色则呈硬感。

以上只是按照色彩心理学的感觉分类方法列出的几点。运用到服装色彩上，这些感觉不是绝对的，因为服装色彩是与面料的质感紧密相连的。同样的红色，在粗纺的苏格兰花呢上是粗犷感，在织锦缎上是华丽感，在薄纱般的面料上是轻快感。另外，在考虑穿什么颜色的服装时，肤色也要考虑进去。当然，作为主持人，更要考虑到灯光对色彩的影响以及演播厅的颜色。

服装的款式多种多样，作为主持人应当对款式类型有所了解，并根据节目的类型、内容来选择贴切的服装款式，以适应节目需求和观众要求。对主持人来说，以下几类服装款式经常会用到：

（1）礼服、夜礼服，夜礼服也称晚礼服。女士夜礼服是贴身连衣裙，裙长至脚踝，多袒胸露背。男士夜礼服多为燕尾服，而现在燕尾服已逐渐让位于西服；中山装是我国男人的礼服，旗袍则是我国女人的礼服。

（2）便装、休闲服，即平常穿着的服装。目前，我们很多栏目都可以采用这种款式。

（3）职业装，象征性、标识性的职业服装，如军人、法院等。当下，女主持人的职业套装、男主持人的西装已成为主持节目的职业装了。

2. 主持人服装语言表达的基本原则

人是有缺陷的动物，穿衣打扮从某种角度来讲，就是弥补这种缺陷。而主持人的穿衣打扮又不同于普通人，既要引领时尚主流，又要和栏目融为一体，互为映衬。所以必须有两个前提，即①服从栏目和受众需求；②选择合适自己的服装定位。在传播学上，这就叫作“认同策略”。

（1）服装语言要服从栏目需要

服装要贴近栏目，必须运用好国际上通行的着装TPO原则。所谓TPO原则，即Time（时间）、Place（地点）、Occasion（场合）的缩写。“时间”包括季节、时代等要素，“地点”包括场所、位置等要素，“场合”包括目的、目标、对象等要素。不同的节目类型，不同的嘉宾对象、不同的录制现场，我们的主持人不能随心所欲地乱穿。记得有一次看某省卫视谈话节目，那是一档以展示弱势群体的困境，利用媒体力量予以帮助的栏目。主持人面对一个无助的盲童家庭人员，着一大翻领时装，胸花大似半个脸，同时还有两根长长的飘带垂至腰下，怎么看也与谈话对象、谈话内容格格不入。另有一次看当地讲述普通人传奇故事的节目，窗外大雪纷飞，嘉宾穿着厚厚的毛衣，而主持人却穿着薄如蝉翼的中袖圆领衫，领口低至锁骨下，让人看了心里冷，和场上嘉宾的毛衣着装也不相符。崔永元在《实话实说》以便装出现，始终注意平民化、大众化，让人看上去舒服而妥帖。《艺术人生》的朱军采访外国友人穿唐装，采访国内人士着休闲西装，一般不系领带,自然而亲切。这都是遵循TPO原则的范例，值得学习。

主持人节目都有背景环境，无论是自然环境还是人工布景，主持人的服装都要与背景相协调。要考虑布景颜色、灯光与服装的关系，三者明暗反差不宜过大，否则在交界处产生漫反射现象，迫使轮廓不清晰。不能采用强反光，特别是发亮的面料，会产生耀光、损失层次感；而过于吸收光线的面料则会使所有接近暗色调的层次感损失掉，应该采用色彩柔和纯度较低、反差较小、明度适中的服装；也不要穿细条、细格、小圆点的衣服，以免闪光。

服装色还受电视、摄影技术的局限，目前的技术就色彩还原度而言，对红、绿、蓝三原色还原度较夸张，这就是为什么有时在电视中主持人的红色服装显得格外刺目的原因，因此不要选择过于艳丽的色彩。

在自然环境下，主持人也要注意服装色彩与环境色的搭配。阳光强烈照射下，浅色服装会使服装的色彩消失，因此适合穿稍深、较鲜艳的服装。

栏目类型不同，主持人着装风格也各异。例如，新闻类节目的主持，对外表要求较高，女主持人要穿西服套装，色彩以柔和为主，减少饰品；男主持人只能穿西服、衬衣和相配的领带，领带不能用鲜艳色彩。但在重大节日里的新闻节目，主持人可以在色彩和款式上进行变化，如五彩的唐装，增添节日气氛。而新闻评论类的主持人不必过于权威和端庄，女主持人穿套装，款式可以不必拘泥于西服式。又如，生活类节目涉及的是人们周边的大小事，话题轻松，贴近生活，因此着装上没有必要穿正式套装，应该随意一些。衬衣、针织衫、牛仔裤、开衫和套衫皆可，款式变化较大，且色彩也可艳丽些。例如，央视《为您服务》栏目中的王小骞、肖薇的着装就比较贴合栏目需求。再如，文艺类节目主持人着装又和以上不同。盛大的晚会，女主持人要穿华丽的晚礼服，男主持人可以着燕尾服或西服，在面料和装饰上可以用反光或闪光的材质，体现晚会辉煌灿烂的气势，迎合众星云集的现场气氛。假如互动性较强的娱乐节目，主持人的着装要引领时尚，像中央电视台《非常6+1》主持人李咏，他的成功，着装是一个非常重要的元素。

（2）根据个人的外在条件和气质选择服装

这的“外在条件”指个人的体形、脸型和肤色，“内在条件”指的是个性、气质和修养。

①体形

强壮形、中间形、匀称形都属于标准体形，这类人在选择服装的时候，应该以能够显出体形美为原则。肥胖形体形的人，不宜穿过肥或过紧的服装，也不宜穿浅颜色、横条纹、大花形、鲜艳的暖颜色的服装，因为它们都容易给人造成脂肪过多的印象。而合体的是竖条纹、深颜色的服装，它可使稍胖的体形显示出匀称。瘦弱形体形的人，应该尽可能使服装起到增强体形美的修饰作用。像瘦弱形体形的男性可以以夸张肩部和垫厚胸部的男上衣衬托出男性的魁梧，以笔挺、顺直、平整的男下装夸张男性的阳刚气。瘦弱形体形的女性既不宜穿宽大的衣裙，也不能穿特别合体的服装。因为前者会使人更瘦，后者则赤裸裸地暴露出其体形的缺陷。这类体形的女性要对服装施以“膨化法”，但在饰品上要相对缩小，以起到反衬作用。略微宽松的衣衫和有意加上的饰带等也可取得良好的效果。

②脸型

服装款式的重要变化在于“领”“袖”，因而选择有特色的“领”“袖”格外关键。除文艺节目外，其他栏目的主持人多是上半身上镜，因而“领款”是否能修饰脸型，就成了主持人着装的大技巧。领款对脸型起到修饰、矫正和美化的作用，它是服装烘托形象的点睛之笔。领款种类繁多，但一般应根据具体的脸型而确定。

脸　型	领　款
圆形脸	一般不适合过圆的领款，而以“V”形领款的服装搭配为最佳；通过领款“V”字形曲线，可使过圆的脸型显得修长而秀美
长　形	一般不适合过低尖领的款式，选择向上的圆形，成左右稍舒展的平线条领款为宜，以增加脸部两侧的圆润感
倒三角形	一般不宜选领款线条向下深垂的服装，而选方宽向上或向上圆弧形领款服装为佳，使尖垂脸型下部显得丰盈
菱　形	不可以选择心形、上翘领款，否则反翘会增高且加宽颧骨；平直领款，可使面部产生柔和、稳定的感觉
三角形	一般忌“一”字形领款，而选择小“U”形，可使脸部线条显得轻巧而柔和

③肤色

肤色偏黑者，不宜选择过浅的色彩，如纯白色、粉红色、浅黄色等。

肤色偏黄者，不宜选择绿色和紫色。绿色映在皮肤上成菜色，紫色是黄色的互补色，映在皮肤上使肤色变暗。此类人群适宜选择暖灰色调、纯度适中的蓝色调，还可以适当以鲜亮色彩来点缀。（中国人虽是黄种人，但有一类人的肤色格外偏黄）

肤色偏白者，不宜配冷色调的纯白色，会显得脸色苍白、无血色，不过这类肤色适宜的服装色范围比较宽，可以与多种色彩相配。

3. 服装色彩的搭配艺术

节目主持人着装成功是由全身的调和而决定的。所谓调和，指包括色彩、外形、个性、时间、场所、节目类型等要素都搭配和谐而产生的美的效果。其中最关键的要素便是色彩，衣服颜色是主持人形象中最具情感特征的部分。一种颜色表现的是一种风格，不同颜色能巧妙搭配出千百种风格，对形象与气质有着举足轻重的影响。

主持人服装色彩搭配有五种最基本的手法：

（1）统一法

若上下衣着都是蓝色，则鞋、袜、帽等也应是蓝色；若上穿白色衬衣，下着白色短裙，则鞋、袜、帽以至手提包等，也应是白色，这种色调统一的配套方式效果独特，富有迷人的魅力，对不同气质、不同性格的主持人来说，都很合用。

（2）点缀法

在统一完美的主色调的基础上，加上非常醒目的小块色作点缀，使之起到画龙点睛的作用。例如，身穿一身黑色或白色衣裙的女主持人，胸前装束一朵红色小花，腰部系一条红色腰带，或是胸前插一朵粉红色绒花，这种点缀的配套，显得雅丽，别具风韵。

（3）对比法

对比法也叫衬托法，通过色彩的互相对比或衬托，来加强服装的美感。例如，黑色套装配上白衬衣，深色上装配浅色裤子，这种黑与白、深与浅等色的对比，色彩明朗，格调新颖。

（4）呼应法

同种色或类似色的彼此照应。例如，青莲色的套服配上白底红花衬衣和白色镶红或青莲色边的帽子，以及类似花式的鞋、袜等等，红与红、白与白、青莲与青莲等色彩就能够互相呼应，相得益彰。

（5）衔接法

要点是让对比色通过一种中性色（如黑、白、金、银等色）的混合，使人产生色彩连接的感觉。比如，红色的半袖衫，绿色的短裙，或是黄色的上衣，紫色的裤子，就其色彩性质来说，均属对比色，因而看起来并不舒服。但是，如果配上一条白色（或金、银、黑等任何一色）腰带，那么上下衣的色调就会衔接起来。

二、配饰语言的表达

1. 女主持人的配饰

女主持人的着装品位，很大程度来自于“配饰”。

（1）首饰

女主持人大多喜欢选用首饰装点自己，最主要是项链和耳环。但必须注意不同季节，戴不同质地的项链、耳环。另外一定要根据脸型选择不同样式、不同大小的项链、耳环。例如，耳环的大小以眼睛大小为准则：形象娇小的主持人，耳环可以是眼睛的一半或比眼睛稍小些，但若在综艺、时尚类节目中做主持，那么就可以比眼睛大一些。至于形象大气的主持人，则可以戴到相当于眼睛大小尺寸的耳环或更大。如果你不喜欢自己的脸型，首饰的形状千万不可重复脸型，当然也不可极端相反。

（2）胸针

胸针在女主持人的佩饰中是一个很重要的物件，特别是在新闻类节目中，女主持穿着高贵质料的服装，再配上一枚有一定品味的胸针，将会格外高雅持重。少儿节目女主持穿裤装或便装时，可以戴动物、人像、瓜果图案的胸针，显得活泼。年轻的女主持不宜戴珠光宝气的胸针，这样反而显得老气。胸针的颜色最好与衣服颜色产生深浅对比，以收画龙点睛之效。

（3）围巾

不少女性主持人为了打破统一的套装给观众的单调印象，使用一条色彩鲜艳的丝巾点缀在颈部，显得端庄而俏丽。有时一条出色的围巾，要比一件普通的衣服看起来更加动人，巧妙地使用围巾，还能起到扬长避短的作用。选购围巾时，首先要看色彩，其次才看质地和花纹，同时还要考虑配在什么颜色的服装上。

下面介绍五种最适用的搭配方法：

搭配类别	搭配方法
素色搭配	如果是素色无花纹的西服套装，可选配有花纹的彩色围巾，其中主色调应倾向于冷色（如蓝、绿、紫）或是暖色（如红、黄、赭）
花色搭配	如果是花色西服套装（大花、小花及条格服装），则配素色围巾（单一颜色），这样搭配既可以表现围巾的美，又可增添服装的色彩
同色搭配	如深红色服装搭配浅红色围巾，浅驼色服装可搭配深驼色围巾，湖蓝色服装搭配浅蓝色围巾等等，这样深浅搭配会产生活泼、飘逸感
对比色搭配	如绿色服装可搭配一条红色围巾或以红色为主的花围巾，给人以轻快活泼感；黑色套装可搭配一条红色围巾；天蓝色套装可搭配一条黄色围巾或黄色调花围巾
轻重搭配	深色的服装可选用浅色围巾，浅色服装可选用深色围巾。如深蓝色服装可用浅色或白色围巾显得精神抖擞、庄重大方，也可用浅色鲜艳的花围巾；乳白色服装配上玫瑰红色围巾；大红色服装可搭配一条黑色围巾

2. 男主持人的配饰

西服是男性日常穿着的基本服装，男主持人无论外出采访，或是在演播员室内出镜，西服都是首选。主持人可以根据自己的喜好和节目需要，恰当地选择颜色、款式等。穿好西服的关键在于搭配适合的衬衫与领带。领带是男人最主要的配饰。

（1）衬衫

衬衫款式和颜色的选择一定要讲究，长脸形的人要避免选用长尖领衬衫，而要选择小方领；圆脸形和方脸形的人则要选择长尖领衬衫。男衬衫一般选用白色，单色（浅色的有浅咖啡、浅蓝、浅黄、浅灰、浅绿等颜色，深色的有蓝色、咖啡、绿、暗红等颜色），或是浅色条纹和浅色提花衣料。浅色衬衫一般是配深色外衣的，这样能使人显得清爽整洁。如果选用深色衬衫，则外衣一般是浅色的，领带也要用浅色，否则没有层次感。

（2）领带

领带的材料、式样、色彩、图案种类繁多，同时也极为讲究，一般以材料、色彩、图案花型以及领带宽窄变化而流行。选择领带的式样要随外衣款式而定，领带色彩的选择应以外衣、衬衫的颜色而定。领带的配色要求见下表：

衣服的颜色	领　带	衬　衫
黑色	灰色、蓝色、绿色	以白色为主，有时也可用浅色
灰色	灰色、砖红色、绿色、黄色	同上
暗蓝色	蓝色、胭脂色、橙黄色	白色、明亮的蓝色
蓝色	暗蓝色、灰色、砖红色、胭脂色、黄色	粉红色、乳黄色、银灰色、明亮的蓝色
褐色	暗褐色、灰色、绿色、黄色	白色、灰色、明亮的褐色、银色
绿色	砖红色、黄色、胭脂色、褐色	银灰色、明亮的蓝色、明亮的褐色

西装领带的结法要与人的脸型相配：

滑动式结法，此法结出的领带结最小。它适合小脸型者，宜与前领角短窄的衬衫相配。

重叠式结法，是滑动式结法的变形。领结如细长三角形，适合圆脸形、国字脸形者，宜与前领角尖长的衬衫相配。

温莎式结法，此法结出的领结最大。它适合尖脸形、长脸形者，宜与领角间距大的衬衫相配。

半温莎式结法，领结大小介于滑动式与温莎式之间，适合各种脸型者，并可与一般领角间距的衬衫配合使用。

三、服饰语言表达的注意事项

1. 主持人着装要遵循国际穿着习惯

依照国际惯例主持人在主持节目时，出于礼仪和对观众的尊重，不同的时间段要穿着相应的服装，什么场合穿什么款式、颜色的服装或是配饰应具体佩戴在什么地方都是有讲究的。在国际上，不同的服装有不同的搭配和约定俗成的穿法。例如，男主持人主持高档演出或盛大晚会时应穿燕尾服，燕尾服内必须穿白色背心和有硬衬的白衬衫，不但使用白色蝴蝶领结，而且手套与上装口袋中的手帕也都应是白色的，下穿黑色鞋袜。

关于穿西装以及穿西装时如何正确运用饰物，也有一定的国际惯例。依照惯例，穿西服、打领带并不一定非得配领带夹不可。如果要使用领带夹，一般而言，别领带夹的最佳位置是领带打好之后从上朝下看的“黄金分割点”。以穿七粒扣衬衫而言，大体应别在衬衫自上而下数的第四粒、第五粒扣之间。另外，穿西装不打领带时，内穿的衬衫不应系领扣。穿单排扣西装时，两粒纽扣的要系上面一粒，三粒纽扣的要系中间一粒或是上面两粒，等等。

国际上规定猎装为运动装类，但是作为主持人，特别是主持与运动有关的栏目的主持人，绝不可穿着猎装主持节目。虽然主持时尚娱乐节目的主持人可以在服装的选用上有较大余地，但过透、过露的衣服或超短裙都不能穿。这种体系在我国还没有完全得到推广和运用，却是我国节目主持走向国际化的一个趋势。

2. 主持人着装要严格遵守国家法规

2004年4月30日，国家广电总局推出《广播影视加强和改进未成年人思想道德建设的实施方案》，共30条。在谈到要广泛开展影视“净化工程”时，提出了十条具体方案，其中第十九条就是有关主持人穿着打扮的。

> 加强节目主持人队伍建设，提高主持人的综合素质。要坚决纠正节目主持人在着装、发型、语言以及整体风格方面低俗媚俗现象。广播影视节目主持人在着装、发型、语言以及整体风格上，应该充分考虑全社会特别是未成年人的欣赏习惯、审美情趣，切实做到高雅、端庄、稳重、大方，不能因过分突出个人风格、个人品位而标新立异、哗众取宠，不能为追求所谓的“轰动效应”而迎合低级趣味。主持人不宜穿着过分暴露和样式怪异的服装，避免佩戴带有明显不良含义标识图案的服饰。主持人的发型不宜古怪夸张，不宜将头发染成五颜六色；不要模仿不雅的主持风格，也不要一味追求不符合广大观众特别是未成年人审美情趣的极端个性化的主持方式，更不要为迎合少数观众的猎奇心理、畸形心态而极尽夸张怪诞的言行与表情。

既然是法令，我们节目主持人在出镜时就必须严格遵守。

3. 主持人着装风格要相对稳定

主持人的着装风格忌差异太大，今天西装革履，明天奇装异服，主持人的形象识别就会产生混乱，缺少准确定位。成熟主持人的着装风格应该做到连贯性和一致性。

就职于法国电视三台的女主持人克里斯蒂娜·奥克朗（Christine Ockrent），以她坚毅中透出高雅的不凡气质，折服了众多的观众。奥克朗夫人自称“在化妆方面并不在行”，但非常清醒地认识到，稳定真实的主持人形象对一个老牌电视节目的重要性。因此，多年来她一直抹香奈尔（Chanel）的珠光玫红唇膏，只上Pascalede Med，sHair美发厅，一直梳着不变的发型，选择的服装品牌永远是迪奥（Dior）、Apostrophe和阿尔玛尼（Armani）。稳定的主持人形象，稳定的节目风格，是奥克朗夫人拥有一大批稳定受众群的重要因素之一。

法国电视一台的克莱尔·沙扎尔（Claire Chaxal）夫人是一位优秀的节目主持人，为维护自己的形象美，沙扎尔夫人有一套自己的着装原则：她的服装只有灰、棕、黑三色，从不穿成套服装，坚持上装与下装分离，配以方便舒适的平底鞋。在挑选服装时，她将服装面料列为首要考虑的因素，其次是外套的双肩不能太夸张。沙扎尔夫人在工作时化妆比较讲究，有固定的化妆师与发型师，这样有助于塑造主持人相对稳定的形象。

第四节　节目主持人的化妆艺术

化妆是运用美术和色彩原理产生的视错觉来调整面容，塑造屏幕形象的一种手段，也是节目主持人必备的一种艺术修养。化妆包括面容修饰和发型设计。通过化妆所产生的效果，是辅助表情语的一种无声语言，同样可以传送一定的信息和情感。

节目主持人的化妆艺术不同于舞台剧影视剧演员的妆面，舞台剧、影视剧演员的化妆是为某一特定角色而造型的，强调夸张，而节目主持人的妆面造型是一个“我”。但这个“我”又不是日常生活的妆面，不仅要自然，还必须适应广大受众的审美情趣，与栏目相融。妆面一旦形成，就是栏目的形象标识，不要轻易变更。

一、节目主持人化妆要点

根据电视的影像特点，又根据电视这一家庭艺术的拍摄特点，要求主持人的近景甚至特写镜头偏多，为此，节目主持人的妆面主要有三大特点：

1. 从整体出发，注意轮廓鲜明

电视图像是由许多像素在电子扫描的情况下，排列的像素行组成，每帧图像的像素行越多，排列越密集，影像就越清晰。但我国采用的电视标准是：每帧图像扫描625行、隔行扫描，即形成625条像素行。由于像素行的密度不大，造成影像清晰度不高。虽然目前数字电视等高清晰度电视已经使用，但影像的高度还原还是与现实直观的实体存在差异。因此化妆时要注意表现整体感，抓大感觉，使整体形象清晰而明朗。另外，电视自身的横向扫描，使呈现在电视屏幕物体在原有基础上被横向拉宽，上镜后人往往显“胖”，就是这个原因，我们化妆时要充分考虑这一特点。

就美术原理而言，人面部轮廓的美感，即面部五官的分布要符合“三庭五眼”的“黄金分割律”才“上镜头”。所谓“三庭”，是指发际至眉心、眉心至鼻尖、鼻尖至下颏这三段距离应是等分的；所谓“五眼”，是指两眼间距、眼裂内角至外角的距离、外眼角至鬓角发际的距离应是相等的，也就是面部纵轴三等分、横轴五等分。不过，近年来随着人们审美的变化，又非常流行四眼半，即脸的宽度等于四个半眼睛的宽度。但是，一般人的五官分布很少有符合这一黄金分割线的，化妆就是要求每个人客观地找出自己五官分布的优、缺点，然后用化妆术来弥补，使自己的五官分布看上去比较接近这个黄金分割律的最佳分布。

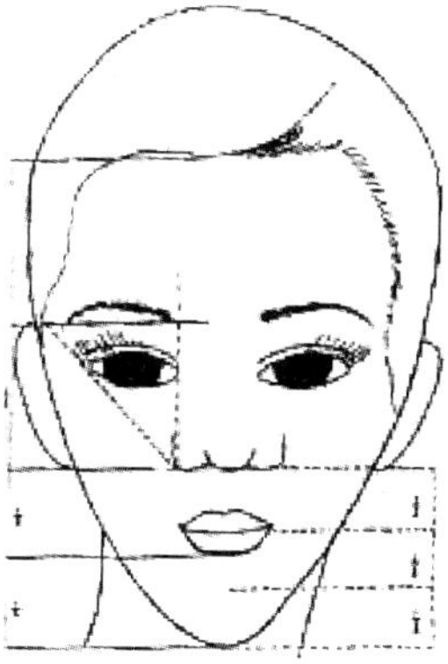

2. 考虑拍摄环境，注意色彩谐调

电视形象是综合艺术的产物，它是经过基础造型、拍摄、制作，并通过电视特有的光、电、磁转换后，再现于屏幕形象的，与我们在日常生活中所看到的形象并不完全一样。化妆是在拍摄前完成，并通过在拍摄过程中与其他相关艺术与技术相互配合、融为一体而最终体现于屏幕的。在拍摄期间，对形象的影响主要是现场的光、摄像机和环境等因素。“光”与摄像机是由摄影师调配的，为此，我们化妆时就必须考虑“环境色”，即“演播室妆的”前景、背景色、服装色以及发色、自己的妆容色，这些色彩同时出现在一个画面上，成为不可分割的视觉整体，这些颜色是否搭配谐调很重要。其中除娱乐节目可采用一些对比色调，其他节目最好采用调和色。所以，主持人化妆时对自己的工作环境要做到心中有数，和各部门要注意配合、沟通。另外，还可以通过现场标准监视器为准星，进行适当的观察、调整。“室外妆”还要根据室外的天气、光线强弱来随时调配自己的妆容色。

3. 扬长避短，注意真实、自然

电视是最切近生活的艺术。电视化妆造型中任何夸张不自然的东西，都会通过镜头表现出来，影响形象的真实性。切忌夸张矫情，浓妆艳抹，以真实、自然为好。摄像机拍摄主持人时，要经常根据情况不断变换机位、景别，由远到近、由局部到整体、由正面到侧面……给人一种特定现场活跃的，全方位、多角度的参与感。从而从不同方位真实记录和呈现人的各种动、静状态，使画面形象真实可信，一目了然。所以，化妆只是“修饰”，不是“改变”。既然只是“修饰”，就不必处处都化妆，只要弥补自己的不足部分就已经很好了。

二、演播室化妆的一般程序

1. 净面

2. 上化妆水

3. 涂乳液或营养霜

4. 修正液

修正液分绿色、紫色两种。绿色修正液可调整偏红肤色，紫色修正液可调整偏黄肤色。用过修正液之后,肤色会显得白皙、透明，上粉底时易表现质感。

5. 基础底色

上粉底在演播室化妆中是关键。在外轮廓用比天然肤色深二三度的粉底均匀地涂于面部深陷处，从外向内，由深至浅均匀地涂抹，不留明显界线。同样，对于需要感觉鼓突、开阔、明亮的部位，如鼻梁、额头中部、下眼睑沟、下巴、眉弓骨处，应用比基础底色明亮二三度的粉底，并使其柔和，不留清晰界线。

6. 定妆

定妆是保证妆面持久干净的重要步骤。用粉扑蘸上定妆的透明散粉轻轻揉开，然后轻轻按压于面部。其顺序一般是：首先固定外轮廓，然后是额、下颌及内轮廓。

7. 眼影

眼影的使用是为了表现眼部立体结构，同时也能表现整体的化妆风格及韵味。眼影色彩的选择要综合考虑服饰色、发色、肤色、眼睛色、季节以及眼部特点等诸多因素。眼部有两个高点，一个是眉骨，另一个是眼球的中央，两者之间有凹陷称眼睑沟。由此可见，要表现眼部的立体结构，可在眼睑沟处用咖啡色、驼色、烟蓝色或褐色眼影表现凹陷感，在眼球中央和眉骨处用白色、淡粉色、淡黄色等淡色眼影表现突出感。令眼睛深陷的眼影色称为“结构色”。在结构色的内侧和外侧使用柔和的颜色做晕染称为“晕染色”。眼影的晕染应靠近睫毛线、外眼角处，向上、向外渐渐淡开。

8. 眉毛

在主持人的妆容中，眉毛相对于其他五官是最活跃、最易改变脸型的。如果把眼睛比作一幅美丽动人的图画，那么眉毛则是这幅图画的画框。眉毛的描画是两头（眉头、眉梢）浅，中间深。要表现眉毛的疏密、深浅特点，应选用柔和自然的灰色、棕灰色、棕褐色及深驼绿色等。眉笔应削成鸭嘴形，以便于一根根细致地描画，表现眉毛自然生长的质感。

9. 腮红

腮红的使用可表现皮肤的健康红润，最好选择与口红、眼影相似的颜色。腮红可帮助修正脸型。东方人面部较平坦，使用腮红时不能由内轮廓向外轮廓涂抹，而应表现外轮廓略深，向内轮廓渐浅并最终融化，这样才能表现面部的立体效果。一般腮红扫在颧骨和颧弓下凹陷的结合处。

10. 唇膏

唇膏可增强面部的活力，是最为关键的点睛之笔。涂唇膏之前，先用唇线笔勾画出理想的唇型，再用唇刷取唇膏均匀地填满。要想使唇部更具立体感，可采用双色涂抹的方法。由于嘴唇本身并非一个平面，它具有明显的体面关系的转折和体积感。上唇基本上处于背光面，可将上唇涂得深些，下唇处于受光面，可涂得略浅些。

面部化妆进行到这一步时，已较原型有了很大改善。然而还不完美，在这一步骤中，可动用修容饼继续对面部结构进行矫正，并协调面部各种色彩，使之更趋柔和自然。另外，与面部相接的其他裸露部位，如耳朵、颈部等作最后的修饰，达到与修饰后的面部颜色相统一。

三、发型的搭配

头发可以弥补脸型比例的不足。人的脸型用汉字可以归纳为八类：田、由、国、用、目、甲、风、中，其中女主持人以甲字形（俗称瓜子脸、鸭蛋脸）为最佳，男主持人以国字形为好。其他脸型除在化妆时可用深浅不同的底色及颊红的分布涂抹调整，还有一个最好的办法，就是以发型修饰脸型。

方形脸的发型

此脸型轮廓线较平直，在发型设计上应该以圆破方，以柔克刚，并注意用发式来增加头部的长度，头发可梳得较长，遮住两腮，使脸型看起来呈圆形。也可将头发烫成自然的大波纹状，前额不宜留整齐的刘海，可以用烫卷后的自然发波来消解宽直的前额边缘线，同时又增强了纵长感。宜采用不对称发缝的短发式、翻翘的刘海等。方形脸避免留齐腮帮直短发。

长方形脸的发型

这种脸型常有一种古典感，端庄凝重，显得老成。发型设计上，可利用头发来增加脸的宽度，如用刘海掩饰前额缩短脸的长度，翻翘式和童花式短发、长直发式比较合适，也可以采用波浪式，以刘海大弧度的弯曲向两侧垂泻以遮掉前额的角，破坏掉长方形的整体形态。

圆形脸的发型

此脸型的长度不够，五官较集中，给人以温柔可爱的感觉。在发型设计上，通常将顶部头发梳高，使额部加长。盘发式、直发型、不对称式短发，都可以增加脸的长度。宜用侧分头缝，将头发烫后，削剪成不对称的发量和块形，以减弱圆脸的扁平感觉。

“申”字形脸的发型

此脸型两头小中间大，要求用发型弥补的是额部和减弱颧骨部位。短直发型，左侧的头发向下向前，右侧的发式向上，形成不同的线条走向。短烫发型，可以将头发剪成中长，再将头发烫成卷，烫得自然弯曲再经修剪，整体发式松动柔软，前发稍微遮掩太阳穴。长发式：避免直发型，以波浪形卷发，搭过脸部轮廓线，使颧骨不至于过于明显，顶部头发要有动感。

发型与脸型搭配是门艺术，主持人应该针对自己脸型，形成相对固定的发式。

第七章 新闻节目的流变及其主持艺术

本章要点：新闻节目的水平如何，直接决定了一个台的影响力和收视率。因而，新闻节目主持人就是电台、电视台的“形象大使”。改革开放以来，新闻节目主要是电视新闻节目经过了三次大的变革，进一步扩大了新闻节目的功能，丰富了新闻节目的内容和形式。本章结合具体栏目和主持人的主持案例，论述了新闻采访、新闻评论和新闻播报主持应掌握的技能技巧及主持中应该规避的误区。

第一节　新闻节目概述

一、新闻节目的存在价值

如果说，新闻节目是电台、电视台的“台标”和“门面”，那么，新闻节目主持人就是电台、电视台的“形象大使”。

如果说，新闻节目是电台、电视台一面高高飘扬的旗帜，那么，新闻节目主持人就是这面旗帜上的“标识”。

因此，新闻节目的水平如何，直接决定了一个台的影响力和收视率。世界各地，不管体制如何，国情怎样，概莫如此。电视台的竞争主要体现在新闻的竞争力上，这就是所谓“新闻立台”的由来。例如，凤凰卫视中文台，开台之初是把娱乐节目作为主打节目，到今天已把新闻资讯传播放在了首位，它利用“一国两制”相对宽松的言论空间优势，借机行事，借事造势，借题发挥，借力成事，大幅度增加了新闻栏目，诸如《凤凰早班车》、《时事直通车》、《时事开讲》、《小莉看时事》、《杨锦麟读报》等等，扩大了自己的影响，占领了市场的收视份额。1999年我国南联盟大使馆被炸，凤凰卫视派出强有力的队伍，采用现场+直播+新闻分析的方式，赢得了人们的关注。“9·11”事件发生之时，凤凰卫视又在上述的基础上采用了跟踪报道的形式，赢得了人们的赞扬，继而在华人圈形成了“大事看凤凰”的美誉。如今，凤凰卫视的影响力可以与中央电视台抗衡。

为什么新闻节目在电视节目中占有如此重要的地位？我想，无非有两个原因：（1）新闻节目具有独特的社会作用；（2）新闻节目有不竭的再生性资源。

所谓新闻节目独特的社会作用，是因为它传达的是主流社会的声音。作为一种大众文化（电视本质）所具有的媚俗倾向，必然导致电视节目向主流意识形态靠拢。换句话说，电视为了追求高收视率，不得不在意识形态方面追求一种让大多数人都满意、都能够接受的效果，而这种大多数人都满意、都接受的意识形态，在绝大多数情况下恰恰就是社会的主流意识形态。例如，“美国是个多元化的社会，各种思想、观点五花八门，但占主导地位的意识形态却是一致的。在美国社会的文化价值中，占主导地位的是欧洲白人文化价值，在思想意识方面，推崇以私有制为基础，个人主义为原则的资本主义。电视节目反映的是主流的政治观点、价值观念和文化传统。”[1]在中国，电台、电视台均属主流媒体，人们习惯信任和依赖“组织的声音”。

---

① 苗棣、曹黎丹：《美国电视的约束机制》，《现代传播》2004年第4期。

实际上，大众在信息中获得的结论，都是别人案头工作的延续。“电视权威”不仅控制着舆论导向，也控制着节目中所渗透的道德意识、价值观念、审美趣味、文化品位，涉及几乎所有的人类精神文化要求。而在现阶段，中国老百姓的信息又主要来源于新闻节目，信息是人们生存发展的“空气”和“阳光”。

所谓新闻有不竭的资源，这就是说，大事天天有，小事不间断：昨天“防非典”，今日“抗地震”、“马航失联”，明日“防雾霾”、“抗沙尘暴”……每个地区，每个县市，每天也都有不断的“新闻”。因而，新闻节目不像明星访谈节目，谈一次“资源”就消耗一次，称为“消耗性资源”或“枯竭性资源”，而新闻节目每天都有源源不断的资源供给，是一种再生性资源。

二、新闻节目的起源

从世界范围看，任何国家的广播新闻节目几乎都是伴随广播诞生而诞生的，而第一个电视新闻专栏节目是美国1947年开始的《骆驼新闻大篷车》。继而1952年，由哥伦比亚广播公司（CBS）的著名主持人爱德华·默罗创办的《现在请看》（*See It Now*, 1952—1958）成为最有影响的电视新闻栏目。随后，美国三大广播公司又先后创办了《今天》、《今晚》、《60分钟》、《ABC今晚世界新闻》等较有影响的新闻栏目。

在我国，最早的电视新闻栏目应该是1958年建台之初创立的《电视新闻》。该栏目每周播出三次，每次10分钟。其后又陆续创办了《图片报道》、《简明新闻》、《国际新闻》等栏目。但内容却都只是图片、新闻片、纪录片和口播文字的简单组合。直到1978年元旦，中央电视台《新闻联播》的开办，真正的电视新闻栏目才得以问世。受体制影响，我国新闻节目长期以消息类节目为主，例如，《新闻和报纸摘要》、《新闻联播》。《新闻联播》至今仍君临城下，万人收视，其功能是党的喉舌，宣传教育的工具。

改革开放以来，无论是内容制作还是节目主持样态，都在不断的进行改变。总体而言，在电视新闻节目方面主要经过了三次大的变革。

第二节　新闻节目的流变

一、《东方时空》：新闻节目的第一次变革

1993年5月1日，中央电视台《东方时空》开播，它开创了中国第一个早间新闻节目，更重要的是改变了新闻的观念和主持的语态。

“在过去的新闻语态中，好像只有把新闻写得不像平时说话，才会给读者以权威感”，例如，“金秋十月，丹桂飘香，天南地北祥和欢乐，华夏儿女喜庆佳节。北京各大公园彩旗飞舞，花团锦簇，宫灯高挂，人流熙攘，充满了喜庆祥和的节日气氛……”人们俗称这样的新闻稿为“新华体”。这样的“模式便于操作。模式提供依据，模式划定边际和外延，但有害之处在于：模式限定了思维，模式使得人们不由自主地走进习惯，模式成为一种无声的力量，让有的人不敢逾越，有的人懒得逾越”。《东方时空》的编播人员决心变“新华体”为“中新体”。所谓“中新体”，就是要尝试一种新的“电视媒体说话的口气，尝试一种新的语态，也就是新的叙述方式”。这种新的叙述方式不仅仅是指新闻解说词的写作文风，更重要的是如何用其特有的语言吸引观众。“《东方时空》的亮相，给观众一种耳目一新的感觉，可能正因为观众从严肃了十多年的屏幕上，看到了民间话语的鲜活、幽默、趣味，口语化的表达既概括精练，又带着世俗生活的具体语境，让人感到随和、亲近，心领神

会。新闻节目中采用这种人际交流的口语化方式，拆除了媒介和观众之间的界线和戒备，使新闻的接受有了人际交流的角色认同和情感互动的愉悦。”在这种叙述性的语言中，“哪怕是评论性的段落，也格外注重新闻事件的过程和细节，注重矛盾的冲突和悬念，注重人物的内心冲突，展现人物的性格特征，真诚地关注人物的命运和结局——这就是新闻的人格化”。①

《东方时空》注重考虑大众的接受心理，尊重大众的审美趣味。传播态度由庄重严肃到轻松亲切，传播话语由书面宣讲的形式渐变为口语化。随之，《焦点访谈》、《新闻调查》这些专题类新闻节目也以同样的理念和传播语态相继诞生，并走进晚间黄金时段。

把这种新闻理念和传播语态演绎得最好的当属凤凰卫视中文台的主持人陈鲁豫。1998年的春天，陈鲁豫在《凤凰早班车》中，首创“说新闻”的播报样式。她直接参与了消息的选择和编排，每天早晨，她在几十份报纸中选择出几十条新闻信息，几乎不用提示器，将自己“消化、加工”的新闻信息一一道来，口语化处理却又不等于口语，轻松而不失干练，亲切而不失大方，自然而不失稳重，娓娓道来而不失明晰。例如，我国驻南联盟大使馆被炸，当时报上刊登了烈士许杏虎和朱颖的遇难照片，节目中陈鲁豫说道：“电视作为传媒深入人心，不应该播放过于血腥的照片，但在一个特别的时刻，这样一张照片，所有有良知的人都应该看到：现在的屏幕右下角是朱颖生前……”鲁豫没有直接谴责以美国为首的北约的粗暴行径，也没有特别沉痛地哀悼不幸的人们，但她充满人性化、人情味的口语表达充满着特殊的魅力。一时间，这种“说新闻”风靡各电台、电视台，“说新闻”这种模式，也广受学者们的注意。翻开那一阶段的学术杂志，我们会看到不少对这种播报样式的探讨和评价。

① 孙玉胜：《十年——从改变电视的语态开始》，三联书店2003年版，第46—50页。

二、《南京零距离》：新闻节目的第二次变革

江苏城市台2002年元旦开播的《南京零距离》，不仅盘活了整个频道，还从整体上改变了南京整个区域晚间黄金时段的电视收视格局。继《南京零距离》之后，南京台新闻综合频道的《直播南京》、教科频道的《法制现场》，江苏教育台的《服务到家》，江苏新闻频道的《1860新闻眼》，都打出了“民生新闻”的旗号。结果几个直播类的本地化新闻栏目远远超过了同时段电视剧的收视率，一向无声的南京，以宁派内敛、沉稳的秉性，走在了全国新闻改革的前列，并搅起中国电视业的一池春水。之后，全国掀起了民生新闻的浪潮：安徽电视台的《第一时间》、湖南卫视的《都市第一时间》、山东齐鲁电视台的《每日新闻》、重庆台的《天天630》、成都电视台的《成都全接触》、海南电视台的《直播海南》等等，全国各地电视台几乎都推出了自己的电视民生新闻栏目。这是一场名副其实的“新闻大战”。

所谓“民生新闻”，有人将其定义为一种新闻样式，指的是采用平民的视角，站在百姓的立场，去播报百姓喜闻乐见的新闻，评说百姓关心的事情，并为百姓排忧解难的一种以大众为收视对象的新闻样式。它和社会新闻的区别则在于体现了“民生的视野、民生的态度和民生的情怀”。而有人将其定义为一种体裁，如民生新闻是以城市居民为传播对象，以频道主要覆盖城市为报道范围，以与市民日常经济、社会生活息息相关的新闻事件为主要题材的一种电视新闻体裁。

而笔者以为，民生新闻与其说是一种新闻样式、一种新闻体裁，倒不如说是一种新闻操作的理念，是一种带有本土化色彩，关注平民百姓的日常生活、生计的新闻报道。民生新闻最大的意义则在于：实现了对新闻本质的一次革命性回归。

什么是新闻？凡是学过新闻的都能迅速做出理论的回答。但在实践操作中往往沿袭了长期形成的习惯思路而忽略了新闻的“消费品”职能，忽略了新闻贵在“新”的本质。著名记者范长江曾用通俗的语言道出了新闻的真谛——广大群众欲知、未知、应知的事实的报道，新闻价值应定位于群众的需要之上。在完全进入市场化运作机制，收视率决定节目生存与否的当代西方电视新闻，更是重视传播内容与受众需求的结合。而在我们以往的新闻节目中，其主角是各级领导、社会名流、榜样人物，其内容是时政会议、经济成就、典型验收。而民生新闻的主角恰恰是构成社会主体的普通民众，他们的衣食住行、柴米油盐、喜怒哀乐，构成了新闻的内容，无疑这更能折射出社会的真实常态。

说到民生新闻的兴起，我们无法忽视的一个大背景，就是中国共产党十六大报告提出的促进社会主义物质文明、政治文明、精神文明协调发展的理论。新一届中央领导多次强调执政的核心理念：以人为本，执政为民，“群众利益无小事”。民生新闻正体现了这种“以民为本”的价值取向，它用平民的视角体察老百姓的需求，用百姓的语言讲述百姓自己的故事，节目大多采用和观众互动的模式，尽量解决老百姓的问题。

当然，在肯定民生新闻的同时，我们也应该看到其局限性：由于民生新闻受众的层次相对较低，在社会重大新闻事件面前的失语，因而无法吸引社会的中坚人群。又因为民生新闻是省级电视新闻节目无法与央视抗衡的情况下，寻求突围的“歪打正着”之举，为此片面的追求经济效益和收视率，致使节目质量参差不齐，流于琐细，以至用鸡毛蒜皮之事来填充荧屏，甚至一个市的各档新闻栏目之间内容彼此重复，各频道之间资源内耗现象十分严重。作为地方电视媒体，地方电视节目的定位还必须考虑到自身不可逾越的局限性，即传播的区域性，目前条块分割的电视格局要求地方频道要以

"贴近性"和"本土化"的竞争策略凸显地域特色。也就是说，电视新闻节目将愈发向"小、土、偏"方向靠拢，像广播那样愈发贴近"地方化"。

三、三网融合背景下，新闻节目的第三次变革

网络传播时代的到来，冲击抑或颠覆着我国原有的广播电视传播格局。无疑，首当其冲的新闻节目改革势在必行。与前两次新闻改革不同的是，如果说前两次的新闻改革是"从下至上"的局部性以内容为主要的革新，那么，这次面临的是"从上到下、从下至上"的大范围涉及内容和形式的双重变革。

2009年5月19日，国务院批转发展改革委员会《关于2009年深化经济体制改革工作意见》的通知，文件指出："落实国家相关规定，实现广电和电信企业的双向进入，推动'三网融合'取得实质性进展。"7月29日，国家广电总局发出《关于加快广播电视有线网络发展的若干意见》的通知："加快广播电视有线网络发展，对于巩固和拓展党的宣传文化阵地，满足人民群众日益增长的精神文化和信息需求，推动我国广播影视改革和发展，推进三网融合，促进国家信息化建设，具有十分重要的意义。"8月11日，国家广电总局发出《关于加强以电视机为接收终端的互联网视听节目服务管理有关问题》的通知，进一步鼓励三网融合的进程。2010年1月13日，国务院常务会议提出我国三网融合的发展目标："力争2015年,全面实现三网融合发展,普及应用融合业务,基本形成适度竞争的网络产业格局，基本建立适应三网融合的体制机制和职责清晰、协调顺畅、决策科学、管理高效的新型监管体系。"[1]2010年6月6日，在国务院三网融合协调小组会议上，三网融合试点方案正式通过。2010年6月

① 见"中华人民共和国国家新闻出版广电总局"官方网站http://www.sarft.gov.cn/

30日，三网融合试点在北京、上海等12个城市和地区进行。

众所皆知，三网融合对电视冲击最大，因为人们看电视的方式和习惯发生了翻天覆地的变化：“第一，突破时间和空间限制，观众能够随时随地看电视；第二，从‘被动’到‘自由’，观众具有内容选择权；第三，从‘单向’到‘互动’，传播方式从‘关系’到‘社区’；第四，收视平台从‘播出单’到‘节目库’，对话界面从‘单一’到‘多层’；第五，节目存储从‘节目库’到‘视频云’，收视行为中‘搜索为王’；第六，电视机成为家庭数字化终端，收视行为进化到真正的多媒体时代；第七，媒体商业模式发生剧变，从‘间接市场’到‘直接市场’。”[①]因此，电视媒体如何面对挑战？

2009年的央视新闻节目开始“试水”：7月27日，被网友评为“最美女主播”的胡蝶亮相早间新闻节目《朝闻天下》，以搏人眼球；老牌的杂志型新闻节目《东方时空》则变更为新闻资讯节目，且每期时长由原来的30分钟扩充为一个小时，以增加新闻时效。到8月17日，全新改版后的新闻频道亮相荧屏，《朝闻天下》、《新闻30分》、《共同关注》、《东方时空》、《24小时》等栏目构成了每天早、中、晚、午夜四个时段新闻全方位放送的格局，以纵览天下事，提升直播力，增加评论比重，提供不一样的新闻角度为亮点。

地方电视台紧随其后：2009年5月1日，江苏城市频道的老牌民生新闻栏目《南京零距离》改版为《零距离》，其新闻选材由南京本地扩大到了江苏省的各个市县，并且提出“民生新闻3.0”的理念，强调“五个一”：一个焦点、一个人物、一组评论、一个调查和一个故事，将原先的“小民生”升级为更具宏观视野的“大民生”。而东方卫视更是打出“天下大事，先看东方卫视”的鲜明口号，在保留《看东方》、《环球新闻站》、《东方新闻》、《东方夜新闻》、《深度105》等新闻

① 孟昭元：《三网融合时代观众收视行为的嬗变及影响》，《中国电视》2012年第7期。

节目的同时，还推出了《大世界》、《新城市》、《回头释案》三档全新日播新闻节目，八档新闻全天候滚动播出，构成了全国卫视容量最大的新闻版面。深圳卫视推出了"1+1+1"晚间高端资讯专题，即"《直播港澳台》+《深市新闻》+《解密》"，其中的《直播港澳台》由30分钟扩为70分钟，播出时间也从晚10点提前到晚8点。

以后的几年，央视和省市台的这种新闻改革似乎从来没有停止过，然而遗憾的是，网民们似乎无动于衷。电视的这种改革并没有把网民的注意力重新吸引到电视机前。

2012年10月似乎是个拐点，国庆节期间央视《新闻联播》播出的一条"你幸福吗？"这一街头随访引发了全民热议；2012年10月19日的《新闻联播》播出了一条"四兄弟：母亲，你在哪儿？"，讲的是桂林四兄弟寻找患老年痴呆老母亲的寻人故事，并配发了照片和儿子的手机号码。这则寻人启事播出后好评如潮。几十年的《新闻联播》"不变"似乎是常态，每一点细微的"变化"都是意外。《新闻联播》在"寻人"，似乎更在"寻己"，寻找在新闻战线"走转改"的实践中，如何在保持栏目庄严大气、权威话语的同时，融入"亲民元素"。

2013年的《新闻联播》更见成效，"小人物"开始登上了《新闻联播》：1月3日，石家庄"豆饼大叔"姚彦君在《新闻联播》中亮相；1月4日，《新闻联播》头条关注成都曹家巷拆迁，时长近6分钟；2014年全国"两会"开幕，《新闻联播》通过微博向全国网民征集对"两会"的期待。一位网友创作的沙画作品登上了《新闻联播》。画面中，一双手在沙子上忙碌地进行着艺术创作，很快天安门城楼便"跃然沙上"，旁边还写着"北京·两会"的字样。而镜头一转，沙子上又画上了一匹奔腾的骏马，旁边写上了"中国梦"，最后还画上大手牵小手的温馨画面和"幸福家园"字样。据统计，《新闻联播》在"2012年，国内时政新闻时长3小时41分42秒，占全部新闻总时长的39%，国际新闻长1小时26分18秒，占15%，余下国内其他报道长4小时20分30秒，占46%。2013年，国内时政新闻时长为1小时31分52秒，减少了近一半，占全部新闻时长的16%，国际新闻时长为1小时53分9秒，略有上升，占20%，而国内其他新闻的时长增长到了6小时零10秒，占全部新闻总时长的64%”。[①]从内容上看，《新闻联播》一改过去严肃、呆板的形象，变得更加贴近民生民情，更加“接地气”了；从形式上看，播音员的语态已经是“播报主持”了，“字正腔圆，呼吸无声，感而不入，语气不坠，语势稳健，讲究分寸，节奏明快，语流晓畅”的播音腔有所改变，并少了一些居高临下的气势，多了一些对民众的亲切关怀（见下文详论）。栏目整体包装也更讲究了，大量的特技、动漫、图表丰富了电视语言的表达。

紧随其后，《焦点访谈》、《东方时空》等有分量的新闻节目都加大了民生新闻和国际新闻的比重，加强了演播室的包装，让电脑触屏、手机短信、广播连线、电话采访……统统走进来并传出去，一个更加好看、好听、管用的电视新闻正在向我们走来。

第三节　新闻节目的主持艺术

新闻节目的主持艺术主要包括新闻采访、新闻评论和新闻播报主持的艺术。

一、新闻采访的艺术

采访是一种了解客观情况的活动，是一种“特殊的调查研究

① 李晓婷、朱晓佳：《反映反映呗：2013年〈新闻联播〉改版文本分析》，《南方周末》2013年1月25日。

活动”。[①]

新闻节目主持人采访活动同记者的采访活动实质上没有什么区别，都属于新闻报道采访的范畴。所不同的是，主持人既要进行记者式的采访又要做节目主持，如《新闻调查》的主持人大多两者兼而有之。为此，主持人采访要更多地考察整体节目的宗旨、风格，也就是说，主持人采访的载体不是一个事件、一条新闻，而是一个节目。另外，由于主持人的特殊身份，采访又具有一定的代表性和权威性。

1. 采访的几种方式

主持人的采访活动大致可分为现场采访、演播室采访和远距离采访三种方式，在一些大型节目中，有时也采用多地点、多种方式的交叉式采访。

（1）现场采访

现场采访是主持人在新闻事件现场，对新闻当事人或有关人士进行的采访活动。现场采访技巧是主持人应该具有的基本素质。新闻事件中穿插的现场采访，最大特点是时间要求严格，大多数现场采访都有较严格的时间限度，除了某些特殊人物可以适当放宽。在现场采访之前，主持人应告知对方采访时间的长度，使其心中有底。所提问题应简洁、明了，不做漫谈。尤其是直播新闻中的现场采访，常常只提一两个简单的、观众最急于了解的问题，被访者也只是作简单的分析、说明和介绍，有的只用几句话表明态度即可。

（2）演播室采访

演播室采访是指主持人在演播室里对嘉宾所作的采访，也包括在其他特定环境中的采访，如在采访对象的办公室、家中等。这样的情况下，采访双方干扰比较少。采访时间较前一种充裕，但对主持

① 艾丰：《新闻采访方法论》，人民日报出版社1999年版，第19页。

人驾驭现场的能力要求高。这种新闻采访多是针对专家学者及政府官员的直接咨询，目的是请他们对某些新闻事件进行解释，帮助受众了解新闻事件发生的背景、意义。因而，主持人的政策素养要求相应也高。

（3）远距离采访

远距离采访是指借助现代化的信息技术，由新闻节目主持人在演播室对身处异地的电视记者、新闻当事人或知情人进行的采访。这种采访往往不会给对方较长时间准备，具有突发性和偶然性，对方的身份用实时图像、字幕或资料图片显示。远距离采访可以有多种方式，一种是通过卫星传送系统，与新闻采访记者进行面对面交流，而现场人员仅能听到主持人的问话，但观众可以在电视屏幕上同时或轮流看到问答双方的画面。另一种远距离采访是通过网络或其他视频系统进行交流。还有一种远距离采访是电话采访，观众只能看到主持人问话的画面，听到被访者从电话中传来的声音，看不到被访者的画面。有时为了增强视觉上的交流感，也会在画面上使用被访者的照片。不过现在的一些节目往往会把这几种远距离采访的方式融合在一起使用。

远距离采访比现场采访更方便、快捷，能使观众看到正在发生的事情，真实性更强。在提倡增强新闻时效性和可信度的今天，被广泛使用。

2. 采访的准备

俗话说，嘴上一分钟，案头十年功。采访是否成功与采访前的案头准备有直接的关系。准备越充分，采访越主动，也就愈成功。因此，主持人采访的案头工作应在条件可能、时间允许的情况下，尽可能地考虑周全。要认真研究选题的背景和采访对象的性格特征，甚而用词造句都要细心琢磨、认真选择。

杨澜在这一方面，有独到之处。例如，杨澜采访过很多社会名流，她很注意对不同的人选用不同色彩的词语进行交流：

采访李敖时，她用了具有武侠色彩的“快意恩仇”为题。为了表现这个生活在口诛笔伐斗争中的特立独行的“奇人”，开篇用了“一脸杀气”、“有仇必报”和“响马生涯”几个词语，一下子就把李敖江湖斗士的浪漫气质和传奇色彩凸显了出来。

而对证严法师的采访，则以“为何执着”为题，以“一位挂单修行的比丘尼”开场，用到了“众生的痛苦”、“俗世”、“佛法人间化”等充满佛学色彩的词语，结尾还提到采访证严法师这天正好是诺查·丹玛斯寓言的世界末日。杨澜说道：“但‘鸟还在唱，花还在开’，”每一个字都暗合着一个典故、一段公案，颇有深意。（传说在一休生活的时代，有一位叫蜷川新左卫门的佛教信仰者来到大德寺拜访一休，两人进行了一场充满机锋的对话。其中，一休问蜷川新左卫门：“你从哪里来？”蜷川新左卫门说：“我从你来的地方来。”他并没觉得自己和一休有什么区别，万物缘起和本质都是相同的。一休接着问：“你那里现在正发生什么事情？”蜷川新左卫门说：“乌鸦呱呱呱，麻雀喳喳喳。”现实世界中的五帝三皇、盛衰荣辱、生老痛死、恩怨爱恨都是幻影是虚妄，只有大自然的草长莺飞才是永恒的运行，才是他真正关注的东西。一休又问：“你现在到了哪里？”蜷川新左卫门说：“一个深紫罗兰尽染的田野里。”）也正是杨澜的案头准备工作充分，对佛学又有悟性和修养，使得从不接受媒体采访的证严法师对她破了例。

采访画家黄永玉时，首先说起他小时候离家出走的一段顽劣往事，顿时让黄永玉打开了话匣子：“找不着，家里人还到池塘去捞，到井里、到河里头去打捞，到下游找，怕我尸体浮到下面去了。”杨澜道：“天哪！你看你给惹的这个祸。”“惹祸”这个词既合常情又带有略微错位的嗔怪色彩，在七十多岁却被称为老顽童的画家面前，显得活泼又自然。结尾杨澜对着黄老先生说：“即使在睡觉的时候也有‘十万狂花入梦寐’了。”一句七言诗用得恰到好处，细致刻画了黄永玉的“画中人生”，一个“狂”字又暗合了艺术家的风神气质。

杨澜在回忆采访基辛格的经历时，也道出了使用合适色彩的词汇会给采访带来意想不到的效果。她说：“采访基辛格前我起码看了他的两本著作，还有他在很多场合关于外交的演讲。那段时间中东冲突非常激烈，鲍威尔正在中东斡旋，我提到‘在1973年赎罪日战争后，你也在中东搞穿梭外交’，一般人不太了解，会说‘第四次中东战争’，但因为我做到了这个功课，我就用了一个特别的词汇，源于犹太教节日术语的‘赎罪日战争’。当我说出这个词后，我明显感到他欠了欠身，坐直了继续听这个问题。如果我只是说‘你以往也在中东战争中做过穿梭外交，现在如何看待鲍威尔的工作’，他会觉得已面临过成千上万次这样的问题，很容易用现成的答案把你打发掉。最后他也很诚恳地说：‘功课做得非常好，very impressed（印象深刻）’。”①

杨澜真诚热情，快人快语，文雅中不乏犀利，智慧中不乏俏皮。只有有真诚交流的渴望，对他人的尊重和对传统文化的修悟，才能对词语色彩有良好的感知和准确生动的把握，才能契合交际题旨和交际对象的精神气质、心理语境，得体到位地与不同的人说不同的话。杨澜曾经谈道：“在我的采访中，大约有1/4的提问是临时发挥的，另3/4要靠严密、充分的背景准备，做功课的重要性怎么强调都不过分。”②是的，主持人是节目的主导者，要努力与采访对象缩短距离，沟通心理，使对方信任你，对你提的问题有兴趣，并愿意和

① 翁佳：《对面——著名播音员主持人访谈录》，中国经济出版社2003年版，第223页。

② 《中外记录经验谈》，中国人民大学出版社1983年版，第487页。

你谈。主持人要胜任此职，就要“知己知彼”，方能“百战不殆”。

研究采访对象，不仅要熟悉采访对象的生平事迹、职业、专业特长、文化素养，还要了解采访对象性格、爱好、家庭、交友、语言表达状况等等，就像海伦·斯诺所说：“要采访一个人，尽可能先了解他，了解到像一个未见面的老朋友一样。等到见了面，又要有捷径，找到沟通双方思想的桥梁。”1980年8月，奥琳埃娜·法拉奇在北京采访邓小平同志时，事先作了充分准备，仔细研究了有关邓小平同志的许多材料，制定了周密的采访提纲，采访取得了巨大成功。这段采访成了各类教科书上的精彩案例。采访出人意料的是先从祝贺邓小平同志的生日开始：

法拉奇：“明天是您的生日？”

邓小平：“我的生日？我的生日是明天吗？”

法拉奇：“不错，邓小平先生，我从您的传记中知道的。”

邓小平：“既然你这样说，就算是吧！我从不记得什么时候是我的生日。就算明天是我的生日，你也不应祝贺我啊！我已经76岁了，76岁是衰退的年龄啦。”

法拉奇马上说：“邓小平先生，我父亲也是76岁了。如果我对他说那是一个衰退的年龄，他会给我一巴掌呢！”

邓小平笑着说：“他做得对。你不会这样对你父亲说的，是吗？”

3. 提问的艺术

提问是主持人重要的艺术技巧，各种类型的节目都用得上，但对于新闻节目来说，采访艺术也就是“提问的艺术”。美国著名电视新闻杂志节目《60分钟》内部有句名言：“提问有时比回答更重要。”因为你的提问反映了你对这个问题的思考和对背景的了解。

《新闻调查》主持人柴静的采访提问就非常有技巧，我们不妨以她的一期节目《流浪少年》为例。2004年的河南省登封市接连发生了180余起入室盗窃案，被盗窃的物品大到家用电器、首饰现金，小到玩具硬币，甚至是厨房的锅碗瓢盆。经过警方的周密排查，先后逮捕了14名犯罪嫌疑人。原来这些犯罪嫌疑人还都是些稚气未脱的少年，年龄最小的只有12岁，盗窃团伙的主要策划者是年仅15岁的小波。当《新闻调查》摄制组一行来到距离登封市约40公里的村庄，寻找到小波家门时，小波的养母郭爱凡竟说她已经几年没见到儿子了。主持人在他们家中也确实看不到小波任何生活过的痕迹。于是，柴静在采访小波养母郭爱凡时，从细节入手，采用剥笋抽茧的提问方法，给观众以强烈的心灵震撼。

柴静：你知道他现在在哪儿吗？

郭爱凡（小波养母）：不知道。

柴静：他跟家里没联系啊？

郭爱凡：不知道。他没回来咱也不知道。

柴静：他当初为什么离家出走你知道吗？

郭爱凡：不知道。

柴静：你不担心他这样出去了，遇到了什么事儿，或者犯什么事儿？

郭爱凡：可担心。你担心不上他。

柴静：这么多年你觉得，你了解这个小孩吗？

郭爱凡：那咱不了解。

柴静：那你觉得这孩子心里头，对你这个养母是什么感情？

郭爱凡：那咱说不来。

柴静：你觉得他跟你有感情吗？

郭爱凡：咱琢磨着跟人家实心实意那个，那人家跟咱们没那个心，那咱说不来。

柴静：家里有孩子的照片吗？

郭爱凡：没有他的照片。

柴静：有他以前用的东西吗？

郭爱凡：没。

柴静：你知道他今年多大吗？

郭爱凡：他今年，今年十三四了。

柴静：他过了年就是十六了。

郭爱凡：十六了啊？谁知道，成天我想着他还是十三四岁呢。

主持人在这儿没有下任何结论，但通过提问，后母连自己孩子的年龄都不知道的事实，让人觉得心寒，家庭的冷漠昭然若揭，小波犯罪的缘由也就不言自明了。因而当节目切回演播室，柴静的总结也就水到渠成了：在采访这些孩子的时候，我问他们，你的未来是什么？每一个人都回答："不知道。"大家都说孩子是未来的主人，可是一个得不到爱、看不到希望的人是不会对这个社会有什么责任感的。2006年"两会"、"高法报告"中有一个数字说，2004年青少年犯罪率比前一年上升了19%。这个数字和我们每一个人都有关系，因为这些孩子就生活在我们身边，给他们一个可以期待的未来，这是一个健康的家庭和和谐社会的责任。

提问的方式有多种，其中追问、逼问就是最重要的两种技巧。对敏感问题的追问，可以增进节目悬念，吸引受众注意力，也能很好地展示双方的智慧，但必须注意"合作"和"礼貌"的原则，注意分寸的把握。王志在《面对面》栏目中向来以紧迫追问迅速进入事物本质而闻名。在受众中反响极大的是谈“北大教改”的那期节目，王志对北京大学校长闵维方有这样一系列的追问：

王志：据我观察，压力对年轻的教师来说不是问题，而引起争议的一个原因就是改革应该是公平的。为什么从我们开始，为什么从年轻教师开始？

闵维方（北大校长）：对年轻的教师来说，三四年内不会发生任何实质性的变化。为什么？如果通过这个方案的话，一个副教授觉得，我明年2004年够正教授就可以申请了，假如我没有申请没有评上正教授，按照规定可以隔一年，到2006年再申请。再申请又没评上正教授，按照新的设想就不再申请第三次了，但还是给你一年的过渡期。真正要分流的时候，就到了2008年。实际上有一个充分的时间让他们努力提高自己的学术水平。

王志：那么没有实质性的方案我们做改革干什么？（尖锐地追问）

闵维方：我们想用五至七年的时间，就是从1998年开始到2005年，用五至七年的时间，打好基础。然后再用十年把我们八十多个重点学科中的1/3，二十多个重点学科推到世界前沿去。

王志：但是，你们把时间定得这么具体，2015年这种数字让人想起很多年前，我们说的50年“赶英超美”的这一类指标。（及时追问）

追问也是一种揭示内幕的办法，有时候甚至能演化成一种逼问，更鲜明地展示嘉宾的个性，但这种方法要注意分寸感。还是在这期节目中，王志运用逼问的方法，使问题接近了真相：

王志：那么为什么北大要改革？（逼问）

闵维方：平心而论，北大的学术队伍就是我们的教师队伍、科学研究人员的队伍，目前在全国高校中，应该说是最好的。

王志：北大的实力有目共睹，我想知道的是为什么北大要改革？（进一步逼问）（闵维方这才说出，同世界最好的大学相比，北大教师队伍还是有相当差距的）

王志：如果我是北大的年轻教师，我会赞成这个改革的方案，但是有理由认为你这个改革不完全彻底。北大的目标可能是成为世界一流大学，您的目标呢？是不是成为第二个蔡元培？

王志常有锲而不舍的追问，甚至为了得到一个答案去逼问嘉宾。王志把追问作为新闻的切入点，环环相扣，不断地刺激被采访者，也不断刺激着观众把节目看下去。所以，王志的追问和逼问，成了《新闻调查》和《面对面》的灵魂。亦因此，王志分别于1994年、1995年、2002年三次获得中国电视新闻一等奖。

当然，节目主持人的提问并不都是王志这种“单刀直入式”的，更多的还是需要在温馨的情感交流下进行提问。其中，“迂回问”就不失为一种很好的提问方法。但不管以什么方式提问，主持人都应该切记：不是你要提问，而是你在替观众提问。例如，毕业哈佛的潘杰客在担任东方卫视新闻访谈节目《21@21》主持人时，就善于琢磨观众的想法并成功运用“迂回问”，先后采访了贝聿铭、奥尔布莱特、骆家辉、张德培、妮可·基德曼、大野洋子、阿诺德·施瓦辛格、前NBA篮球明星丹尼斯·罗德曼、另类华人歌手孔庆祥等要人和名人。

为了了解87岁的贝聿铭先生对死亡的看法，潘杰客迂回地问了三个问题，从暗示到明示，最终图穷匕见：

潘杰客（一问）：如果说再过一百年，您希望后人对您的作品的评价是什么？

贝聿铭：不一样，我总觉得现在变化很厉害，全世界都在变化……一百年我就想不到了，而且你这个问题没有人可以答，我也答不了。

潘杰客（二问）：有没有什么事情可以让您心生畏惧的？

贝聿铭：我已经87岁了……所以三年前我就决定停啦，把没做好的工作继续下去，新的工作我也不接。所以你问我未来吗，我就不想了，想得心里面不大舒服。

潘杰客（三问）：作为87岁的您，相信您对死亡一定有自己的看法。您对死亡的理解是什么？

作为美国前国务卿，奥尔布赖特的名字似乎只与“轰炸大使馆”、“朝鲜半岛”、“反倾销”、“两岸”等名词紧密相关。那么这位女士的爱情生活如何，似乎更能引人注目。于是，潘杰客见到了奥尔布赖特，直接问她：

潘杰客：您和前夫的离婚，是谁甩了谁？

奥尔布赖特：是他离开了我，我当时心情很不好。

潘杰客（委婉迂回地）：您该有位新男朋友了。

奥尔布赖特：目前还没有。

潘杰客：这是否说明你还爱着你的前夫？

奥尔布赖特（想了想）：也许吧……

而面对另一位女人——约翰·列侬的遗孀大野洋子时，潘杰客一扫家庭式的提问方式，他知道此时观众想听什么。

潘杰客：（你展示一些有冲击力的东西）目的是为了获取人们关注？是这个目的吗？

大野洋子：艺术本身是不会沟通的，它本身没有目的，所以需要有一种沟通的方式，一种触及人的心灵和智慧的方式。

潘杰客：有人指责说，甲壳虫乐队的解散是由于你和约翰的婚姻引起的,你怎么回应？

大野洋子：现在人们不这样谈了，现在人们知道，乐队不是因为我的原因解散的。女人是很容易被责备的，尤其是一个刚刚走近他们的亚洲女人。

潘杰客：很多人指责你，说你用约翰的名义嫌了很多钱，你怎么回应？

大野洋子：我为慈善事业捐助了很多，这个世界到处都是亿万富翁，我没有那么富有。

这种处处替观众提问的方法，收到了很好的传播效果。

二、新闻评论的艺术

新闻评论是由新闻主持人就某些新闻事件或政治、经济、社会等问题发表看法。新闻评论有两种形式：一种是事先准备好的，还有一种是主持人现场发挥的。即兴评论最能体现主持人的思想深度、政策水平及其语言组织能力。新闻评论包括对新闻事态发生前因后果的阐释、分析和预测。主持人既可以采用夹叙夹议的方式，又可以直接对事件或问题进行评点议论，旗帜鲜明地表达自己的观点或态度。主持人的新闻评论要讲究艺术，有以下几点必须引起关注：

1. 以新闻事件为引子，夹叙夹议

电视是个叙事媒体，因而新闻也越来越戏剧性、故事性。所谓新闻故事化，故事人物化，人物细节化，细节趣味化，也就越来越盛行了。所以，克朗凯特曾经说过，新闻就是要“讲好一个故事”。因为新闻评论在“用事实说话”，大都以事件为引子，而且有时事件内容的叙述还占有较多比例，只有事件说清了，引出的观点才有说服力。好的叙述可以起到推动节目进程、强调主题、升华思想、引导舆论、营造气氛等作用。

但我认为，新闻再怎么故事化，一定要注意感情化，千万不要情绪化。白岩松是个“善讲故事”的高手，他有时不惜用五分之三的篇幅讲述一件触目惊心的故事，但情绪却很稳定。如在《伤心一跪与民族气节》的一期节目中，他首先交代作家梁晓声授权讲这个故事的背景，特别介绍了梁晓声给大学生做讲座时，有人递条子要求“讲点儿别的，讲点能逗我们开心”的“题外话”，造成一点悬念，继而形象地讲述了那令人伤心的“一跪”，观众随着他的讲述，韩国女老板的骄横无礼，下跪者的懦弱愚昧，拒不下跪青年的凛然正气，历历在目，感情亦起伏不平。在此基础上，白岩松关于民族气节的一番议论，铿锵有力，振聋发聩，给人留下了深刻的印象。

关于老板罚中雇工跪下一事，在这里我不想再议论这个女人了，因为她连被议论的资格都没有。这不禁让我想起了47年前毛主席在天安门城楼宣布，中国人民从此站起来了。然而，这些人面对的不是战场，更不是在刺刀、枪口面前，而是面对一个口袋里装满金钱的外国女人。我不禁要对同胞们说：曾经的贫穷，不该是我们觉得比别人低人一等的理由，金钱更不是使我们双膝发软的原因。我要说，在奔向富裕的道路上，站直喽，别趴下，更不要跪下！

主持人在进行评论时，首先应该要把最鲜活的新闻事件作为证据，成为立论的坚实基础，从而才能吸引观众的注意力。

2. 评论必须有的知矢，要言不烦

写文章讲究切口小，挖掘深，主持人在进行评论时也同样如此。话题可小题大做或大题小做，找准切入点，要言不烦，更能体现出“评”的力度和“论”的功力，也更容易让观众看得清楚明白。

白岩松的评论常具有这样的特点。例如，谈防止荒漠化的结尾，他用“尊老爱幼”这一成语作为切入点，把“尊老”“爱幼”拆开评说，不仅赋予了这个成语新义，也强化了每一个普通人的环境责任意识。

尊老爱幼是我们的传统美德，那么把它放在我们面对的环境中也同样适合：“尊老”是要把祖先留给我们的青山绿水在我们手中得到很好的保护，包括那些文物不受侵害；“爱幼”，就是要有长远眼光把今天的青山绿水更好地交到子孙的手中，甚至让他们忘掉“荒漠化”这一曾困扰他们祖先的词汇。

再如，在“香港回归”直播中，当驻港部队进入香港时，白岩松在结束语中这样点评：“驻港部队的一小步是中华民族的一大步。”简单的一句话，点明了驻港部队进驻香港的历史意义。

3. 主持人的评论要扬长避短，富有个性

主持人评论时，其观点不是私有的，而是传达所在媒体利益的，但这并不意味着主持人的新闻评论不能进行个性化表达。个性化的新闻评论更能赋予节目魅力和生命力，而个性化的表达，一定要扬自己的所长，避自己所短。例如，方宏进有经济学的学术背景，又有大学副教授的经历，他擅长条分缕析又通俗易懂地利用媒体，剖析一些经济领域的问题。下面我们看看他在国际市场黄金跌价时，是怎么进行评论的：

在我们传统的印象中，黄金一直是财富的象征，储存黄金也是最有效的保值手段。但是，近年来国际市场上的黄金价格一路下跌，1998年1月8日市场上的黄金价值跌到279.5美元一盎司，达到1979年6月以来的最低水平。近日金价虽有上升，达到300美元一盎司左右，但市场人士估计金价进一步下跌的阴影仍然存在。曾经被视为最稳定的财富标志的黄金，为什么在近年来威风不再？

说起来原因有三个方面，一是近年来全球黄金的产量不断增加，去年世界黄金产量就比上一年增长了2.3%。而在工业生产中替代黄金的原料正大量被采用，工业用黄金的需求没有迅速增加。供需调整之下，黄金价格下跌在所难免。二是现在黄金价格的波动较大，储备黄金的代价又较高，令很多国家的中央银行认为储备黄金并不是最安稳的手段，而将储备的形式转变为外汇储备，存储几种国际上最流通的货币。外汇储备不过是计算机网络上的一组数字，成本当然极低；如储存的是组合好的几种主要外汇货币，价值就不受单一外汇币值波动的太大影响，所以相对保值的能力较强。出于这样的考虑，去年荷兰、阿根廷等国中央银行相继宣布出售储备黄金后，引发世界黄金市场价格连续出现大跌。第三，由于在国际市场上衡量黄金价值的美元一直坚挺，使得国际上的金融炒家纷纷抛售黄金，换取美元，大量的投机活动也刺激了黄金价格下跌。

从发展的角度来看，国际市场上黄金价格下跌背后，反映出货币电子化、网络化、虚拟化的趋势，很多人认为这是科技革命带来的必然结果。当然，这种趋势也让许许多多习惯于看着实实在在的黄金搁在那儿就放心，而看着计算机屏幕上一闪一闪的数字就揪心的人，无论如何踏实不下来。这样的发展趋势对于我们中国的消费者来讲也许是好事，大多数中国人喜欢黄金饰物，在我们的生活水平不断提高的同时，如果金价又下调的话，对很多人来讲穿金戴银已不再是梦想。

白岩松爱好文学，因而他的评论特别注意具象与抽象、感性与理性的结合，常用比喻、排比、设问、反复等修辞格，既充满智慧又充满文学味儿。

例如，有一次在谈论人们忽略了日常生活中的幸福时，他曾动情地说："其实幸福就是像水一样的东西，就在我们身边流过，就像一杯好茶，亲人的一张笑脸，午后一抹温馨的阳光，半夜下班时万家灯火中为你点亮的那盏灯。"

在一次由朋友用电脑给母亲写信引发的议论中，他问："高科技真能代替一切吗？""现在时兴电话拜年，恐怕不能取代面对面的情感交流吧？朋友、亲人可能更愿看到你的笑脸，哪怕是一声叹息……在大踏步前进时，是否应该丢掉人与人之间的关怀？"他先用设问句和反问句，既强调了自己的观点，也隐含着结论，一波三折，直指人心。

说真的，我国广播电视媒体目前还谈不上有真正的“评论”，最多处于“叙叙”“议议”的阶段。真正的新闻评论是不可复制的。堪称中国电视时评第一人的曹景行主持着凤凰卫视的《时事直通车》，在《南方周末》2001年年度重点关注的栏目中，《时事直通车》榜上有名。一个叫做“子非鱼”的写家在点评《时事直通车》时说道：“信息匮乏的年代里容易培养出信息分析的专家，就好像饥饿的年代里容易培养出美食家。《时事开讲》的主播曹景行在皖南的农村做过十年知青，还在上海社科院的资料室坐了六七年冷板凳。对于那些夜夜听着《时事开讲》入睡的都市栋梁们来说，他们的信息多食症需要老曹这样挨过饿的人来帮着清理肠胃。但是《时事开讲》是不容易复制的，愿意开讲的饱学之士难得只是其一，灵活大胆的播放机制才是关键。目前看来，《时事开讲》一枝独秀还得维持一段时日。”①

这段话是挺有一番意味的。

三、新闻播报主持的艺术

1. “说播结合”的自由转换

2011年9月25日，央视新闻节目主持人欧阳夏丹、郎永淳亮相《新闻联播》，两位主播在播报新闻时，语速明显较之以前的主播有所加快，“心气儿”、“咱们那”、“吃面儿”等口语词屡屡出现荧屏。两人快语速的口语化播报，使整档节目生机盎然，不仅信息量增大，也更贴“地气儿”了。

2013年春运的第一天，海霞在郑州站做了时长3分钟的视频连线直播，还插播了李娜澳网惜败的国际直播信号。此举开创了《新闻联播》有史以来首次现场连线直播。新闻节目现场连线直播在国

① 子非鱼：《年度重点关注栏目点评》，《南方周末》2002年3月14日。

际上并不稀奇，但对于央视《新闻联播》来讲意义重大，更重要的是向观众展示，这是一档真正的新闻节目，这里有第一时间、第一现场的未加工的报道。

2013年起，《新闻联播》正式引入特约评论员的直播评论。这说明播音员早已不是单纯的播音员，他们还承担着与嘉宾对话的主持人角色。我认为，未来的联播播音员还要承担着现场评论员的职责，做个“真正有思想的传播者”，而不仅仅是个“肉喇叭”。因为进入微博时代，民间有了更多的发声条件和机会，但其声音毕竟是碎片化的，非常需要我们的主持人“在现场”并“有立场”。

2014年春节期间，《新闻联播》不断抛出橄榄枝，频频和百姓“唠嗑”，开始说“百姓听得懂、百姓喜欢听”的“家常话”：

过年回家第一句话说啥？

在刚才的节目中我们看到，很多地方都迎来了马年的第一场降雪。新年新气象，这场久违的降雪，把神州大地装扮得分外妖娆。雪花飞舞，让我们感受到了美丽与诗情。“瑞雪兆丰年，风雪归乡人。”降雪为冬小麦“解渴”，预示着农作物丰收。离家出行的人，请放慢脚步，再看一眼雪中的家乡。

明天就是假期的最后一天了，在返城的路上请多多注意安全。

今天是春节长假的最后一天了，对于要出行的人来说，这是离别的日子。或许这一别，要等到明年这时才能见到父母、亲人。中央电视台《新闻联播》提醒即将远行的人们，赶紧和亲人合拍一张全家福吧。

…………

这些都预示着：中国共产党从1940年延安新华广播电台开播至今，一直未变的播音语态开始破冰了。

这也预示着："说新闻"已经成为一种主流的播报方式正在被央视认可，同时也预示着"说播结合"的播报主持样态诞生了。

我们说，所谓"播报主持"，既有"播"的规范，也具"说"的亲切。在新闻叙述中有口语化的处理，又保持了简练、紧凑的语体特点。"说新闻"与"播新闻"是新闻类节目播讲方式的不同分支，各有所长，又各有局限。而对联播新闻节目而言，就是资讯播报+连线采访、评论直播、话题探讨。因而主持人力求娴熟运用播报主持的技巧，在"说播结合"中自由转换语态。具体说来，对于时政综合类信息应该坚持"播"的形式，以确保新闻的权威性；而对于专题类、民生类信息则不妨采用"说"的方式，以实现最佳的传播效果。实现"说播结合"播报主持技巧时，还得注意体态语的适当运用。长期以来，《新闻联播》以及模仿《新闻联播》的省级联播类新闻，压根儿没有手势、没有表情的，显得过于严肃和古板。以至于邹振东的一篇《嗨！〈新闻联播〉笑一个》发表以来，不断被转载。文章有这么一段：

> 《新闻联播》最近的变化连台湾媒体也十分关注，台湾《旺报》就大篇幅地进行报道。台湾人对《新闻联播》最不能理解的可能还不是主持人不笑，而是两位主持人从头至尾不看对方一眼。有一次，和一位台湾媒体同行吃饭，刚好电视里在放《新闻联播》，他好奇地问我："这两位主播互相不认识吗？"我说："怎么可能，他们是同事，一个播音组的。"他又问："既然他们认识，为什么在电视里装不认识，甚至眼神都不交流呢？哪怕是结尾收拾稿子的时候也可以

微笑打一个招呼呀？”我愣了一下，然后定定地看着他，说：“因为，酷！”[1]

人们的关注，更说明它在中国人生活中的不可或缺。因为它不仅仅是一个简单的电视新闻栏目,它是中国人日常生活里的一个政治符号，它是中国新闻改革的一个风向标，它也是地方新闻赖以效仿的“母本”。

2. 语音功能型的艺术设计

播报主持并不是说不需要强调播音的技巧，相反，声音技巧仍然是主持人“在行”的必不可少的条件。现在不少新闻主持人认为，声音不过是表达意义的一种形式。但我们要说，形式在某种意义上就是内容，因为意义是靠形式来传达的。黑格尔就曾说过：“内容非他，即形式之转化为内容，形式非他，即内容之转化为形式。”形式主义美学是美学的一大分支，形式美就是构成事物外形的物质材料的自然属性，以及它们的组合规律，形式本身就具有一种相对独立的美，它具有一定的抽象直觉性，同时它也直接服务于内容。

对于以声音为主要物质手段的主持人节目来说，主持人没有悦耳动听的声音、标准的发音，节目的美学价值就要大受影响。好的声音不仅能准确地表达出主持人丰富多变的思想感情，而且会声声入耳、娓娓动听，使观众的注意力倾注到节目中去。同样的稿件，各人播出的效果却并不一样：邢质斌的高亢敞亮，李修平的优雅和暖，海霞的清雅秀美……从某个角度看，新闻播报主持的艺术就是声音的造型艺术。这门艺术需要新闻节目主持人用心去理解新闻，用声

① 邹振东：《嗨！〈新闻联播〉笑一个》，《南方周末》2011年10月20日。

音传达出自己的新闻理念，用声音形式上的明暗虚实、刚柔冷暖、抑扬顿挫、轻重缓急等技巧来进行创作。播报主持过程中的“播报”，要特别注意语音功能型的艺术设计。

所谓“语音功能型的艺术设计”，是指根据节目的特点、主旨的表达需要，对新闻播报进行的音型设计。例如，语调如何设计？哪儿进行重音处理？语速快慢如何调节？停顿何处最为妥切？稿件基调又是什么？斯坦尼斯拉夫斯基曾说过，重音、停顿、语调是语言表达的三张王牌。这确实需要我们用心去体味、去设计。

徐俐就是这方面的有心人，1992年她进入《中国新闻》栏目，作为消息类新闻节目主持人，她以新闻内容来确定速度：每一句话当中，以适当放慢速度、提高音调来突出主要词语，其他不重要内容则以较快速度带过。并根据自身特点，设计出一种语速快、音色亮、音质纯，吐字清、归音润，可以随心所欲地掌握播讲内容的风格。当徐俐在《中国新闻》栏目中，以每分钟340个字的播音速度且字字清晰的风格出现时，立即受到海内外观众的喜爱，特别得到了海外观众的称赞，说这样的播音主持“大气，具有中国气派，并体现了大国新闻主播的风范”。如今，徐俐的播讲速度开始较前慢了些，用她的话说：以前是急于开放自己，让别人接受自己，所以适应别人的东西多一点，现在世界已经了解了中国，不需要再用这种很外化的东西去告诉别人我们中国变了，媒体是由实实在在的人构成的，我就是改革，我就是开放。新闻播报应该不仅让受众看到你的新闻，还应该让他们看到你的内心。中国的国际地位在世界上已趋稳定，我的语速也该有所变化啦。

赵忠祥在20世纪80年代担任《新闻联播》工作时，也在语音功能设计上颇有心得，并由此创造了自己独有的播报风格：舒展、从容、醇厚。在这方面，他有很多的体悟：

> 节奏，也是气韵，也是独具匠心的运营。守若处女，疾如脱兔；静如山岳，奔如电闪；泰山奔于前而色不变，麋鹿兴于左而目不瞬。节奏不仅体现在速度中，也体现在气度上。一味快并非节奏，一个劲地慢也不是节奏。动静之间，快慢之间，张弛之间，都充满了节奏，充满了气度。这一切处理得当就会构成大器的神韵。①
>
> 播音时的断句，初念稿子的新手，往往不敢大幅度的停顿。因为他做不到词断意不断，他即使机械地停顿，也使这空隙了无生趣。其实，停顿类似着墨留白，那空隙,那留白，是语言的无声部分，是感情表述后的一个不可缺少的回味部分，令听众回味过去，有一个接受上一句信息包括情感信息的回旋，并追寻下一句言语的去向，使受众感到的是连绵不断的意境。②

众所皆知，赵忠祥在新闻播报方面还未充分展示语音功能设计才华之际，突然被调离《新闻联播》。为此，他曾一度失落。但不久在《动物世界》中，他在这方面的才华得到了尽情地挥洒。当然，《动物世界》的解说不同于新闻播报，但我们不妨举一小小的例子，意在给新闻播报艺术拓宽一下视野。

赵忠祥曾解说过一期《动物世界》，名字叫《丽尔的漂泊——离家》，其中有这么几句话："但是它们并不总在飞翔，到中午的时候，丽尔已经飞出来站在屋瓦上了。在阳光下晾晒着它们的身体，燕子们成了杂技演员。"赵忠祥首先是停连的创新，按他的处理方式，这句话落在字面上的标点变为："但是它们并不总在飞翔到中

---

① 赵忠祥：《岁月随想》，上海人民出版社1995年版，第72页。

② 同上，第74页。

午的时候，丽尔已经飞出来站在，屋瓦上了。在阳光下晾晒着它们的身体，燕子们成了，杂技演员。”他敢于突破日常的言语习惯，带过次要的东西，小心地在重点之处休歇换气，显得趣味横生。另外，“在阳光下晾晒着它们的身体”的处理是：语调高展、气息虚暖、咬字灵动、句尾不落，好像自己也成了在阳光下闲适慵散的燕子了。这些极具个性化的处理，既源自他的善察体物，也源自他对语音功能艺术设计的娴熟技艺。但在当时，他独特的停连成为业界好多人不能理解的断句方式，甚至换气方式也被人指责。但他却有不可替代的地位。

在新闻播报主持越来越多样化的今天，创新播报形式将越来越受到人们的关注，也必将成为未来一种新的艺术追求。

第四节　新闻节目主持应规避的误区

一、主持人表达的个性化≠个人化

目前，民生新闻节目主持特别强调个性化的表达，所谓“个性化表述”，是以个人的视角看待事物。这些看法涉及的观点可以认为是主持人的个人观点，但它在一定程度上是代表广播电视网络及其所属的利益集团的。但我们有些主持人却把“个性化”等同于“个人化”。由于概念的混淆，实际操作中就产生了一些问题。不少民生新闻节目主持人，其主持的杀手锏就是过分渲染不负责任的个人化评说。

就拿笔者生活的这个城市某著名民生新闻节目主持人的几个案例来说吧。

例1，因高校播音主持专业招生火爆，主持人当晚就在节目中讽刺说：

看看我们身边的主持人有几个是播音主持专业毕业的？……(说完，顺手把刊有这则新闻的报纸往旁边重重地一扔)

我们说，不能因为你和身边的几个同事不是播音主持专业出身，就一口否定播音主持专业在教育中的地位。这纯粹是个人化的言说，并不是“个性化”的表述。因为“个性”和“个人”是完全不同的两个概念，按《现代汉语词典》解释：“个性是指在一定的社会条件和教育影响下形成的一个人比较固定的特性。”但一切个性都是有条件地、暂时地存在的，所以是相对的。因为个性有共性的一面，任何个体都生存于群体，任何个体都包含着群体的共性，个体是群体的全息元。为此，共性和个性是相对的，是在一定的关系范围中体现出来的。个性要在社会关系中存在和发展，永远也无法与个人生活于其中的生活背景相脱离。而“个人”是指一个人（跟“集体”相对）的一个概念。我们的广播电视网络新闻需要个性化表达的主持人，但“个性化”不等于“个人化”，“个人化是针对受众而言的另一个概念，主持人的‘个人化’则会误入迷恋和展现‘小我’的泥沼，一切脱离栏目特点，不符合社会主流价值判断，肆意妄为孤芳自赏的‘与众不同’，是不被受众承认，更无法被接纳的”。[1]

例2，××医院突然停电一小时，新闻画面出现了医院负责人拒绝接受记者采访的影像。主持人就指责说：

这家医院还是家大医院，这就是他们多年对媒体的态度——嚣张。(边说边用手指敲着桌子)

① 吴郁：《21世纪主持人的新标高》，《现代传播》2001年第1期。

这家医院停电一小时，造成了对患者的不利，确有管理上的问题，你可以进行调查，就事论事。而不必就此来报这家医院多年不愿和你合作的一箭之仇，“嚣张”一词出言不逊，有骂人之嫌，太“个人化”了，与媒体应有的态度不符。

例3，城市几家影院同时放映俄罗斯电影和好莱坞大片，前者观赏人少，后者则人多。主持人则在新闻节目中报道了这个消息并评论说：

> 好莱坞大片相当一部分只适合16岁以下的弱智的人看。《星球大战》是科学家拍出的电影，是通过电脑弄出来的效果，艺术含量越来越少。为什么就不去看看俄罗斯的文化片呢。

《星球大战》把20世纪的先进技术与古老的传奇故事完美地融合在一起，创造了令观众叹为观止，令古代的文学家望尘莫及的太空战争片，也使这部科幻片获得了七项奥斯卡金像奖的殊荣。导演卢卡斯设置了一个与英雄业绩层出不穷的西部世界有点类似的背景，在银河系的权利争斗的情节中，展示了科学的魅力。太空的战斗实际上是人类战斗的演绎，表现出独特的文化意识和深层次的哲学意识，影片的主题也引起了人们的关注和思考。

且不说主持人在电影方面的知识是多么的贫乏，单就主持人对这部影片的看法就全属个人偏见。我真的想知道，这位主持人是真不明白，还是假不明白：世界上任何人都是有局限的，不可能是全知全能的。每天都要在节目中，以个人的方式去评说、去解读源源不断的新人新事，不仅自己累，观众也会审美疲劳，倒不如就某个问题请个专家来发言，更为公正些。再说，主持人在栏目中的个性和生活中自然人的个性又并不尽相同，主持人的个性除了“本色”，还要求

"当行"。要说清这个问题，首先得从社会学的角度说说"我"的三个层次。

"我"有三个层次，即"本我"→"自我"→"超我"：

"本我"，是一个人无意识的核心部分，代表一种本能。简言之，是完全的"跟着感觉走"的"我"，是追求本能的，下意识需要的"我"。"本我"是可怕的，如果一个人一味地表现"本我"，就会为社会所不容，或是个神经病者。所以"本我"总是被压抑在无意识中，如果有人要时时"亮出"本我，就别说主持节目了，也许早把人给吓跑了。

"自我"，它的特点是处于对自己的认知状态，荣格称之为被意识到的"我"，我们可解释为"镜中之我"，是通过观察他人对自己言语、行为的评价后，作自我调整后的"我"，是介于"本我"与"超我"之间的"我"。一个人日常社会生活中的自然形态，一般体现的就是"自我"，即所谓有些主持人所说的"本色"。

"超我"，它是从"自我"分化提升而来的"道德化了的自我"，是对"自我"的超越，是人格形成最文明的部分——也是主持人在媒体中应有的表现，这恰恰也是主持人工作时与"自我"不同，必须"当行"的表现，即个性要符合媒体语境需要的目标所在。同时，也是优秀主持人与一般主持人的区别之所在。

为此，我倡导：新闻节目主持人的话语表述形态最好逐步地从偶像性的个人化表述变成中立的、客观的、第三者的具有"个性化"的表述为好。尤其是在当下，中国市民阶层正处于一个形成时期，他们刚从传统农业宗法式社会关系中解放出来，又茫然地走进陌生的商业性组织中，这使得他们的价值体系处在一种双轨制的混乱状态，因而极端的思想往往比中庸的、辩证的思想更有市场，一些民生新闻节目主持人迎合受众的煽情言语得到吹捧，是自然的事。同时，由于中国正处于转型期，原有社会的各种纽带处于断裂中，新的沟通桥梁还没有建立，社会整合过程正在启动，广播电视网络成为普通百姓联系社会的最重要桥梁，百姓格外地依赖媒体，加上现今中国民众的"媒介素养"处于文盲期。这些都使得当今市民的视角是微观性的而非宏观性的，是个体的而非整体的，个体的利益与所在阶层的利益是其思想的出发点，所以，他们的观点常常是主观的且盲从的。

民生新闻的一些主持人的个人化表述方式，看起来是将新闻片断串联起来，有效整合了社会新闻的零散内容，然而它的深层意义却从某种程度上替代了观众的反思行为。因为广播电视观众经常是在从事其他活动的同时收听收看的，完全专注于收视活动的时间日益缩短。这在"收视文化"理论体系中叫作"同时收视"。正是这种"同时收视"现象的存在，一方面，观众在同时收视的状况下更愿意接收那些容易解读，而不需要花费过多思维进行分析的信息；另一方面，观众在同时收视的情境下，会越来越少地专注于新闻节目的内容，使"思维自觉性"大大降低，观众呈现出明显的"碎片式关注"模式。

民生新闻明显地适应了这种"碎片式关注"模式。为了吸引观众的"碎片式关注"，内容选择上难免事无巨细：停水停电、垃圾堆积、噪声车祸、邻里打架、夫妻反目、婚外情迷等等。不错，这些确实是老百姓的生活，但新闻报道大多又没有为观众提供指导性服务。形式上过分地强调视觉冲击力，通过节目预告、宣传片对特别的案情大肆炒作，过度渲染，甚至将事件神秘化，以求吸引观众。有的主持人在报道中反复和失度地宣扬刑事作案人残忍的手段，公安民警破案过程的侦察思路以及技巧。这就违背了媒体应有的责任。

不少民生新闻节目主持人将自己的个人化表述完全定位在市民式的视角之下，必然带来一些问题。我国广播电视新闻的传统价值之一是："肯定"，当"肯定"与"频率"结合时，往往呈现出好人好事的景象，这与人们的实际生活有时并不相符，长期以来人们感到了厌倦。而民生新闻颠覆了传统的新闻价值，采用的是“否定”的策略，“其结果往往使新闻又成了世界上发生的既无节奏又无理由的坏事的倾泻”，[①]往往呈现的是坏人坏事的景象。例如，医院成功抢救一位病人往往不是新闻，而未抢救成功的每每却是新闻；交通畅通无阻不是新闻，而交通事故往往就是新闻。再加上主持人个人化的言说，就成了主持人带着大家以集体发泄的方式维持着某种社会安定。这种“叙事方式及其风格也掩盖着社会矛盾。首先，我们从叙事形式中得到慰藉”[②]（是一种慰藉文化）。其次，过多地强调个人，而忽略群体、社会、制度，人们因为专注于家庭琐事、身边小事，恰恰忽略了自己在整个社会博弈中所处的位置和被忽视的利益。第三，新闻的故事往往“有魔术般的结局，人物命运峰回路转，给人留下美好的结局”。[③]民生新闻营造的温情、世俗、人性的氛围和蔼可亲，为那些逃避现实的人，提供愿望和心理的满足和刺激。这样的表述反而更能成为一种操纵和灌输的工具。

我们的新闻节目主持人一定要警醒，新闻是全社会的新闻，它是通过舆论达成全社会的沟通，并校正社会已经出现和可能出现的问题。这就需要一种整体化的能够整合社会资源的新闻观念。而那些放弃整体化，放弃宏观视角，一切传播活动均随广大受众的意志而转移，一味地以个人化思维替代整体性思维的主持方式，必然会导致社会舆论的失衡，从而引发更大的不良社会后果。因为这样，同样是回避了新闻的公正性和公开性。

不论如何，当代中国新闻节目主持必须站在当代中国复杂而

① [英]安德鲁·古德温、加里·惠内尔编：《电视的真相》，魏礼庆、王丽丽译，中央编译出版社2001年版，第20页。

② 同上，第66页。

③ 同上，第73页。

迅速变化的社会基础之上，脱离这样的基础，新闻工作者不但不会成为领航员和瞭望者，反而将会使航船陷入险滩。这绝不是危言耸听！

二、主持人角色定位≠判官

作为意识形态传播的广播电视，其关键是保持公正走好平衡术。这既是广播电视人的角色所需，更是广播电视自始至终遵循的原则。所谓“角色”，实际上就是人物社会身份的类型代表。公正、公平、正直是新闻主持人的角色定位的类型共同特征。上面所说的“个性”就是在这种角色类型前提下，根据个人风格不同所表达出来的特征。

新闻节目不是执法部门，新闻节目主持人更不是解决社会问题的“判官”。定位“判官”，对观察世界的方式就有了倾向性的处理。目前民生新闻栏目不可避免的有“执法”之嫌，立场预设性非常明显，以致完全违背了保持中立、客观的这一基本职责。片面地乐于“为民代言”的报道立场，乐于倾听市民一方的心愿而不善于倾听另一方的困难和想法，这是帮了一部分人，又打击了另一部分人。

例如，一些主持人在节目中常常以自己的预设立场对新闻事实进行取舍，见到消费投诉就立刻扣上“假冒伪劣，黑心商家”的大帽子，而不愿对其他的当事人进行实地采访；听到司机被扣牌罚款，立马想到的是行政执法部门乱收费；遇上弱势者就哀其不幸，并将其不幸一味推给社会，官民缺少沟通和互振。这种“权力”的滥用，会潜移默化地影响公众对政府、立法、司法的态度。

再如，对于家庭出现的“情感危机”，不是切实地深入采访，而是将问题做平面化的张扬。这样确实迎合了市民的收视欲，殊不知这样的新闻不但不能对舆论进行引导，只会将问题进一步复杂化。媒体包办一切，似乎成了无所不能的青天大老爷，一些电视新闻专门辟出时段接待、处理民间的纠纷。市民作为现代社会中的“大众”，他们是社会的生活者而并非决策者与思想者，他们在责任与义务之间常常处于不对称的状态，因而他们天生具有非理性的色彩。他们关注事件能给自己带来的感官刺激，习惯用平面的视角看问题，缺乏用立体的、透视的视角观察和分析问题。收视率是提高了，媒体的麻烦也就来了。

《轰动南京的“捉奸裸照官司”》一文曾披露这样一个事件：33岁的骆勇从朋友处得知，妻子莫英在外面有男人。于是，骆勇跟踪妻子发现其与一名叫宋汉的男人厮混在一起。2004年5月27日傍晚，骆勇打电话告诉莫英，晚上要加班。11时许，骆勇回家果然发现妻子不在。火性头上，骆勇叫上姐夫蒋明带上照相机去了宋汉家，两人破门而入。“咔嚓……咔嚓”声，偷情男女那种窘境全被摄入了镜头。骆勇拿着六张彩色照片，直奔宋汉单位。莫英觉得没脸见人，提出离婚，骆勇认为这又是宋汉作怪。为此，骆勇带着那六张裸照直奔南京电视台《法制现场》栏目组，向主持人诉说了自己的不幸遭遇。后来裸体照片一张张出现在2004年6月21日的电视画面上，宋汉名誉扫地。但宋汉认为，通奸不是犯罪，充其量只是道德问题，骆勇败坏了自己的声誉。6月30日，宋汉以名誉权受侵害为由，一纸诉状将骆勇及蒋明告上浦口区人民法院。9月2日，浦口区人民法院公开开庭就此案做出一审判决。法院认为，我国法律规定，公民的名誉权受法律保护。被告蒋明未经许可而拍摄原告及被告骆勇妻子的裸体照片，被告骆勇未经许可将该组照片给多人传看，还提供给南京电视台《法制现场》节目组并被播出，在社会上造成一定影响，两被告的行为侵害了原告的名誉权。故对原告要求两被告停止侵害，赔礼道歉，返还被拍摄的照片及底片的诉讼请求，法院予以支持。于判决生效之日起10日内，共同赔偿原告精神损失费3000元；驳回原告的其他诉讼请求。案件受理费及其他诉讼费共计854元，由两被告承担600元，原告承担254元。[①]

不能不说，这个事件的扩大化和新闻节目的推波助澜是分不开的。

近年来，新闻节目中不断有这样的报道：某人含冤负屈多年，未杀人却被打成死囚；遇事不公，不断上访人大、纪检等部门，诉状总是被退回原单位……最后由于某媒体的介入，竟得沉冤昭雪、真相大白。具体人物情节或有不同，但事情发展过程却基本相同。媒体在中国具有权力是近几年的事，它是随着媒体的市场化取向而逐渐形成的。传统媒体完全依附于党政权力，但是，在全球化信息时代，媒体对信息的过滤作用也在不断弱化，若再严格控制媒体可以说是事倍功半、费力不讨好。党政权力在既无力严格控制媒体的同时保证其满足社会的多种需要，又无力供养庞大的传媒系统，于是把媒体推向市场。而当媒体生存依赖于市场时，市场就成了媒体的衣食父母。多种推力下，媒体具有了一定的独立性，这种独立性又使其拥有了一定的独立干预社会的能力。这就是媒体有限权力的来源，主持人“判官”的角色也由此得来。

仔细观察，这个“判官”也只是“七品芝麻官”——“拍苍蝇而不打老虎”，只要不损及当地的主管部门，媒体对下及对外都拥有一定的自由报道权。

媒体既要提供舆论导向，又要提供发表言论的平台，同时还担负教化民众的职责。一味沉溺“判官”的角色，肯定是“错了位”或“越了位”。

实际上，媒体可以同时作为政府的喉舌及监督者的双重身份存在，同时还可以担负其他的角色功能，例如，反映其他阶层和利益群体的声音。媒体的本位角色应该是中性的、客观的，超越于局

① 金林理：《轰动南京的“捉奸裸照官司”》，《法制与新闻》2004年第11期。

部利益的。实际上，媒体只是一个公器，其作用应该是工具性的，即为各种不同观点、不同利益的表达提供一个公信平台，尽可能使各种观点、利益能够在言论层面上平等讨论，使受众能够有选择的机会，从而养成“兼听则明”的习惯。因此，媒体不应该成为任何一个群体的专属之物，它应该尽可能成为尽可能多的群体、利益和观点的表达工具。只有这样，舆论才能有助于将社会内部的相互伤害降至最低，各个阶层和利益群体才能在减少相互伤害的前提下趋向磨合，在逐渐磨合中形成和谐。

这才是新闻节目的本职！这才是新闻节目主持人的本分！

三、主持人≒二传手

这儿所说的“二传手”，主要是指以下两个方面的意思：

第一，现在不少民生新闻节目主持人热衷于接接热线电话采访、收收传真、看看新闻画面就开始了主持。一个主持人的后面往往跟随着几十甚而几百号人为其提供信息，这也无可厚非，电视本来就是个只合适团队作战的媒体。问题是，主持人在节目中评说的内容大多不是自己亲身的第一手资料，缺乏生活的新鲜感、真实感。兴许有人说，那是前方记者的事。但问题是，现在前方记者的采访作风不深入较为普遍，致使新闻愈发浮躁化、泡沫化、平面化。再说，新闻节目主持人和其他类型节目的主持人最大的不同就是自己首先是记者。这方面，我觉得南京电视台《直播南京》的节目主持人东升的做法可以借鉴：东升的节目主持很多时候是放在社区或事件所在地进行的。如国庆黄金周，他把中山陵作为自己的“演播室”，实地采访现时报道，主持作风很踏实。“3·15”消费者权益保护日，他会在商场前的广场上主持节目，街上的行人就是他的嘉宾，节目主持是真正的“一传手”，而不是信息的“二传手”。

第二，各电视台民生新闻报道的题材大多雷同，主持人的表现手法也基本接近，主持人“说”、“调侃”、“幽默”的风格并无本质区别。这样就形成了民生新闻摆脱了传统新闻取材“大而空”，表现形式“说教”的格式，又掉入了另一种更为狭小的竞争空间。各地不同的新闻在节目结构、表现形式、主持人风格方面给人的印象几乎都是“克隆版”的“二传手”。笔者经常会产生这样的联想：哪一天出差坐过了站，来到另一个城市，同样的高楼大厦（近年各城市拆房重建，已无城市特色），同样的居住小区，甚而是同名的小区（名城市的小区相像多，有特色少）；走近同样的防盗门锁，说不定就开了这家门（房屋布局、家具摆设近年又十分雷同）；脱掉外衣，打开电视机，报道方式和口吻也几乎一样。试问，除了家人不一样，什么还能不一样？大量可以创新的形式，大量可以拓宽的新闻素材没有被真正发掘出来。例如，“民生”中的“民”应该是民生新闻的主体，所有具有公民权利的自然人都可以被称为“民”，包括城市市民和农村的农民。然而各电视台民生新闻却像一堵看不见的墙，通过屏蔽农民话语将农民和市民两个群体隔离开来，农民很少有机会成为民生新闻的叙事主体。这种媒体隔离造成了目前民生新闻农民缺位，也包括农民工的缺位。在中国现代社会学辞典上，“农民工”是指“拥有农业户口，被人雇用从事非农活动的农村人口”。按这个定义，“目前中国农民工的数量在两亿人以上”。“在全国第二产业就业人员中，农民工占57.6%，其中加工制造业占68%，建筑业占80%；在全国第三产业从业人员中，农民工占52%；城市建筑、环保、家政、餐饮服务人员90%都是农民工。”[①]农民日益成为弱势群体，成为一群真正的沉默的大多数；农民工是城市的建设者，却日益成为城市的边缘人物。对“民生”理解的偏颇，反映出从业人员的视野狭窄。

① 赵小剑：《农民工社保难题有望得到解决》，《南方周末》2006年2月16日，C18版。

主持人这种信息传播“二传手”的作风以及主持表现手法的“二传手”做派，归根结底还是民生新闻的性质决定的。民生新闻是市场化改革相伴而生的一种新闻形式，从它诞生的那一刻起，就蒙上了一层浓厚的消费主义外衣。在某种意义上说，它不仅是供人消费的一种报道形式，更是它的广告段位。收视率是它的指挥棒，它在传播信息的同时，也消解着传统新闻中的一些基本立场。主持人的评议也不免带有娱乐化和商业化的特性。“当满足消费者的‘实用新闻’大规模占领黄金时段，只有极少的新闻是关于教育、经济、外交事务、军事、国家安全、政治和社会福利问题时，当关于人际关系、个人理财、保健和隐私的‘实用新闻’（它们当然有益于消费者）挤占了传统的硬新闻版面时，就意味着对某些调查性新闻或者是重大的报道无暇顾及，这成为媒介重新贴近受众的一个策略”。[1]大量的高质量的本地新闻当然是有意义的，但是这一策略的缺点是媒介不再强调政治新闻和国内外大事，促使新闻节目的品格下降。

这样往往形成了管理者和被管理者的信息不对称。北京市市长王岐山就有这样的感慨：

> 信息不对称困扰着城市管理者。离开了广大市民的理解、信任和支持，没有一个城市能搞好。……我特别痛苦地感觉到信息不对称。我知道我做了什么，什么困扰着我们，但作为市民呢？有多少人会看6点半北京的新闻？构建一个和谐的北京，最核心还是以人为本，而与市民最大限度地沟通，正是其中必不可少的一步。
>
> （摘自王岐山在《财经》年会上的演讲）

① RON、F. Smith：*GropingforEthicsinJournalism*, 4th, Lowa State University, 1991，李著黎译，新华出版社2001年版，第335页。

著名的美国经济学家米尔顿·弗莱德曼（Milton Friedman）坦言：“商业唯一的社会责任就是增加利润。”金钱（收视率）正在影响着民生新闻节目的品格，也同样影响着民生新闻节目主持人的职业操作定位。

第八章 谈话节目的流变及其主持艺术

本章要点：谈话不仅作为一种节目形式，更作为一种节目元素，渗透在当今新闻、娱乐、社教、体育等节目中。我国的广播谈话节目从广播诞生的那天起就存在了，但电视谈话节目起步较晚。本章较为系统地描述了我国电视谈话节目的演变过程，并结合具体栏目和优秀主持人的主持案例，论述了谈话节目主持人需要掌握的“和谁谈，谈什么，怎么谈”的技能技巧，着重介绍了“怎么谈”的语言技艺以及主持中应该规避的误区。

TALK SHOW是广播电视中以谈话为主要传播方式的节目，字意为“谈话节目”或“讨论节目”，中国香港、台湾把它称作“脱口秀”，指即兴谈论、脱口而出的意思。

谈话是一种节目形态，因而谈话节目不能叫作节目类型。它和新闻节目、娱乐节目的划分标准是不同的，新闻节目是从节目内容角度划分的，娱乐节目则是从功能角度划分的。但不管是什么功能、什么内容的广播电视节目，都可以采用谈话形式进行。如今，谈话不仅作为一种节目形式，更作为一种节目的样态，渗透在新闻、娱乐、社教、体育等节目中。因而，我们有必要对它进行深入的研究。

第一节　谈话节目概述

一、谈话节目的定义

什么叫谈话节目？要说清这个问题，我们不妨先弄清什么叫“谈话”。《现代汉语词典》对“谈话”的解释有两个词条：1. 两个人或许多人在一起说话；2. 用谈话的形式发表的意见（多为政治性的）。[①]词条1中，“两个人”或许多人是构成“说话”的人数，两个人是其基本人数，否则就是“独白”，只有两个人以上在一起的“你来我往”才是“谈话”，这说明“谈话”的互动性，即谈话的每个人，既是“说话人”，也是“听话人”。词条2中，“多为政治性的”，带有政治化色彩，是词典编纂时期明显的时代特色，在这儿可以理解为“公共场合的公共话题”，用“谈话的形式来发表”，就是“使用你来我往这种说话方式就某个问题发表自己的看法”。

由此，我们可以得出广播电视谈话节目的定义，即在广播电视中，由两个或两个以上的人就某个或某些问题进行口语交流的一种节目形态。

从上述定义出发，笔者认为，谈话节目既包括一对一（主持人、嘉宾）的专访，如《亚妮专访》、《杨澜访谈录》，也包括一对众（主持人、现场观众）的脱口秀，如《壹周立波秀》、《今晚80后脱口秀》；而更多的是三方或多方的对话节目，如《艺术人生》（主持人、嘉宾、现场观众）、《爱情保卫战》（主持人、当事人、观察员、情感导师、现场观众），等等。

谈话是人类最普遍的信息传播及交流方式，谈话节目就是将人

---

① 中国社会科学院语言研究所词典编辑室编：《现代汉语词典》，商务印书馆1994年版，第1114页。

际传播与大众传播相结合产生的最接近生活的节目样式。在生活节奏日渐加快的今天，紧张忙碌的人们大都渴望在感情上有更多的交流和沟通的平台，应运而生的广播电视谈话节目，恰好满足了人们的这种欲望。

二、谈话节目的起源

谈话节目起源于美国。世界上的第一个广播谈话节目是美国马萨诸塞州斯普特菲尔德的WBZ广播电台在1921年播出的，其谈话的内容是有关农业耕作问题。早期的谈话节目大多是由一个主持人（通常是某一问题的专家）侃侃而谈。自20世纪30年代起，嘉宾的介入和观众的参与使得谈话节目的形式日趋丰富，有些问答和音乐节目也常常穿插其中。在第二次世界大战结束前的无线电广播黄金时代，广播谈话节目也处于极盛时期，一个广播听众在一周中能够选择的谈话节目多达500个以上。

世界上的第一个电视谈话节目是1954年9月美国的全国广播公司（NBC）推出的一档节目《今夜》，由喜剧演员斯蒂夫·阿伦担纲主持。《今夜》节目设定的模式为：有大量现场观众参加，主持人阿伦以他特有的幽默感和敏锐的反应能力，运用大量的背景资料，同嘉宾及观众进行似乎漫无目的轻松交谈，让大量观众乐不可支。之后，这种节目形式也被争相模仿。

从20世纪的50—60年代，美国谈话节目内容主要集中于娱乐界新闻和生活琐事，追求娱乐性和喜剧效果，很少涉及敏感的政治问题和社会问题。例如，1972年最先出现在电视屏幕上的日间谈话节目《唐纳休访谈》，主持人菲尔·唐纳体一改夜间谈话那种喜剧性的表演色彩，把这个在下午播出，以家庭妇女为目标观众群的栏目变成一种真正意义上的谈话节目，他深深地关照现场观众的喜怒哀乐，并和现场观众进行活生生的未加雕饰的真实交流。到80年代，播放《唐纳休访谈》的电视台已达二百多家，几乎遍及所有的美国电视市场。

美国谈话节目可分两大类：夜间谈话节目和日间谈话节目。夜间谈话节目：如CBS（哥伦比亚广播公司）大卫·莱特曼主持的《大卫深夜节目》；日间谈话节目：如黑人女主持奥帕拉·温弗丽主持的《人们的交谈》，她以极其耐心地倾听，赢得人们的喜爱。1986年，著名国王世界电视节目制作公司与她签订了《奥帕拉访谈》。

美国谈话节目一般有以下四个特点：（1）谈话节目主持人由一人担当乃至数载不变。（2）其主持风格为个性突出、神态自如、言语风趣。（3）特邀嘉宾多为普通人，只报姓名，不标身份，大多用现身说法展现谈话主题。（4）谈话节目的现场观众发言极为踊跃。

广播电视谈话节目在国外已有相当长的历史了，在西欧和港台盛行，深受听观众的欢迎。我国的电视谈话节目起步甚晚，但发展迅猛，几经变化，已经成为当今主持人节目的最重要样式了。要主持好这类节目，首先就要了解它的发展历程。

第二节　谈话节目的流变

我国广播谈话节目从广播诞生的那日起就存在，例如请专家、先进人物谈理想、介绍自己的事迹，展望未来理想，具有很重的说教味儿。同样，我国电视谈话节目的胚胎与美国电视谈话节目诞生就具有娱乐色彩截然不同，同样烙有鲜明的政治色彩。20世纪60年代，北京电视台（中央电视台前身）设置了一个节目，名字叫作《电视台的客人》，应视为中国第一个电视谈话节目，王进喜、时传祥等劳模都曾经到演播室做过节目。

我国广播电视谈话节目直到改革开放才有了长足的发展。先是

1987年5月11日，上海人民广播电台蔚兰主持的《蔚兰信箱》，开了早间谈话节目的先河；继而天津人民广播电台1989年1月开办的由张琦主持的《悄悄话》，又开了夜间谈话节目先河。此后，在广播节目中谈人生、谈情感、谈婚恋的栏目盛兴不衰，此类节目的嘉宾只出声音不出图像，具有一定的私密性，再加上社会转型，人们的情感波折多多，这样的谈话节目不仅延续至今也将伸展于未来。

由于电视是强势媒体，近年来谈话节目的发展变化主要集中于电视节目，所以这一节主要阐述电视谈话节目的发展历程。

一、《东方直播室》：电视谈话节目的开路先锋

党的十一届三中全会前后，广播电视节目的功能由“喉舌”向“纽带”与“桥梁”拓展。出于电视人的敏感，有些电视台开始摸着石头尝试创办谈话节目。例如，1987年6月，陕西电视台开播的《对话与交流》，目的是在领导和群众之间架起一座沟通的桥梁，省委书记、副省长、宣传部长都曾作为嘉宾参加过节目，话题涉及社会问题如物价、计划生育等。1988年9月，重庆电视台开播的《面对面》，时长100分钟的时政综合节目，采用主持人形式，设有《市民论坛》、《党政发言席》、《论辩会》等板块。1988年12月，吉林电视台开播的《大家谈》，每期长10~15分钟，话题为社会问题，并设置了现场观众采访环节。这几个电视谈话节目虽然稚嫩，但已经出现了主持人与嘉宾、观众之间的互动交流，初具电视谈话节目的雏形。然而，由于当时节目变动频繁，话题缺乏思想深度，表现形式单一，并没有引起观众的注意。

进入20世纪90年代，尤其是1992年邓小平“南巡讲话”和中国共产党“十四大”之后，全国上下进一步解放思想，加快改革步伐。同年，国家把广电列入需加快发展的第三产业行列，电视节目由原来的单纯注重宣教功能转而增强服务功能和娱乐功能。1992年10

月，上海电台开办直播新闻类广播谈话节目《市民与社会》，每次就一个话题请党政领导、专家学者与打进电话的市民直接对话，既起到了政府喉舌作用，又架起了政府与市民之间的桥梁，节目引起了热烈反响。

受这种广播谈话节目的启发和影响，1993年1月，上海东方电视台的《东方直播室》诞生了。东方直播室是现场直播节目，创办的宗旨就是为观众提供一个表达的机会。主持人由女作家蒋丽萍担任，她以知性的形象，流畅的表达，引起电视观众的关注。同时，这个栏目推出一系列社会话题节目，得到了观众的喜爱。例如，1993年推出的"爱满天下"特别节目，现场直播弃儿进行手术的全过程，播出后在全上海引起轰动，弃儿手术的医院门口数千人排队捐款。再如，就当时报刊登载的"女青年潘萍被男友毁容"事件，节目带领观众进行了一次"恋爱不成怎么办"的真实大讨论，同样引起社会强烈反响。《东方直播室》从开播那日起，就积极追求谈话的真实性和现场的即时性，实为可贵并为后人所尊重。

在《东方直播室》的影响下，当时全国各地各级电视台陆续推出谈话节目。这一时期较有影响的电视谈话节目主要有以下三家：（1）上海电视台的《三色呼啦圈》。《三色呼啦圈》开播于1993年2月，是一档25分钟的休闲娱乐节目，设《荧屏侃大山》、《名人访谈》、《有问必答》、《红蓝对抗》、《对话碰碰车》等子栏目，谈话样式丰富，如访谈、聊天、辩论、记者招待会、情景对话等等。（2）中央电视台的《东方时空》子栏目《东方之子》。《东方之子》属名人专访类节目，于1993年5月开播，在主持人与科学家、艺术家、省长书记等人士的对话中，讲述对某事件的独到见解或某领域的突出贡献，并在其中穿插人生历程，给人以启迪。（3）北京电视台1993年开播的《荧屏连着我和你》。它是一档具有"平民"倾向的谈话节目，紧贴现实生活，关注普通人生活，风格真实亲切。

这些栏目化电视谈话节目虽然数量不多，但却有许多的创造性：如话题由单纯注重政治性转而注重社会性，谈话样式上出现多样化，诸如访问式、讨论式、聊天式等都有所尝试。谈话节目开始与其他节目形态交叉渗透，如广东台每期时长50分钟的《共度好时光》，将谈话节目与综艺节目融为一体。此外，初步的分众趋势也已出现，如北京台的对象性谈话节目《说你说我》，将受众定位为现实生活中的中年人群体。但由于这一时期电视节目并未上星，栏目的影响往往只限于某个地区。

二、《实话实说》：引发了电视谈话节目的热潮

1995年5月4日，为纪念《东方时空》创办两周年，崔永元主持了一期关于“见义勇为”的特别节目，节目采用即兴谈话的方式，开始了主持人嘉宾共聚一堂的畅所欲言，没想到这个节目竟带来了意想不到的成功。于是，1996年3月16日，央视正式推出演播室谈话节目《实话实说》。《实话实说》开启了平民化谈话的黄金模式，至今仍无人超越。

《实话实说》主要有以下三个特点：

1. “平民化”定位

该栏节目的总策划杨东平说，“平民化”是该栏目的价值追求和审美追求。《实话实说》摒弃了过去计划体制下造成的传媒高高在上，以大众指导者和教育者自居的心态，一改说教式的传播模式，而以平民的视野来观察生活，并追求大众的认同和参与，给普通百姓以接近和使用媒介说话的权利，契合了“众声喧哗”的时代氛围。通过群体讨论甚至是辩论形式，我们感受到了人们思想的活跃，体验到了电视的魅力。

2. 选题贴近生活，贴近百姓

《实话实说》的选题大多是与老百姓日常生活有密切关系的“鸡毛蒜皮”的小事，而且善于“小题大做”，通过小事来透视社会大环境，或是通过对一些社会热点的讨论，来引发人们的思考和对真理的探讨。如《不打不成才》透视新旧教育观念的冲突，《你会健康吗》讲述科学的生活方式，《请让我来相信你》讨论市场经济与“游戏规则”，《紧急关头》表达了对心理危机的关注，等等。

3. 主持人崔永元幽默风趣的主持风格契合了栏目风格

主持人崔永元“邻家大妈的儿子”形象受到了观众的普遍认同和喜爱。崔永元主持的时代，《实话实说》在中央电视台文艺节目排名中为8～10位，收视率4%以上，约4000万人收看，占有率67%。社会文化的转型带来了人们的“审美转型”，带来了美的崇高神圣本质的消解和日常世俗的真实本质的显现，此时民众的文化期待是电视文化应当体现生活的平实与真实。

《实话实说》成为我国电视谈话节目的重要里程碑，同时，也引发了我国谈话节目的第一次热潮。当然，这个谈话热潮的兴起，也有着社会原因：1999年，全国所有省级电视台都已“上星”，卫星电视使得中国电视版图得以重新划分。文化全球化的巨大压力及外来文化的强烈冲击，更使得国内电视体制改革刻不容缓。1999年6月，国内第一家广电集团——无锡广电集团成立，拉开了广电集团化的序幕。国家广电总局在《2000年广播电影电视工作要点》第一条即指出要加快广播电视管理体制改革。在行政命令的推动下，媒介产业化走出了关键一步。2001年成为广电媒介的集团年、开放年和数字年，广播电视集团化进程加速并取得实质性进展，传媒领域的对外开放悄悄进行，各电视台积极推进频道、频率的专业化、对象化，并分地区开始数字电视的试验。在此时期，新崛起的网络媒体的发展迅猛，电视媒介也越来越注重互动，媒介主体性日益张扬，受众的地位急速飙升。电视媒介属性的多元化特征逐渐显现出来，不再片面单一地强调政治属性，其社会、经济、产业属性等日益凸显。

在媒介竞争激烈、节目量增加的情况下，谈话节目因其所费成本较低而进入更加激烈的竞争。截至2001年年底，全国各类谈话节目已有197个。其代表栏目见下表：

开播单位、时间	栏目名称	栏目特点
湖南经济电视台 1998年7月17日	《真情对对碰》（后改为《真情》）	情感类谈话节目。以“真情”感动人，每期给节目当事人创造一个互相沟通、袒露真情的机会
重庆电视台 1998年10月	《龙门阵》	以地方方言为主的大型谈话节目，创巴渝茶馆式的谈话氛围。长50分钟，说百姓话题，品百味人生，摆真实故事
上海电视台 1998年10月4日	《有话大家说》	新闻类谈话节目。“百姓话题，平民视角”，以新闻话题、社会热点和平民视角作为基本立足点
湖南卫视 1999年6月26日	《有话好说》	马东主持，关注社会、民生、人性，载体为新闻事件，集新闻性、思辨性、参与性于一体。有主持人、新闻当事人、嘉宾、观众四个谈话层面，问题辩论尖锐不输于《实话实说》
湖南卫视 1999年10月	《新青年》	名人访谈节目。“新锐、理想、激情”，其表现主体是这个时代的精英人物
江苏电视台 1999年	《情感超市》（后改为《情感之旅》）	情感类演播室谈话节目。嘉宾多为普通人，节目的精髓在于“寻找”，寻找失散的亲人、记忆深处的恋人、帮助过人的人、一生难忘的人。“心情故事中体味人世动人感情”
北京电视台 1999年12月	《国际双行线》	周末国际性谈话。涉人文、社会、经济话题和诸多国际性人物，在全球化背景中探讨东西方文化差异与共性，提供一个中外人士自由平等的对话空间。受众为知识阶层

续表

开播单位、时间	栏目名称	栏目特点
湖南电视台 生活频道 2000年3月	《大当家》	平民化谈话节目。以百姓家庭生活为内容，每期50分钟，请50位现场普通观众。“家务事自己管，心里话自己讲”，风格朴实。有两环节：《萝卜白菜》各抒己见讨论话题，《比较生活》讲述生活中戏剧性人或事
央视综艺频道 2000年12月22日	《艺术人生》	朱军主持，演播室谈话节目。宗旨“用艺术点亮生命，用情感温暖人心”，嘉宾多为老艺术家、导演、演员等，现场观众一百人全部经挑选而来
央视经济频道 2000年7月	《对话》	60分钟的演播室谈话节目，有重量级嘉宾及观众。由突发事件、热门人物、热门话题或某一经济现象导入，突出思想交锋。目标受众为关注经济动态，具决策力的精英。为新闻人物、企业精英、政府官员、经济专家和投资者提供一个交流对话平台
浙江卫视 2000年3月	《亚妮访谈》	亚妮主持。定位于“广泛关注社会文化变迁，深刻揭示文化人物命运”（两周一期）。栏目时长20分钟
湖南经视 2001年	《超级访问》	李静、戴军主持。演播室名人访谈，娱乐风格明显，嘉宾多为演艺明星，设“场外揭秘”，意在访问明星亲友，有意揭短

三、《锵锵三人行》：电视谈话节目的转型

就在内地上下模仿《实话实说》的同时，凤凰卫视“凤凰于飞，和鸣锵锵”。1998年4月1日，凤凰卫视开播了一档令人耳目一新的午间“脱口秀”节目——《锵锵三人行》。它开创了一个崭新的谈话方式——“意识流”式的聊天谈话，这种聊天是无功利的、流动的、开

放的、感性的（内地多理性的），体现了日常生活中人际传播最基本的形态。一张小桌，一杯清茶，三个“非常男女”，由新闻起头，想哪就说哪。“嘉宾不像嘉宾，主持不像主持”，幽默风趣，时而犀利议论，时而家长里短，“多少天下事，尽付笑谈中”。《锵锵三人行》以侃谈搞笑为主，将新闻的娱乐化色彩涂抹到了极致。它所选话题大多为“软新闻”或已失去时效性的“硬新闻”。“软新闻”是指强调趣味性、有较浓的人情味、容易引发受众共鸣和兴趣的新闻，诸如家庭、情感、艺术等；而“硬新闻”是指内容较严肃，侧重思想性和知识性的新闻，诸如政治、经济、军事、科技等。《锵锵三人行》不管“软”、“硬”新闻，在素材处理上一律强调娱乐性，追求轻松自然，新鲜有趣、快乐的交流。

心理学家发现，“快乐的交流”是没有目的的、非功利性的。如果是迫不得已而做的交流，例如说服，则是痛苦的。闲聊即游戏式的语言交流，并非无意义的举动，而是一种精神需要和心理疗法。《锵锵三人行》就是巧妙地将新闻和娱乐结合，用个性化聊天制造“快乐”。这档节目的成功，促使内地谈话节目开始转型：

1. 娱乐谈话节目鹊起

受《锵锵三人行》的影响，内地谈话节目开始尝试个性化的娱乐谈话方式。2003年10月23日，东方卫视娱乐谈话节目《东方夜谭》开播，其形式明显仿照1962年美国约翰·卡森主持的《今晚秀》（*Tonight Show*），但内容上则本着“符合中国国情”的原则，回避了《今晚秀》中对时政及敏感话题的探讨，主要以娱乐大众为主。节目分为两部分，前为主持人清谈“脱口秀”，后为“名人访谈”。访谈风格似《锵锵三人行》，也将娱乐和新闻巧妙结合，采用聊天式笑侃，嘉宾大多为娱乐圈名人，栏目的整体定位为“最幽默的夜间休闲节目”。《东方夜谭》开创了内地影响最大的娱乐谈话方式，差异化的节目类型引起了高收视率。

央视在此压力下，2005年3月28日重磅推出《今晚》，与《东方夜谭》的定位极为相似，形式上也是主持人“独白”和“嘉宾访谈”两个环节。《今晚》的制片人龚冰却认为《东方夜谭》更偏向于表演性，内容属于“无益无害”，而《今晚》主要是对资讯进行重新结构和独特解读，并重点突出对大众的服务性，实则是“有益无害”。《今晚》在节目中设有短信互动这一环节，主持人将从观众发来的短信中选取有意思的话题来与嘉宾共同探讨，这也是国内同类节目中的首次尝试。

然而，时日不长，上述两档栏目先后遭遇停播。但电视谈话节目注重娱乐性的认识却逐日加强，特别是在娱乐化的新一波浪潮中，深度的娱乐谈话节目再度鹊起。2010年春节，由凤凰卫视全新打造的《壹周立波秀》走上荧屏；2012年5月13日，东方卫视开办的《今晚80后脱口秀》与观众见面。这两档娱乐谈话节目的最大相似之处在于：笑谈时事，漫话世俗，主持人周立波和王自健嬉笑怒骂自成一格，辛辣讽刺别具风味。不同则在于前者表演亦庄亦谐，语言蕴藏哲理，而后者更重在寻常生活中显现百姓的智慧和乐趣。

2. 情感谈话节目应时而生

2003年的中国人从“非典”中走出，渴望娱乐消解“恐惧”，渴望亲情抚慰“心悸”，渴望信息渠道更为“畅通”。继之而起的新闻改革、娱乐热潮、亲情谈话也就可以理解了。此后，关爱亲情、爱情、友情的情感谈话节目兴起，如山东卫视2004年开播的情感类谈话节目《天下父母》，以演播室采访为主，以外景采访和短片为辅，讴歌伟大父爱、母爱，风格朴实平易、亲切温馨。2005年1月由阳光电视集团制作，在湖南卫视开播《天下女人》，这档大型女性谈话节目由杨澜主持，话题开放而多元，定位“瞄准”中国都市女性的情感生活，表现女性的喜怒哀乐。2005年1月央视《心理访谈》浮出，节目每期请一位有心理困惑的人讲述自己的故事，心理专家进行现场心理测试，并提出相应的治疗方法。

而2010年1月4日，东方卫视推出的《幸福魔方》，则把情感类谈话节目推上高峰。该节目从场景设计上突破了原先主持人、当事人、调解人各居一面的场景，而是精心设计了一个360度的全景舞台，主持人和当事人坐在“玻璃魔方”中，心理疏导师围坐四周。在叙事模式上，该栏目也摒弃了一般情感谈话节目对既定事实的再现“讲述”模式，而采用了一种进行时的“发生”模式来呈现故事，节目的进行过程既是故事的呈现过程也是故事发展的一部分，这样一来就增强了节目的故事性与悬念性，“使节目的叙事过程因其矛盾冲突的不定性、故事文本的多义性以及故事结局的开放性，显得变化多端”。①在节目进程中，主持人通过视点的调度以及对当事人的不断追问，使得冲突交替呈现并不断升级，最终将节目的叙事推向高潮。

3. 精英谈话节目定位细化

此时的精英谈话节目开始专业化、国际化和平民化。

说其专业化，是这一时期财经类谈话节目《头脑风暴》（2003）和《决策》（2004）在东方卫视相继出台。《头脑风暴》主持人袁岳是零点调查集团董事长，话题由热门的经济事件、人物及现象入手，探讨经营理念、管理实例，演绎企业得失。嘉宾为国内外顶级企业

---

① 李勇强、卞芸璐：《被讲述的“幸福”——〈幸福魔方〉叙事话语剖析及真实性探讨》，《中国电视》2012年第4期。

总裁等高层经济人物，目标受众是关注财经动态前沿并具管理决策力的社会精英及商界人士。《决策》由第一财经、CNBC财经电视台、哈佛商学院联合制作，主持人张蔚为哈佛商学院MBA。每期一个哈佛商学院经典案例，讲述真实商战故事及真实决策过程。以影像资料、嘉宾评论、现场观众互动分析影响决策的原因，并穿插哈佛商学院名教授的点评。嘉宾为企业巨头、经济学者、经济咨询专家，受众为商界领导管理层及其他大专以上教育水平的观众。

说其国际化，是这一时期国际化新闻精英访谈《21@21》2005年1月在东方卫视播出，主持人潘杰客为哈佛大学管理学硕士，面对面地用英语访谈全球叱咤风云的政治、商业、体育、娱乐、文化界顶尖人物，展现国际精英成才、成名、成业的非凡之路及其背后鲜为人知的精彩片段。

说起平民化，是指2006年6月开播的《波士堂》，每期节目请一位重量级的商界精英作为主角，同时邀请三位来自企业界、文化界或演艺界知名人士组成观察员团，构成立体的话语互动体系，从不同角度观察、展现企业家的个人性情、商业传奇和精彩人生。与其他精英谈话节目不同的是，《波士堂》侧重于将企业家们还原成普通人，以一种平民的亲切姿态讲述个人故事。为此，节目还设计了“BOSS秀”的环节，要求每位老板都要进行一项才艺表演，如伊利诺伊集团董事长史晓燕在演播室走模特步，太平洋建设的董事长严介和表演耍石锁……种种诙谐的桥段大大颠覆了我们平时印象中严肃刻板的“老板形象”，展现的是普罗大众的凡人情怀。

与此同时，谈话节目主持人更加专业化，出现了专家型、学者型的节目主持人，节目形态开始更加“杂糅”，节目运作上更加市场化，很多节目是由制作公司制作的。但总体风格上仍然严肃有余活泼不足，话题范围限制较多。另外，由于行为类的娱乐节目升温，一些具有文化品味的谈话节目相继停播。

电视谈话节目正经历着一场新的“挑战”，广播谈话节目却因其一定的隐蔽性而有所升温。

第三节　谈话节目的主持艺术

说起谈话节目的主持，概括起来，也就是“谈什么”（内容）、“和谁谈”（对象嘉宾）和“怎么谈”（方式方法）的三个问题，而这三个问题和每个节目定位又息息相关。

一、谈什么——要设置有冲突性的话题

“他山之石，可以攻玉。”当今美国的谈话节目是广播电视一种最时髦的样式，正方兴未艾。美国人当中，每周累计有大约二千万人收听豪伍德·斯顿、莱希·杰姆博格的谈话节目，而只有低于一千万的人收听总统的每周电台讲话。

美国谈话节目内容大致分为十大类（按比例高低排序）：（1）婚恋家庭；（2）社会问题；（3）个人生活观；（4）医疗保健；（5）休闲娱乐；(6)心理健康；（7）奇闻逸事；（8）生活指南；（9）司法治安；（10）儿童教育。

这些话题，也是全人类共同关心的话题。但要把这些话题谈好，必须注意两点：

1. 必须注意把握好谈话的“话由”

所谓“话由”，就是如何引入话题的技术。国际上通常把“话

由”分为三类：(1)以事件为由头；(2)以人物为由头；(3)以话题为由头。就是说谈话开始可以用某一话题带出人物和事件，也可以用事件带出人，还可以用人物带出事，当然也有交叉状态的。“事件由头”比较强调新闻性，“人物由头”比较强调故事性、情节性，“话题由头”比较强调社会性，重在揭示某一个层面对某一个群体具有广泛的兴趣点。

2. 谈话过程要努力根据话题突出人与社会、人与自然、人与人、人与内心的冲突

如果没有冲突，没有交锋，就没有吸引力。这是因为人生就是一个不断解决冲突的过程。我们看到，一些文艺作品中，表达人痛苦、彷徨、孤独，甚而恐惧的一面反而比展现美好生活的作品更具震撼力，更具美学价值。谈话节目也同样如此，只有激烈的冲突和交锋才能引起悬念，才能带来解决悬念的各种办法，也只有在这个过程中，才能展现思想的多元和语言的魅力。现在许多谈话节目均依赖于人物本身的故事性，依赖于情节、情感的动人之处，依赖于事件本身的戏剧性冲突。例如，《艺术人生》栏目展示的是人物的过去、成功、挫折、失败，《非常静距离》栏目展示的是人物的故事、爱情、事业、成功，《幸福魔方》栏目展示的是人的内心矛盾和彷徨。

实际上谈话节目的生命力，很大程度上决定话题本身的冲突性。例如，深受观众喜爱的凤凰卫视的《锵锵三人行》，其成功之道有多方面因素，其中一个最重要的因素，就是选择以新闻事件为由头的话题且话题本身具有冲突性。

下面仅以2005年9、10月以及2012年11、12月所涉话题，即可看出吸引人的魅力所在。

播出时间	"硬"新闻话题	"软"新闻话题
2005年9、10月	飓风袭击美国、税法改革、重庆为何要"刷城"、香港迪斯尼开幕、李敖大师做客、文道代班谈"神六"升空、文涛出游归来谈"神六"、十运会杂谈、禽流感来袭、小泉拜鬼惹众怒、巴金已逝遗愿谁了	细论开车道德、一场虚拟世界的反歧视大战、台军人遗体取精引发争议、中秋杂谈、子东在深圳受骗、关于性工作者非罪的讨论、关注"黑枪"、医患矛盾、"小甜甜"争产案、佘祥林冤案的赔偿、广州"背包党"、福州警察设套杀人冤案、制暴不力被撤职、"黑心商人"、透视煤矿矿主奢侈内幕、王安忆谈知青生活、张扬谈《向日葵》、文学中的性、陈村谈网络文学、女性地位杂谈、校园性侵犯、行善何须心猜疑、发廊女生前日记悲怆平生、少女未婚先孕、人体摄影艺术、废除科举制度
2012年11、12月	"十八大"后中央领导人全身而退属首次、占海特争取异地中考权、王立军的"火化论"颇具文化修养、食品安全引发公共危机、朴槿惠是钢铁一般的女人、美国枪击 中国刀砍校园惨案何时了？张兰移民事件、莫言获2012年诺贝尔文学奖、计划生育放开的风险、美国大选过程是一场爱国主义教育、贵州五流浪男童闷死垃圾箱、清华博士萧杨逃离科研执教中学、中科院博士生当中学教师	陆川谈电影拍摄的心路历程、干露露做节目动机不纯、李安《少年派的奇幻漂流》、汉朝继承秦朝帝国官僚制并发扬光大、莫言"政治与文学"论属低级幽默、木心、中国人对信仰不认真、中国掀起"情人反腐"讨论热潮、电影《一九四二》、BBC淫魔现场直播探少女裙下是渎职、徐皓峰：武术需要体悟、王家卫、《中国好声音》导师刘欢、重庆北碚区委书记因不雅视频被免职、成龙

以上这些话题无不充满交锋，有了交锋，节目就耐看。

二、和谁谈——嘉宾选择力求多元化

现在谈话节目的嘉宾大多集中于两类人：成功人士（强势群体）、下层人士（弱热群体）。成功人士大多展示其成功的艰辛和自得的一面，下层人士大多展示其辛酸、失败，表现其窘迫无奈的一面。媒体用两种不同的镜头和记述方式在观察、展示强势和弱势的两种人时，看似温情脉脉，实际上，镜头语言都有媚态和霸道的流露。可悲的是，“弱势”广受文人学者媒体的青睐由来已久。在这种情况下，“弱势”会有被对象化、神圣化的倾向。怜悯性关注被当成表现公正追求的便捷途径，同情普泛化。在研究弱势如何而来，批判的缺失，是当今谈话节目嘉宾选择的弊端，也看出了广播电视人的媚俗。所谓“媚俗（kitsch），它需要两个条件：一是俗，二是故作玄虚，假装深沉”。[①]

随着社会的不断发展，工种的不断细分，中国社会各阶层已和往日大不相同。嘉宾的选择理应多元化，这个“多元化”，有两层意思：一层是指谈话节目嘉宾要多层次化，不仅仅是成功人士和弱势群体，还可有正在创业的青年人、中小学生、中产阶级等各个阶层的人；另一层指的是同一话题可由不同年龄、身份、职业的嘉宾参与，也可由同一职业而具有不同情趣、性格的嘉宾参与。这样，他们可以从不同的视角审视话题，交流碰撞后发出不同的声音，激活观众思维，带来别样的人生启迪。纵观一些优秀谈话节目，这是非常重要的一个环节。例如，窦文涛主持的《锵锵三人行》，在嘉宾的选择上就很有特色，导演、作家、学者、政界及传媒界精英等都可入选，嘉宾选择的标准不是学术身份，而是社会身份或性格特点，关键是两岸三地有趣的“非常男女”。现在较常请的嘉宾有梁文道、许子

---

① 甘琦：《向右的时代向左的人——记佩里·安德森》，《读书》2005年第6期。

东、孟广美、潘洁、马家辉、李炜、刘芳、曾瀞漪、王菁锳、曾宝仪等人。

梁文道毕业于香港中文大学，曾任大学助教，1988年开始撰写剧评、影评、乐评、艺评、书评及文化评论，1989年起参与表演艺术、行为艺术及其他视觉艺术的创作及策划工作，曾客串主持电台时事评论节目、凤凰卫视娱乐资讯节目《网罗天下》。他在香港家喻户晓，被文化界尊称为“教父”。

许子东1985年就是华东师范大学中文系破格提升的副教授，是加州大学洛杉矶分校文学硕士、香港大学哲学博士，现任香港岭南大学中文系教授、芝加哥大学客座研究员。

马家辉是香港人，曾为台湾传媒进行企划及采访工作，同时身兼社会科学学者、专栏作家、电台节目主持人，曾在台湾及美国的数所大学多年受教及任教，也任过《明报》副总编辑，主持副刊采编工作，其著作涉及的领域广泛。

其他的嘉宾也都背景各异。有凤凰女主播刘芳、王菁锳、曾瀞漪，有凤凰时事评论员李炜、潘洁，有台湾名模明星孟广美、台湾人气偶像曾宝仪等等。

以上各位来自两岸三地的“三教九流”，背景各异、性格不同，出言无忌却又不失幽默风趣，他们组合在一起时，价值观的不同、观点的碰撞，充分展示出不同社会文化和心理结构的冲突，看点十足。例如，2012年的最后一期节目里，窦文涛和梁文道、许子东对2012年重大新闻进行了回顾。当谈及“十八大”时，长期生活在香港的梁文道与自小在内地长大的窦文涛产生了观点的分歧对掐了起来。这时许子东讲了一个小笑话：某英国奢侈品今年股价下跌，原因竟然是“十八大”召开期间送礼现象急剧减少。这个小幽默让窦文涛与梁文道和好如初并继续聊起天来。再如，在《小泉拜鬼惹众怒》这期节目中，针对日相小泉选择“神六”落地那天参拜靖国神社展开话题，窦文涛没有采用声色俱厉的斥责，而是笑念网上骂小泉为“小犬”的一首诗，笑李登辉老糊涂，煞有其事地研究小泉的身体语言，得出小泉“有典型吸毒者性格”的结论。而梁文道则一本正经地为“狗”叫屈，许子东却建议小泉索性长住神社好了……嬉笑怒骂中尽显各人性情和社会责任，比之同话题的严肃新闻评论更具感染力，更解闷、解气。

有时选择不同观点的嘉宾来参加节目，也可以让节目收获出其不意的效果。例如，北京电视台《国际双行线》的一期节目邀请了世界著名音乐家《卧虎藏龙》的作曲谭盾和国内著名指挥家卞祖善做嘉宾。节目中，卞祖善对谭盾的先锋音乐作了10分钟的批评。于是，谭盾在节目进行了“57”分钟后拂袖而去，留下主持人、观众与卞祖善完成最后节目的录制。是把这种原生态的东西呈现出来？还是删除?经过讨论，节目选择了保留。没想到，播出后好评如潮，这一成功案例被写进多本教科书，成为我国谈话节目的经典。

三、怎么谈——主持谈话节目的方式方法

主持谈话节目的方式方法主要有以下几点：

1. 营造和谐的人际交往氛围

观众的气氛实际上很大程度上能决定现场的气氛。节目主持人有时能和嘉宾谈得很好，但是现场观众却不起劲，他们或者没有听进去，或者没有领会，或者情绪没进入。怎么办？可以用“热场”的方式设法把观众情绪调动起来。所谓“热场”就是在节目录制前，先和嘉宾、现场观众做些游戏、发些小礼物，各人的做法不一。德国有家电视台有这么一招：每个人在进现场之前都先发两札啤酒，让人喝得兴奋起来。而我们不少主持人采用的方法就是在节目开拍前，和现场观众、嘉宾侃大山，在闲聊中，大家互相了解。同时在这个过程中，主持人也了解了观众中有哪个是幽默的，哪个是有观点

的。现场观众一旦互相熟悉了，紧张的心情会放松，积极的情趣就会上来，正式谈话时也就容易进入情境。

另外，在节目录制进程中，主持人与观众、嘉宾的接触方式、性格能力、学识修养也会影响和谐的人际交往氛围。例如，录制《上学的外婆》时，崔永元发现这个来自南京的外婆可能因不适应北方的干燥而嘴角出了血，崔永元马上拿来矿泉水说："外婆，您喝口水。"他真诚的关心，感动了现场的每一个人，自然地营造了其乐融融的"交际场"。再如，在《小崔说事》的《听她的声音——韩红专访》这期节目中，当大家用掌声将韩红请入现场后，崔永元两度和韩红飙歌。韩红作为著名歌手曾接受过媒体多次采访，似乎是第一次遇到这种与主持人飙歌、斗嘴的和谐愉快的原汁原味的"谈话场"。于是，从飙歌、斗嘴出发，韩红"敞开了说"，谈到了生活中的减肥和车祸，也谈及了在微博上"打拐"的义举和救助贫困儿童的壮举，流畅地把久藏内心的秘密全都抖搂出来与观众分享。

西方学界领军人物之一的哈贝马斯提出，任何一项成功（有效）的沟通行为需满足四项要求：言辞意义是可理解的，言辞内容是真实的，言辞行动是正当得体的，言辞者的意向是真诚的。缺少其中任何一项指标，这样的沟通只能是无效的沟通。这不能不说也是我们谈话节目主持人在营造和谐的人际交往氛围时必须谨记的四条原则。

2. 主持人要不怕"露拙"

我们经常看到一些谈话节目主持人在主持节目时，语言流畅，条理清晰，无懈可击。当然，这和录播后剪辑有关。事实上，这样的主持人能让人亲近？讨人喜欢？我们知道，一个人如果太完美，反而让人不敢喜欢，就像一个太美丽的女人反而没有了特点一样。请看下面一个著名的心理学实验，实验人将四段情节类似的访谈录像分别放给要测试的对象观看：

第一段录像上，接受主持人访谈的是位优秀的成功人士，他在自己所从事的领域取得了辉煌的成就。在接受主持人采访时，他的态度自然、自信，谈吐不俗。其精彩表现，不时赢得台下观众的阵阵掌声。

第二段录像上，接受主持人访谈的也是位优秀的成功人士，不过他在台上的表现比较紧张。在主持人向观众介绍他所取得的成就时，略显羞涩，竟把桌上的咖啡杯碰倒了，咖啡还将主持人的裤子淋湿了。

第三段录像上，接受主持人访谈的是位普通人，没有上面两位成功人士那样有着不俗的成绩。整个采访过程中，他虽然不太紧张，但也没有什么吸引人的地方。

第四段录像上，接受主持人访谈的和第三段录像中所放的一样，也是位普通的人。在采访的过程中，他表现得比较紧张，和第二段录像中一样，他也把身边的咖啡杯碰倒了，淋湿了主持人的衣服。

当测试者向测试对象放完这四段录像后，让他们从上面的这四个人中选出一位他们最喜欢的，选出一位他们最不喜欢的。结果，最不受被测试者们喜欢的是第四段录像中的那位先生，而最喜欢的是第二段录像中的先生，95%的被测试者选择了他。

这个试验恰恰验证了一个理论，就是对那些取得过成就的人来说，一些微小的失误，不仅不会影响人们对他的好感，相反，还会让人们从心里感觉到他很真实和真诚，没有架子，值得信任。

这个实验对主持人非常有用！

主持人的“亲和力”主要体现在人们是否喜欢他（她）。怎么才能让人喜欢？答案是放下架子并善于“露拙”或不怕“露拙”。例如，当前，几乎所有谈话节目主持人都是在现场观众的欢呼声、音乐声中出场，而崔永元却执意改变主持人的出场惯例，有意识淡化自己。同时，他经常要求编导把自己的“结巴”和“尴尬”等细节保留在播出带中，主持节目时，还常常用“自嘲”的方法构成原生态的谈话内容。如当一位下岗女工谈到自己曾在家具厂打工却分不清家具材质时，崔永元插话说：“是挺不好分的，一次我爱人让我去买家具，我在店里问好了，是全木的，拉回家一看，我爱人说‘你是全木的’。”正是这样一些“拙”，才使观众更加喜欢上了他。同时，也验证了上述著名心理学的实验成果。

3. 主持人要注意“打断”的技巧

为了让参与者有较多的发言机会，也为了把握话题的方向、层次，对嘉宾或观众较长的发言需要及时“打断”。所谓“打断”，按美国社会学家杰斐逊所说：“打断是在别人‘话轮’的中间开始说话，不让对方把话说完。”[①]（“话轮”是口语交际的基本单位，是说话人在轮流发话过程中一次所说的全部话语）但“打断”的方法十分重要，不能让人下不了台，也不能扫了别人谈话的兴致，还得让对方理解主持人的意图。根据打断信号的不同，打断方式可分为以下四种类别。在实际的现场谈话交流中，类别之间并不是非常明显，常常是互为交融渗透的。为阐述方便，我们只能分开论述。

（1）请求式

主持人向当前说话者提出请求，表明自己想打断对方，希望得到对方允许。常用的打断信号为一些征询意见的疑问句，如“我可以打断你一下吗？”“我想打断你一下，行吗？”……这种方式常用于当前说话者滔滔不绝时。如果觉得应该更有礼貌些,不妨先道歉,后打断。常用的打断信号如“对不起，我要打断你一下”，“很抱歉，我不得不打断你”等等。

① Jack Bilmes, *Being Interrupted, Languagein Society*, Cambridge University Press, 1997, p.508.

（2）直言式

主持人在当前说话者的话轮中间，用“等等”、“停停”、“慢点”之类的打断信号直接地、坦率地表明自己要打断对方的话语。这种方式往往用于主持人未听清或未理解说话者前面话语内容的时候，或主持人是听清了，但怕观众未理解或未听清，是替观众来打断。其目标话语一般都是针对说话者前面所说的内容。

例如，在《非你莫属》的一期节目中，一位求职者果断地拒绝了酷讯网老总谢欣提供的“旅游体验师”的职位（因为先前谢总有些花拳绣腿）。

谢欣（酷讯网）：“这么好的职位为什么你没多问我几句就回绝了？”

求职者：“我认为天下没有免费的午餐。”

（谢欣刚想反驳，给主持人张绍刚及时打断了）

张绍刚：“等等！我告诉你谢欣，这是我听到的最好的回答，不要老拿馅饼在面前给我们摆着，馅饼底下就是陷阱！”

这种打断不仅控制了场面，缓和了求职现场的紧张气氛，更让观众理解了两者的冲突所在，并且丰富了节目的可看性。

（3）重叠式

与前三种打断方式不同，这种方式没有单独的打断信号。主持人只是在对方话语中间，用超过被打断者的音量和语速重复当前说话者的话语，以此表明主持人想要阻止对方把话说完，寻求自己说话的机会。在这类打断方式中，我们把打断者超过当前说话者的音量和语速当作打断信号，它附着于目标话语之上，和目标话语融为一体。

例如，崔永元主持《实话实说》时，在一期《广告知多少》的节目里，当介绍到嘉宾李盾时，问他广告多了还是少了？结果李盾一口气罗列了广告无处不在的许多现象。崔永元友好地运用重叠式打断方法，提高音量和语速说：

李先生的诉苦大会如果我要不及时打断，今天大家就要在这里久坐了。（笑声）（李先生明白了主持人的意图，以简短的话语结束）

这是因为广告给我们带来的苦处太多了，恐怕再加上多长时间，也没办法说完。（掌声）

（4）重寻话题式

这种打断方式也没有单独的打断信号。主持人在觉得当前说话者的话语和目标话语不一致，快要跑题时，重寻话题，以便打断对方，使话语归向主题。

例如，在《夫妻是否需要一米线》中，主持人崔永元预感到嘉宾冯师傅可能会在不离婚问题上展开，他立即谦和、直接地提出一个与主题密切相关的问题，把握了话题的方向和范围。

崔：冯师傅，现场的观众好像都在说明这么一个道理，觉得有秘密就是一种进步，这是必然的趋势，你是这么看吗？（重寻话题，目的是绕回主题）

冯师傅：越进步，人应该越善良才好，要不离婚率就太高了，有的结婚三天半就离了，我觉得这是道德水准的问题，这……（再次被打断）

崔：您觉得离婚率与小秘密有关系？（再次重寻话题，目的还是绕回主题）

冯师傅：我觉得绝对有关系。（这才按节目主旨说到了正题）

谈话节目主持人在主持节目时，常常要糅合地运用这些方法。有人评论国内谈话节目存在“跑、冒、滴、漏”现象，当然，这里有许多原因。但仅从技巧的角度讲，恐怕和没有掌握打断的方法也有很大的关系。

4. 主持人的语言表达要幽默风趣

与其他节目形态最大的不同，谈话节目只能靠语言取胜。因为行为类娱乐节目可以凭借游戏的有趣取胜，新闻节目可以凭借自身信息的新鲜取胜，服务节目可以凭借受众对其内容的需求取胜。而谈话节目呢，主持语言的“核儿”就是幽默风趣。因此，谈话节目在美国属于娱乐节目，就是这个道理。

什么叫“幽默”？对幽默的理解不同，操作起来的品格及趣味就不一样。特别是广播电视节目主持人语言的幽默对公众的影响巨大，他们对幽默语言风格的定位能借助电视媒体的功力得以超级广泛的传播。如果一个广播电视节目主持人“误把油滑当滑稽，误把庸俗当幽默，误把肉麻当有趣”，他（她）的幽默就仅停留在插科打诨，为搞笑而搞笑上，甚而以讲不健康笑话为乐，三句话不离“性”，始终脱不开庸俗和低级趣味的话，那么幽默的档次就会越来越低，品味就会越来越差，人文因素也越来越少。相反，由这种所谓的低级幽默带来的感官刺激却越来越多，逗笑功能越来越弱，不良影响也越来越大了。所以，为纠正某些主持人对“幽默”理解的偏差，我们有必要对“幽默”的含义作一探求。

“幽默”，humour的音译。意思是：“（1）发现生活中喜剧性因素的能力，真正的幽默能够洞悉各种不屑、卑微的事物所掩藏着的深刻本质。（2）一种艺术手法。以轻松、戏谑又含有深意的笑为其主要审美特征，表现为意识对审美对象所采取的内庄外谐的态度。幽默在引人发笑的同时，竭力引导人们对笑的对象进行深入思考。当幽默变得非常深刻而又不同于讽刺时，就会超越滑稽的领域，而达于一种悲怆的境界。”[1]

就上述“幽默”的释义我们看到，“幽默”与“滑稽”、“讽刺”是一组近义词。它们都是令人发笑的，也是常能给人带来“喜剧性”甚至是“悲剧性”效果的一些手段。有时三者可以混用，但三者之间又有明显的区别：

其一，“幽默”比“滑稽”含义更广，也更高超。老舍在《什么是幽默——答文学问》中说过：“凡是只为逗人哈哈一笑，没有更深意义的，都可算作滑稽，而幽默则须有思想性和艺术性。”所以，“幽默”比“滑稽”的高超之处则在于：它不是为笑而笑，必须有更广更深的含义。

其二，有意义的“讽刺”比幽默更厉害，但必须建立在“幽默”基础上，否则就只是嘲弄。

从操作的层面,我们高兴地看到，当今主持界有一批善于运用幽默的高手：凌峰、崔永元、高博、周立波、王自健等等。特别是周立波的幽默堪称一绝，这集中体现于《壹周立波秀》的第一个板块——词说。该板块用主题词的方式对当下的热点话题进行评说，幽默风趣并发人深省。举例论之：

> 什么是按揭？按揭就是把你按在地上一层层揭你的皮，有一种残忍是用温柔的方式表达的。
>
> 钞票只有用掉了以后才是你的，打开皮夹子，看看没有用掉的钞票，上面印的是“中国人民银行”，跟你没关系。
>
> 当教育和金钱挂钩的时候，老师变成了老板，学生变成了学徒，而家长就变成了ATM提款机。当你有了人生第一个一百万的时候，这些钱都是你的；当你有了人生第一个

---

① 《辞海》，商务印书馆1990年版，第891页。

一千万的时候，其中有20%被这个社会所控股，因为你要承担社会责任；当你拥有资产过亿了之后，这些钱是你的吗？不是你的了！你只是帮这个社会在管理资产，管得不好你就是黄光裕。

这些针砭时弊的调侃不是只让人一笑了之，而是“借助话题对事件的灵活黏合力进行纵横捭阖、嬉笑怒骂，给社会转型期面临种种矛盾的民众以情绪宣泄和精神抚慰”。[1]在笑完之后，留下了更多的思考和智慧。

与周立波相比，王自健的《今晚80后脱口秀》更擅长建立在幽默深刻内涵上的有意义的辛辣讽刺。

如果把《西游记》倒过来看，其实更精彩：

如来派师徒四人带上八部天书和小白龙去东土大唐传教，一路上遇到各种妖怪，打来打去发现他们都是有后台的，无论怎么作恶都不受惩罚，八戒和沙僧觉得太黑暗了，无奈一个躲进了高老庄，一个钻进了流沙河，只有悟空一路斩妖除魔护送师父东去传教。结果天庭对悟空忍无可忍就和如来达成协议——我们可以保证唐三藏平安到长安，不过你得把孙悟空这个刺儿头给办了。如来同意了，在一番阴谋之下，白龙重伤坠入山涧，悟空败了被压在五指山下。而唐三藏却抛弃了孙悟空，在长安传完教，被封为御弟，享受荣华富贵。就这样过了五百年，悟空终于从五指山下逃了出来，把天庭搅了个天翻地覆，天庭被逼无奈许诺让猪八戒化为人身，封为天蓬元帅，沙和尚封为卷帘大将，只要他们能够杀

① 郑向荣：《〈壹周立波秀〉节目的成功与危机评析》，《当代电视》2011年第10期。

掉孙悟空。最后的最后，因为兄弟相残而心灰意冷的悟空去寻找菩提祖师解惑，然后他封印了修为，如意金箍棒扔进了东海化作定海神针，回到花果山，陪着猴子猴孙过完了平凡的一生，最终在花果山的山顶化作了一块石头……这才是真正的社会。

这样的一些段子，充满着语言的机锋，几乎就是“职场箴言”，切中要害，却又让人“笑中含泪”。

与周立波、王自健相比，崔永元的幽默基本摒弃了“滑稽”和“讽刺”因素，更多的是一种积极乐观的生活态度。他善于发现生活中的趣事，既能看到可笑的一面，又能看到可爱的一面，并能运用各种修辞格来表达幽默，具有特殊的艺术魅力。

例如，在《阮教授之难忘战斗》的一期节目中，阮仪三教授深为大规模城市建设中“万物一面”、“千城一貌”，少有民族特色而担忧。

崔永元：其实一个城市的古建筑，如果保存得很完美，就像穿旗袍的女士坐在我们中间一样，也会觉得非常和谐。阮教授就一直为这种和谐而努力。

崔永元在这儿巧妙地运用了“比喻”的修辞格。比喻是最基本、最重要、最古老的一种修辞格，也是人类各种语言中普遍存在着的一种修辞格。“何以为辩？喻深以浅。何以为智？喻难以易。”（王充《论衡·自纪》）比喻可以把印象扩大加深，用两种东西的形态和性质，让观众产生新的图景和联想。

又如，在《唠叨“唠叨”》这期关于夫妻相处的节目中，崔永元和现场观众有下面一段对话：

万玉民：要叨唠的时候多想想对方的一些好处，多想一些好的地方。

崔永元：可以叨唠，用夸奖的方式叨唠。（笑声）您请！

李双成：走自己的路，让妻子们叨唠去吧。（笑声、掌声）

曲丽华：对于女人的叨唠，希望得到家人的理解，因为她们的本意是善良的。（掌声）

崔永元：只有善良的人才会理解妻子们的叨唠。（笑声）您请！

康月兰：家庭生活是一本书，叨唠是其中的标点符号，绝对不可以少，希望每个家庭都能善待，那样一定天天都是好日子。

崔永元：有的书打开你会觉得标点符号比较多，作者就是那么写的。（笑声）

"唠叨"反复使用，构成了"反复"的修辞格。"反复"的作用，一是加强了语义和语势；二是把分散的言语单位组合为一个彼此相连的整体，使这段对话浑然一体。

"有的书打开你会觉得标点符号比较多，作者就是那么写的。"崔永元紧接康月兰的"家庭生活是一本书，叨唠是其中的标点符号"的比喻，机智地运用了正话反说、反话正说的"反语"修辞格表达了自己鲜明的态度，风趣又不得罪观众。

综上所论，我们看到，幽默是一种表现形式和表达技巧，富有民族语言的文化含量和审美品位；幽默是一种生活的能力，"世事洞明"、"人情练达"，智慧才无处不在；幽默是谈话节目中人际交往的润滑剂和黏合剂，它能使彼此陌生的心灵变得亲近而温暖。

5. 主持人要恰当地运用伴随语

节目主持人要恰当运用伴随语言，以便和嘉宾形成良性互动，更好地完成节目任务。这是因为口语不像书面语，书面语是借助文字符号表情达意的，而口语是借助于声音表情达意的。书面语中“说”（写者）的一方可以反复琢磨、精心修改，“看”（读者）可以反复阅读、仔细推敲，双方靠的是“心”在交流。而口语听说双方共处于同一场合，交际不仅可利用口、耳，还可以利用眼，亦即不仅运用有声语言，还可利用非语言表达的特殊手段，依凭简略的形式达到完满的交际效果。

主持谈话节目时适时地运用“嗯”、“噢”、“哦”、“是吗”、“对”等等伴随语，不仅表示主持人对嘉宾、现场观众发言者的尊重，还表示你对他的话感兴趣或表示听懂了，从而更能激起说者的积极性。伴随语加上点头、微笑还能增添谈话的磁场效应。一般来说，女主持人往往更加注意对方的话语，运用伴随语的频率也较男主持人高，这是性别的差异，因为女性更善于沟通。所以，男主持人在节目主持中，应特别注意伴随语的运用。值得一提的是，伴随语只是辅助手段，谈话节目主持人主要的还是要“会说”。

第四节　谈话节目主持应规避的误区

一、谈话节目的必要表现手法≠“情景再现”

在当今省市级电视台的谈话节目中，“情景再现”运用得非常普遍，像江苏卫视《情感地带》的七个子栏目，每个子栏目几乎每期必用。例如，与贾妮对谈时，就用演员分别饰演已去世的“哥哥”是怎样呵护“小贾妮”的《女人百分百·“坏女人”贾妮》；访张瑜时，同样用搬演的方法再现当年的“汪嘉伟”是怎样在电影厂的草丛中会见

"张瑜"的《女人百分百·一代影后》。表现普通人的《情感之旅》，更是以"情景再现"为必要的表现手法。如《生死之交今何在》的一期节目讲的是：78岁翟全甫老人要寻找当年战场上救过他一命的战友。节目从老人回忆开始，到在节目组人员带领下，踏上寻找之路，最后恭拜在战友的一方坟茔前结束。35分钟的节目，"情景再现"一用再用，费时10分钟。开篇就用《柳堡的故事》男主人公参军的镜头，剪辑成"老人当年参军的情景"，接着又用几个熟悉的电影镜头，分别编辑成"老人当年和战友血战沙场的情景"、"老人当年养伤思念战友的情景"等等。

针对这种滥用"情景再现"的做法，业内有些人持反对意见，他们认为：谈话节目属非虚构性节目，运用"情景再现"直接影响了节目的真实性，因为"真实"是不能再现的，"再现"了也就不真实了。确实这种说法是有一定道理的，但反对归反对，实践的层面还在继续地使用。既然存在，就必然有其合理性。我认为，"情景再现"可以作为谈话节目的一种"表现手法"，但绝不能成为必要的表现手法，而且在使用上，必须遵循适时、适量的原则。

1. "情景再现"可以成为谈话节目的一种表现手法

从电视的本质属性来看，电视是视听艺术，观众需要从电视上获得色彩和声音，特别是在主持人还不够成熟的情况下，"画面"可以弥补主持人语言感染力的不足。另外，就人类接收审美信息的器官功能来看，一个人信息总量的85%来自视觉，且不同民族的视、听觉敏感程度又不尽相同。中国自古重形过于重音：从最早的彩陶、象形文字，到书法、水墨画、园林建筑，甚至饮食、服饰文化，这些可居、可望、可观、可游的诉诸视觉的空间艺术，一直独树世界之一帜。而诉诸听觉的一些时间艺术，诸如音乐、杂剧、词曲等，都是特定阶段特定作家身上的辉煌成就，远不如视觉艺术那样名家迭起，绵连不断。所以才有"印度人念咒，中国人画符"，"洋人迷声色，国人重形神”、“耳听为虚，眼见为实”的说法，而这些说法，都从一个层面点明了“重形象”是中国人的一种习惯倾向，是中国人的心理结构或思维模式中的一个特点。

我们的电视说白了就是为受众服务的，“情景再现”在谈话节目中运用，可以和受众心理同形同构，从而收到较好的传播效果。至于说“真实不能再现”的说法也有欠妥之处。我们知道“媒介真实”，并非等于“生活真实”。“所有的媒介都是建构出来的，媒介所呈现的内容并不完全是对真实世界的镜子式的反映，而是经过刻意选择，各种因素综合之后的结果。”所以，“情景再现”作为观众的一种观赏方式，作为电视人的一种表现手法，还是完全可以成立的，问题是如何运用这种手法才是最重要的。

2. 应该科学合理地运用“情景再现”

我们前面说过，“情景再现”的运用必须遵循“适时、适量”的原则。从某种意义上说，遵循了这一规律，也就遵循了受众心理律动的规律，即掌握了受众的心理节奏。这种“节奏”也应当是节目的“节奏”。节奏是一切艺术的灵魂，犹如四季有交替，大海有潮汐，花木有荣枯，月亮有圆缺一样，人们的审美心理节奏由动与静、疏与密、快与慢、张与弛等辩证要素构成。一个好的电视节目最首要的任务就是把节目的节奏和受众欣赏的心理节奏吻合起来，这也是“受众为本位”在艺术上的具体体现。正因如此，“情景再现”的运用，不能像前面《情感之旅·生死之交今何在》那样，作“倾盆大雨式”的处理。例如，谈话开头就没有必要专门设置“老人当年参军的情景”，这样的情景一句话就能带过，谁都能理解。谈话的结尾也没有必要用“老人站在坟茔前”收尾，而忘了在现场谈话的老人和观众，毕竟是谈话节目，不是寻人纪录片。这种“过满”、“过量”的处理，犹如一个女人浑身上下戴满了各色各样的装饰品，丁零当啷地反而没有了美感。

另外，“情景再现”也不能用得“太实”，即“照相式”的处理。例如，《情感之旅·生死之交今何在》中，每一个情节，甚而每一个细节都想“复现”，这反而没有了生命的活力和艺术的张力。犹如古老的埃及文字，它“照相式”的现实主义图画，太像生活了，反而书写不便，无法满足日常需要，于是灰飞烟灭了。相反，富有写意色彩的表意性汉字，具象而又抽象，充实而又灵动，却能经历风雨而“胜似闲庭信步”。所以，“情景再现”是不是可以用得俭省些，即非用不可时再用。例如，情节曲折时用，语言不足以表述时用，某些细节对推动整场谈话有特殊作用时用，某些事件背景必须交代、解释时用……总之，是要用“心”规划的，而不能像味精，什么菜都撒上一些，反而没有了味道。艺术是需要给受众想象空间的。

二、谈话节目主持的唯一法宝≠倾听

打开电视，你会发现，当今各级各类的谈话节目主持以年轻女性居多，节目过程又大多以认真“倾听”为主持方式，间或一两句问话也是若有若无、无足轻重的，有的索性“只听不说”。倾听，似乎成了谈话节目主持的制胜法宝。其实这是一种误导。倾听是一种理念，是一种态度，是谈话类节目主持人的重要基本功。倾听起码有三大好处：（1）传递出尊重对方，对他的谈话有兴趣的信息；（2）“听”的心理活动并非被动地接受信息，而是迅速对信息做出判断，并表明观点、情感，同时对谈话内容的走向做出预测，并瞬间决定自己接应的语言对策；（3）谈话节目现场，主持人不仅要专注于说话人的谈话，还必须分出部分注意力“耳听六路，眼观八方”，倾听观众反应，这是组织控制现场气氛，使场上观众具有“向心力”的需要。因而倾听最大的功效是让你有机会先听一听对方最想说的话，而不是一门心思只想自己的“问”。这也是一种“进入”谈话对象主体的一种技术，但绝不是谈话节目取得成功的唯一法定，这是因为：

1. 谈话节目的类型不同，主持技巧的侧重点也有所不同

纵观十多年的谈话节目，笔者把它归纳为三种类型，即讨论式、聊天式和展示式。

所谓“讨论式”谈话节目，应以《实话实说》为代表栏目。嘉宾、主持人以及在场观众，围绕着一个话题，在规定的情境中进行讨论，每期均有一个高度集中的主题。开宗明义，中间各抒己见，结尾主持人总结点题。结构形态相对封闭。在这种节目类型中，主持人不仅仅是个倾听者，而且是话题讨论进程中的组织者。也就是说，主持人要会“放”——延伸话题空间，给在场嘉宾、观众有表述观点的机会；又要会“收”——及时打断“截流”，引导在场说话的人不要离题并及时抛出新问题，以保证谈话在规定的主题中得以延续。收放的自如，尤其是“收”的机敏显得特别重要。

所谓“聊天式”谈话节目，应以《锵锵三人行》为代表栏目。嘉宾和主持人的谈话没有固定的中心，是一种“漫谈”。中间可以随时转换话题，如果一个话题有意思的话，可以跟着感觉、信马由缰地跑个不停，节目结束了，可这场漫谈似乎仍在进行。结构形态相应开放。在这种节目类型中，主持人不能只是个倾听者，而是一个会转换话题，并能敏锐觉察话题趣味的“智者”，主持人须诙谐热情、见多识广。收放的自如中，尤其是“放”的机敏显得尤为重要。

所谓“展示式”谈话节目，应以改版前的《鲁豫有约》为代表栏目。谈话围绕“倾诉者”进行，大多展示嘉宾的一段或一生的经历。如果从文本结构模式上来看，“讨论式”是横式结构，“聊天式”是意识流结构，而“展示式”是纵式的结构。由于是纵式结构，主持人以倾听为主，但不仅仅是倾听者，而要随时注意“提问”，适时地把嘉宾的讲述引导到事先沟通好的故事情节或细节上来，同时还要运用图片资料，解释、介绍或概述嘉宾的经历，以节约时间顺畅地进入下阶段的内容。有时还得现场描述一下自己的感受。这种节目看似开放，实质封闭，编辑的痕迹较重，比较容易操作和模仿，但大多形似而神不似，因为主持人的魅力至关重要。

由于谈话节目的类型不同，其文本结构模式迥异，奢想用倾听来"一夫当关"，绝对是不合事物内在规律的，自然也是做不好谈话节目的。

2. 主持人和嘉宾的角色地位是平等的，交流是双方互动的

谈话不是娱乐，但谈话节目却必须具有娱乐性，具有一种人际传播和大众传播相结合的娱乐性。人际传播是一种面对面的交流，例如，茶馆里的聊天，大街上的闲谈，小巷中的面议……人与人之间的交谈是你来我往的，有时分不清谁是听者谁是说者，双方位置是互换的，交流是互动的。这种交流具有实用性。如若把这种交际原封不动地放在大众传播中，有时并不好看，也没有趣。因此，一旦放在大众传播中的人际传播，也就不可能是原生态的，而是具有审美性的。所以，谈话节目在话题、谈话对象、谈话技巧上必须做出审美的选择。但不管如何选择，人际传播的基点——双向互动是不能改变的。改变这一基点，也就不是谈话节目了，甚至不是"谈话"。所以，当今谈话节目过分崇尚的"倾听"这一技巧是没有根基的，是一种抹平人际传播基本特征的糊涂做法。"只听不说"，看上去是媒体把自己降到很低很低的地位，实质上是一种曲意的"迎合"，也是对大众传播基本特征的曲解。

由上分析可以知道，在谈话节目中，主持人和嘉宾的角色地位应该是平等的，只有平等，才能对话；只有对话，才能互动；只有"互动"，才能碰撞出思想的火花，散发出个性的魅力。也正是这样的"火花"和"魅力"，谈话节目的过程才真实、才好看有趣，并具有娱乐性。不仅如此，主持人还是这种平等中的"首席"，因为他（她）还是谈话的引导者、组织者。如果你总是"听而不说"，既没有即兴打断，又没有即兴的议论评点，缺乏必要的引导，嘉宾情感就无法向前推进，节目就显得没有生机，同时也不能满足受众的情感需求。因为主持人这种只听叙述不议论的表达方式，是“告诉”而少“体悟”。“告诉”是别人的经验，作为主持人仍是旁观者；而“体悟”是自己的“体验”，主持人才是真正的参与者、动情者。这种只听叙述不议论的表达方式，达成的只能是一个短暂的显性的互动，而真正的互动有两个层次，即“心理互动”、“情感互动”。心理互动的前提是心理认同，情感互动的前提是思想互动，思想互动是求共识，情感互动是求共鸣、求纳新。“听”叙述仅仅完成了一个浅表的“心理认同”，而只有主体间的双向互动式“对话”，才能产生情感共鸣（“情感互动”），只有情感的共鸣，才能留存在心底，成为长久的潜性的甚至可以改变人行为的感动。什么叫“文化”？文化的核心就是能改变人的“人化”。因此，“人化”了的谈话，才是谈话节目好看的制胜法宝。

三、谈话节目的重要评价标准≠让嘉宾“哭”

现今的谈话节目现场，似乎都摆个餐巾纸盒。嘉宾“哭”了，节目也就成功了。这种思维定势直接来源于对《艺术人生》主持风格的模仿。因为来到《艺术人生》的嘉宾们每每必哭。不是吗？邓婕在节目中，张国立在场外说：“不要哭！”徐帆来录节目，冯小刚更是反复叮嘱：“徐老师，不要哭！”但没用，人家照“哭”。

实际上，《艺术人生》的成功，不仅仅是能让嘉宾“哭”。这个栏目的成功有很多原因，例如，中央电视台是强势媒体。又如，能到《艺术人生》栏目中的嘉宾，都是有着许多光环的演艺界大腕儿，他们的经历本身就是一场“戏”。而《艺术人生》栏目组又善于挖掘这些人的“戏份”：荧屏上光彩照人的宋春丽，各种角色演得风生水起，可偏偏不会生孩子；秦怡明艳的形象几乎刻在几代人的心上，可偏偏生个弱智的儿子；歌唱舞台上长袖善舞的阎维文，事业如红日当空，可妻子偏偏是个癌症患者……成功与失败，欢乐与痛苦，顺利与坎坷，让明星复归了普通人，也让普通人找到了心理上的平衡，从而满足了一种相对的优越感。再如，朱军的主持中充满了热情，也充满了生活的自然，特别是在部队练就的“拉歌”（“逼功”）功夫，用在节目现场，就成了和观众形成互动的具有磁性的鼓动力。像访谈阎维文快结束时，朱军让阎维文在屏幕上对妻子说那句“我爱你”的话，阎维文几次说不出口，而朱军不依不饶，鼓动起现场观众，直至说出才告结束。当然，这种“逼功”，有时确实能活跃气氛，调动现场情绪，疏通“谈话流”。但有时也有“强人所难”之嫌，让当事人觉得不愉快。这是朱军今后主持中特别需要注意的。

曾被称为“台湾综艺之母”的张小燕，2004年12月到上海录制《星空新世界》并担任《星空舞状元》的嘉宾期间，曾在不同场合接受记者采访。其中，对内地谈话节目就应该让嘉宾哭的问题，发表了自己颇有见地的看法。她说：“其实谈话节目应该让大家来分享嘉宾的人生经历，而不是想办法弄得嘉宾哭。观众不是为了看嘉宾的‘哭戏’，而是看嘉宾的心理历程，否则浪费观众的时间。”[①] 是的，“人生就像一个钟摆，在快乐、痛苦和无聊中来回摆动”。（叔本华）为了寻找快乐、解脱痛苦、摆脱无聊，我们都需要参照系。需要知道自己在干什么，也需要知道别人在干什么；需要知道自己想什么，也需要知道别人想什么；需要知道自己为什么会痛苦，也需要知道别人为什么会快乐。

香港凤凰卫视《情缘今生》栏目就是本着“分享”来做的，因而很有影响。

有一期节目讲的是台湾富商黄俊峰的故事。黄俊峰在台湾做宝

① 骆俊澎：《内地主持模仿港台是死路一条》，《扬子晚报》2004年12月27日。

石生意，华屋靓车一应俱全，唯年近古稀仍坚持独身，不近女色。老友们硬把他拽到《情缘今生》栏目中一吐深藏于内心的秘密。原来，51年前，18岁的黄俊峰随做生意的父母从宁波移居北京，结识了一位叫媛妹的绝色佳丽。黄俊峰为她迷得神魂颠倒，茶饭不思。只是黄俊峰从小家教甚严，加上他本人生性内向羞涩，便不敢轻易对女孩表白爱情。一晃三年过去了，21岁时，黄俊峰又随父母移居美国，临行前，在女孩家门口遥望了一整天，并为离别而心痛如绞，泪水奔涌。此后，生意场上飞黄腾达的他，不论身处何方，碰见过多少美好女子，但北京的媛妹却一直在他的心中无人可以替代。

凤凰卫视主持人问黄俊峰："你一生不娶妻生子，只为媛妹吗？"黄先生点头。再问："这样做值得吗？"他深情回答道："我宁愿赴汤蹈火，只要能得到媛妹的爱。如果有机会让我再睹其芳容，我宁愿用数千万家产换得美人笑！"主持人告诉黄先生，在这次访谈之前，他们已根据黄先生朋友提供的线索找到了媛妹，并拍摄了一集她的生活短片。

屏幕上，一位身材臃肿的老妇人出现了。正和邻居聊天的她，门牙已掉了几颗，花白的头发稀疏地搭在额前，眼神则显得苍老无力。她时不时地搔搔头，掏掏耳朵，还随口用"他妈的"骂自己那两个淘气的孙子，生气时竟脱下鞋子拍向其中一个。做饭了，她用刚扫过地的污手操刀切肉，之后又将油腻腻的双手往衣服上一擦了事……

看到这里，黄俊峰头上已是大汗淋漓。

节目临近尾声时，主持人又试探着问黄俊峰，他是否还想与那个让他迷恋一生的媛妹重结情缘，哪怕只是见上一面？黄先生低垂着头，哀怜道："不必了，我已经看到她了。只是……从今天开始，我要找女朋友约会了！"接着，友人问黄俊峰："你后悔自己知道媛妹的真相吗？"黄先生说不后悔，而且他对自己为媛妹守身50年永远都不会后悔。毕竟，媛妹曾给了他长达50年的巨大精神支撑！①

这期节目似乎很残酷，它撕裂了一段人世美情。但不得不承认，在分享黄先生人生经历的同时，对不同的人都会有不同的启迪和感慨，有对“形而上”美好情感“坚守”的赞叹，有对“人生无常，好景不长”的感叹，还有对“情感”是最不经一击的悲叹。“人世间，情为何物？直教人以身相许。”

事实上，任何人都有浅层感情体验和深层感情体验，深层感情体验因个人的出身经历、学识修养不同因人而异。西方一位哲学家说过，人与人之间的唯一差别在于他们对复杂关系的理解程度。但在最基本的浅层体验上，无论是满腹经纶的学界泰斗，还是磨剪刀、卖青菜的小商小贩，体验大体是一样的。就像大海与小河，最深处的差别尽管很大，但在最浅的地方都是一样的泥沙平滩。我们在大海中或小河中游泳，最浅的地方人最多，有的人尽管可以到很深处潜行，但也是从最浅处下水的。电视节目憎恶复杂性，但不等于浅俗化，而是要把精神层面“形而上”的东西有机融会在“形而下”的生活物象里面，从而和受众分享人生体验并寻找生活的正能量。

也正是这种品味和力量才是评价谈话节目的标准，而不是只看表面的“哭”。

四、现场观众≠“摆设”、“看客”、“捧爷”

当今电视谈话节目大多由主持人、嘉宾、现场观众等多方组合而成。现场观众不是纯正意义上的电视观众，在录制现场，当他们以听为主时，是“受者”，当他们以发言的形式参与节目时，他们又是“传者”。不管如何，现场观众都介入并参与了谈话节目的创作过程，他们就是谈话节目电视文本中的一个必不可少的组成部分。尽

① 宏兰：《50年时光背后的爱情真相》，《读者》2005年7月。

管处在观众席上的现场观众节目中所占比重不大，只是充当主持人和嘉宾的配角。但有时候“一个好的配角比主角更能抓人，更能使整场戏生色”。《国际双行线》的栏目主持人姚长盛对此深有体会，他在接受记者采访时曾经这样说过：现场观众“不仅仅是为了某种形式，他们显现出的那种多姿多彩的样子，有时是闪闪发光的”。

确实，现场观众的引入，为谈话节目艺术创新找到了一个新的生长点，开辟了谈话节目广阔的发展空间。但纵观当下的谈话节目，现场观众的作用并没有像《国际双行线》那样被发挥出来。具体表现为：现场观众成了“摆设”，除了在节目开头和结尾作整体介绍之外，节目中间现场观众的穿插镜头少得可怜，甚或一个也没有。现场观众成了“看客”，主持人和嘉宾谈得热火朝天，现场观众却被晾在一边。间或有现场观众的一两句话，但那也大多是事先安排好的“话托儿”，目的是引导嘉宾按主题谈下去。再者，现场观众还成了“捧爷”，因为现场观众大多是某嘉宾的崇拜者，招募而来的目的就是来捧场的。

上述列举的种种表现，都极大地影响了现场观众创造性的发挥，更伤害了广大电视观众的感情。笔者认为，现场观众对节目创作来说，至少有以下三个作用：

1. 可以推动节目的进程

如，《国际双行线·成长》的一期节目，嘉宾是目前就读英国剑桥大学计算机专业的博士、22岁的中国小伙儿张驰。当张驰母亲谈到她如何成功教育儿子的时候，在场的观众不由地站了起来：

现场观众：刚才听张驰说的都是学习上的事儿。我想问一下感情上，在你的成长过程中，比如到高中吧，你早恋没早恋过？如果没早恋的话，有没有想追女孩的那种冲动？（笑声）（推动了节目的进程→成长）

张驰：我上初中、小学的时候没有。上高中的时候偶尔会想一下，但是太忙，所以说在国内的时候的确没有考虑过感情的问题。

张驰母亲：张驰读中学的时候他曾经跟我说过，可能有的女孩子对他表示好感。我就给了他几条建议，第一条呢，我觉得挺正常，说明你还是一个比较善良、比较优秀的人。

主持人姚长盛：这是好事儿。

张驰母亲：第二条呢，我就说，你一定要尊重对方，因为她处在这个年龄可能也比较幼稚，这件事儿要慎之又慎，不要伤害别人，不要把它弄得满城风雨。这件事儿没有什么了不起的，就像一个人会喜欢一个比较美好的事物，而不喜欢丑陋的东西一样。

主持人姚长盛：第三条是什么？哪天方便带回来看看？

张驰母亲：不不不，绝没有这一条。

2. 可以活跃气氛

如，《国际双行线·网络时代的爱情》中现场观众的表现：

周先生（嘉宾）：我当时把她约到公园里，然后慢慢……（笑）

张蔚（主持人）：她说她两个小时都没看清楚你长什么样，你有没有看清楚她？

周先生：我也没看清楚。（大笑，鼓掌）

张蔚：那你跟夏小姐不一样，夏小姐是一见面，行了！而你是两个小时没看清楚对方是什么样。（鼓掌）现在观众也聊聊自己的网络爱情？

观众一：我和我的男朋友是从网上认识的。我印象最深的是我俩儿第一次见面，他的第一个动作就是给我递了个身份证。

张蔚：为什么给你递个身份证？

观众一：因为当时人家都说网上认识挺不真实的，虽然我们通过电话，知道他是个男的，但他还是给我递了身份证，可他是内蒙古人，所以我也看不懂，那上面都是蒙文。（笑）

张蔚：那有什么用啊？

观众一：身份证上有照片。

3. 可以深化主题

如，《国际双行线·远离毒品》中现场观众的作用。

小山东（吸毒者）：我看她伤心，我也死过好几次，我妈也救过我好几次。我妈说，只要我活着，她就一定能把我救活，救成以前的我那个样。

张蔚：妈妈有什么话要对女儿说吗？

小山东的母亲：一句话，不容易，做母亲要付出，如果自私一点儿的话，就不可能把这个孩子帮助过来……

张蔚：现场的观众朋友，对社会上的吸毒者有什么话要说？

观众一：我并不觉得吸毒者有什么怪异，我觉得他就是我们生活中的一员，只不过他的经历和我们有些不同，或者就像是得了一场大病一样。我希望所有的人都不要把吸毒者看成怪物。（热烈鼓掌）

观众二：毒品问题是我们社会的一个痼疾。我想在这里呼吁，首先必须阻止毒品贩运；其次，社会要设法接纳那些毒品受害者。因为只有获得来自社会的帮助，他们才能重新走回正道，而今天他们中的大部分人都有被排斥感，找不到出路，只有再走回头路，我们必须拉他们一把。

观众三：我是一个小学教师，我觉得我们社会各种媒介有责任，把这种毒品教育，从孩子时就灌输起来，体育运动要从娃娃抓起，计算机、英语要从娃娃抓起，为什么毒品这种教育宣传不能从娃娃抓起呢？①

那么，我们如何调动现场观众，使他们成为节目创作的一个部分呢？

首先，要摆正主持人和现场观众的平等地位。现在有的节目看似和观众进行了双向沟通，实际上并不相信现场观众具有创造性，往往以居高临下的态度，在节目演播前就预先设定了双方谈话的内容，缺乏一种即兴发挥的空间。我们应该充分意识到，现场观众不仅仅是场外电视观众的简单或形式上的“位移”，他们是有血有肉有灵魂的生命体，是节目创作不可或缺的一部分，有着特殊的存在价值。他们除了注视、倾听之外，还要对台上的谈话做出反应，只有处于平等的地位，现场观众才能感到自己是个独立的存在，才不至于在某某人的带动下，为烘托现场的氛围而单纯地鼓鼓掌、呐呐喊、摇摇荧光棒，形同虚设。

其次，主持人节目要给现场观众专门设置一定的环节，鼓励他们充分地表达自己的观点。如，天津卫视的《爱情保卫战》就尊重现场观众的独立存在，并促使他们和节目同呼吸、共思考，在每期节目展现嘉宾困惑和嘉宾点评后，都会随着事件的发展及时让现场观众

① 北京电视台《国际双行线》栏目组编：《对话与交流》，文化艺术出版社2001年版，第73页。

进行按键选择。如当男青年小苏遭遇女友一次次失身他人却又犹豫不决是否离开时，认为应该“离开”的请按“赞成”，否则“反对”；来自重庆60岁的老王和56岁的易女士决定重新组合一个家庭，却遭女儿强烈反对，易女士决定放弃这段“黄昏恋”，认为易女士“不要放弃”的请按“赞成”，否则“反对”……之后，主持人对他们还有一个专门的采访，让观众说说“赞成”或“反对”的理由。一个个问题抛给现场观众，考验着观众的生活智慧。毋庸置疑，任何艺术都是模仿自然生活的另一种物化形态，婚恋节目也大多以一种游戏的规则隐喻了我们生活的一些层面。从某种意义上讲，这一环节的设置，使《爱情保卫战》变成了现场观众进行社会化的“第二课堂”，起到了意想不到的教育作用。

总而言之，谈话节目在具体运作上要充分协调好主持人、嘉宾、当事人和现场观众的多方互动，真正让现场观众参与到谈话节目中来，实现真正意义上的交流和沟通。

第九章 娱乐节目的流变及其主持艺术

本章要点： 娱乐节目发展到今天，成为广播电视节目竞争的主阵地，成为当今主流节目类型之一。本章论述了娱乐节目存在的价值，较为系统地描述了我国电视娱乐节目的演变过程，并结合具体栏目和优秀主持人的主持案例，论述了娱乐节目主持人的角色定位以及“即兴表达”、“控制场面”的主要技能、技巧，同时还阐述了娱乐节目主持存在的主要问题和应该规避的误区。

第一节 娱乐节目概述

一、娱乐节目的定义

娱乐节目是从节目功能角度划分出来的节目类型。所谓“娱乐节目”，就是能让人获得感性愉悦的节目。从广义上说，它应包括文艺演出、游戏、竞赛等广播电视节目。

在1997年湖南卫视《快乐大本营》未出台之前，中国还没有娱乐节目。当时，除新闻、社教、体育节目以及影视剧之外的文艺节目统称为“综艺节目”。但随着广播电视的发展，社会观念以及受众需求的变化，综艺节目内部出现一种与“俗”结合，与“大众”联姻，充分调动受众参与热情，比传统综艺节目更强调娱乐性、互动性的节目，被人们称之为“娱乐节目”。但我们仍然把晚会型或某些综艺型的固定栏目称之为“综艺节目”，如春节联欢晚会、《正大综艺》、《综艺大观》、《曲苑杂坛》等等。

二、娱乐节目的类型

娱乐节目一般可分为两大类型：

1. 话语类娱乐节目

话语类娱乐节目又可以分为三小类：（1）把娱乐内容和新闻播报相结合的娱乐节目，如央视《影视同期声》、凤凰卫视《相聚凤凰台》等。（2）把娱乐内容和谈话相结合的娱乐节目，如东方卫视《东方夜谭》、央视《今晚》等。（3）把新闻、谈话、娱乐等元素融合在一起的话语类娱乐节目，如凤凰卫视《锵锵三人行》、《壹周立波秀》等。

2. 行动类娱乐节目

即大众参与的，以游戏或竞技竞赛为核心的娱乐节目。大致又可分为三小类：（1）益智类节目，如央视《幸运52》、《开心辞典》，江苏卫视《一站到底》、《最强大脑》等，这类节目以知识性、趣味性见长。（2）游戏类节目，如北京电视台《欢乐总动员》等，这类节目以游戏为基本特征，设置游戏悬念，有巧妙的游戏竞赛环节。（3）真人秀节目，如湖南卫视《爸爸去哪儿》、东方卫视《花样爷爷》等，这类节目有一定的情境设计，并采用纪实的手段展示节目的全过程。

三、娱乐节目存在的价值

当今，娱乐节目浪潮迭起，学界、业界对此褒贬不一：有人说“娱乐无敌”，因为人民需要娱乐；有人担心像尼尔·波兹曼所言：

“娱乐之死”。客观地讲，每一种说法都有道理，也有其局限。因为每个人所处的语境、生存的状态、看问题的角度不一样，所得的结论自然不一样。笔者则认为，电视娱乐节目在目前的中国有其存在的价值。这是因为：

1. 娱乐节目可以摆脱“常人的日常性”

所谓的“日常性”，本义是指“每天发生的”、“通常习惯的”或“平凡的”、“普通的”生活境况。教师、演员，公务员、外交官乃至农民，尽管职业不同，工作殊异，生活境遇也有天壤之别。但有一点是共同的，他们每天都遭遇同样的事务：衣食住行，生老病死，这构成了日常生活的世界，且这个世界并不是充满诗意和变化的。于是，日常生活具有一种“天天如此”的刻板性。存在主义哲学奠基人海德格尔称之为“平均状态”。在他看来，日常生活的这种平均状态，也就是人人如此的状态，导致了“常人”的出现。“常人”就是与他人没有差别，失去了对冒险和反常东西的兴趣，乐于按照某种“公众意见”办事，木然地忍受着生活“日常性”的奴役。

尤其在当代，由于专业化和管理化的普遍实现，日常生活变得越来越趋向于“规章统治人”（韦伯）。办公室里有制度，流水线上有规章，甚至我们的饮食、交往、旅游也得有章可据。于是，无聊和厌烦作为日常生活的典型心态便出现了。而人生最大的问题就是摆脱无聊和厌烦。

但游戏却为人们打碎了具体的日常生活强加在个体身上的种种局限，提供了一个精神满足实现和想象的空间。不是吗？你可以在《非常6+1》中体验明星的感觉；你可以在《梦想中国》中，看见从未见过的嘉宾和景观；你还可以在观看《超级女声》时，享受自己投票的权利……当你做这一切的时候，你便暂时摆脱了自己的常人生活，现实对我们的种种限制便不复存在。

游戏改变了平庸而乏味的状态，超越日常生活的同时也为更好地进入日常生活和重塑日常生活做好了准备。

2. 娱乐节目可以整合“现代人性”

由于在日常生活中，工具性越来越占主导地位，进而产生了人性的内在分裂，尤其是感性和理性的分离。加之，在中国还有长期封建制度对人精神上的戕害。物质对精神的压抑，人与自然的脱节等现象变得日趋明显起来。早在工业时代初期，席勒就发现了现代社会人性面临的危机。在他看来，人有不同的冲动，在古典时代，这些冲动是和谐一致的。但是到了现代社会，感性冲动和形式冲动便处于对立状态。“享受和劳动脱节，手段与目的脱节，努力与报酬脱节。人永远是束缚在整体中的一个孤零零的断片，耳朵里所听到的永远是由他推动的机器轮盘的那种单调乏味的嘈杂声，人无法发展他生存的和谐，他不是把人性印刻到他的自然（本性）中去，而是把自己仅仅变成他的职业的科学知识的一种标志。”①

这种现代社会的日常生活模式在许多方面都抑制了人的创造性行为。另一方面，功利的态度制约了人们的生活态度，人们做每一件事都经过理性的考虑和仔细的计算，以最小的投入和最大的产出为目标，它已成为人们行为的内在动机，成为人与人相处的最大动力。

于是，娱乐节目可以整合“现代人性”。因为任何游戏，正像任何信息媒介一样，是个体或群体的延伸。通过娱乐，参与者可以找回自我，体验凭实力取胜的痛快；压抑的个性得到张扬，感受到人与人团结交流的重要，进而增强了社会的和谐。

3. 娱乐节目具有“现实隐喻性”

任何艺术都是模仿自然生活过程的物质化形式，娱乐节目也大多以一种游戏的规则隐喻了我们生活的一些层面，并教会我们

① [德]席勒：《美育书简》，徐恒醇译，中国文联出版社1984年版，第90页。

如何面对生活，学会生活，以便更好地创造生活。例如，浙江卫视《人生AB剧》（现已停播），节目每期都安排生活中的一个案例，并随着事情的发展，让现场观众进行站队选择：当一对不相识的青年男女在同租房之初订下“条约”，其中包括不谈恋爱时，你认为能遵守此条约的请选择“A”，否则“B”；随着事件的发展，这对青年男女谈起了恋爱，你认为顺其自然的请选择“A”，否则“B”。当“遭遇老公有外遇”时，采取什么办法好？请作“A”“B”选择；剧中的女主人公用跟踪的办法好否？再作“A”“B”选择；女主人公跟踪成功并组织姐妹们成立了专门调查这样事件的公司，你又有什么看法……

人生就是不断出现问题和解决问题的过程，如何解决问题是人需要付出毕生智慧的。于是，看节目、做游戏的过程，竟也成了人生历练的过程。

上面讲到，作为“规章制度人”，日常生活的各个层面都受制于“游戏规则”。人不再是一个自由的创造体，而成为庞大管理机器的一个零件。但从另一个层面来说，个人改变不了社会，不得不接受规则，才能过好日子。游戏是讲究规则的，因而参加一种游戏，也就学会在一种规则下生存。对年轻人来说，游戏可以预演生活；对经历过一些生活的中老年人来说，游戏还可以反思生活。

娱乐节目发展到今天，成为广播电视节目竞争的主阵地，成为主流节目类型之一。据央视—索福瑞传媒研究调查数据：“2004年娱乐综艺节目收视持续稳步增长，收视份额达到了6.7%，比2003年高出一个百分点，更超过2002年二个多百分点。”娱乐节目的发生、发展并不是偶然的，是与社会政治、经济文化发展息息相关的。为此，我们不妨了解一下其演变的过程，因为娱乐节目主要集中于电视节目，为此，主要阐述电视娱乐节目的发展历程。

第二节 娱乐节目的流变

电视综艺和娱乐节目的发展，伴随美国电视的早期，20世纪四五十年代就成为主要类型之一，在六七十年代的港台地区已开始红火。但在中国内地，业界对此类节目的探索和实践比较晚，类似的节目一直到80年代才开始出现，而更为纯粹的娱乐节目要迟至90年代末期，即1997年，湖南卫视的《快乐大本营》才开创娱乐风潮。

娱乐节目在它发展演变的过程中，由于社会观念和观众审美心理的变化和投射，在制作理念、节目主体以及播出样式上必然呈现出不同的面貌特征。据此，娱乐节目的发展可以分为以下几个阶段：

一、综艺节目：仪式化的文艺表演

20世纪的80年代中后期，随着商品经济的发展,商业文化和通俗文艺日趋繁荣，而电视作为强有力的大众媒介，也推波助澜，极大地推动了大众文化的苏醒并逐渐向主流靠拢，开始出现并流行以春节联欢晚会为代表的各种文艺晚会。到90年代初，常态栏目中出现了《综艺大观》、《正大综艺》、《曲苑杂坛》等晚会型和半晚会型节目，借鉴国外模式并吸收港台的成功经验，为后来娱乐型综艺游戏节目的诞生提供了最初的实践经验和理论积累。这个时期央视成了引导潮流者。

1983年诞生的央视春节联欢晚会，成了一年一度中国人的盛会。1990年3月14日开办的《综艺大观》以及同年4月25日首播的《正大综艺》，还有1991年开播的《曲苑杂坛》，引发了全国范围内的

“综艺节目”热。在90年代初，这三个栏目平均收视率达19%,约有两亿左右的忠实观众在收看此类节目。这类节目大多有一个富有意义的主题，节目形式也相当统一，《综艺大观》、《曲苑杂坛》以明星表演为核心，内容有歌舞、小品、相声等；《正大综艺》则邀请明星做嘉宾，在旅游板块中让他们猜测各国风土人情的真伪，既轻松又让观众获得一些知识。那时的综艺节目，节目主持和明星表演大多是一种才艺展示，是一种高端的艺术引领。因为当时电视节目贫乏，综艺节目适逢其时，得到了广大观众的青睐，每逢周末、节庆，观看综艺节目成了难得的享受。

必须指出的是，早期综艺节目的传播理念是“你传我受”式的，主持人在这类节目中具有绝对权威，缺少必要的互动，主题色彩过于鲜明。综艺节目成了一种仪式化的文艺表演。

二、快乐动员：明星参与的快乐游戏

20世纪的90年代中期，中国大众文化全面崛起。大众文化是以大众传播媒介为手段，按商品市场规律去运作的，旨在使普通大众获得感性愉悦的日常文化形态。正是在这样的文化境遇中，中国电视文化开始从对高雅艺术的顶礼膜拜中走了出来，走向平民化和商业化。

在电视领域，1992年《望长城》的出现，本色主持理念和对真实性的提倡，极大地冲击了传统电视的观念。1993年《东方时空》的诞生，催生了新闻和纪实类电视节目的热潮。1996年3月《实话实说》的开播，与他人分享“体验”的电视观念逐渐深入人心。在这种情况下，仪式化的综艺节目受到极大冲击，并逐渐式微，取而代之的是更为纯粹的娱乐节目。

与前一阶段不同，在这一时期的变革中，地方台先声夺人。1995年12月23日，湖南经济电视台推出一档《幸运3721》的节目，引起了轰动，同时也引起湖南卫视的注意。于是，1997年7月11日，湖南卫视推出了《快乐大本营》，大张旗鼓地提倡“乐字当头，以乐为主”，“快乐大本营，天天好心情”，是每期节目开始的标志性口号。《快乐大本营》开播之初便创下了33%的收视率，并凭借其上星优势在全国掀起收视狂潮。从此，湖南卫视“推出了中国大陆电视业的一个新的娱乐样式和娱乐观念”。[①]继《快乐大本营》的成功之后，全国各地电视台迅速引发一场“快乐旋风”，一大批娱乐节目陆续上马。紧随其后，1999年1月20日，北京有线台的《欢乐总动员》的成功，又引领了“欢乐总动员的风潮”。据1998年6月国家广电总局在北京举办的广播电视文艺研讨会披露，当时开办娱乐节目的省台有33家，地市台有42家。1999年以来，开办或引进娱乐节目的电视台又增加了32家。

在电视批量“生产快乐”的同时，电视娱乐的观念也逐渐替代了电视综艺的观念，电视的娱乐功能被突出地强调出来。《快乐大本营》实际上借鉴了脱胎于日本的港台节目的成功经验，是对港台地区娱乐节目《非常男女》、《TCL与你猜！猜！猜！》、《非常关系》等成功改造的结果。这一阶段，以《快乐大本营》为代表的一大批娱乐节目，基本上走的是“明星+游戏”的路线，观众部分参与。此时的明星不再像前期综艺节目中持“高高在上”的姿态，而是“俯下身子”走到观众中来，甚至和观众一起游戏。虽然节目中间穿插歌舞表演，但是服从于节目整体的娱乐需要，不再是一种高端的引领，而是一种低处的碰撞。在传播理念上，开始引入竞争和互动的因素，不再是单纯的“你传我受”，尽管节目仍然是以明星和明星化的主持人为核心，但开始重视观众的参与。

但是，明星本位和节目的模式化，逐渐让观众失去了当初的热

① 胡波：《2004年电视节目收视解析》，《中国广播影视》2005年1月下，第50页。

情，代之而起的是一种更为强调平民色彩和互动性的平民游戏节目。

三、益智竞猜：奖金激励的互动游戏

20世纪90年代末期，市场经济的进一步发展，使电视节目的生产与传播产业化，并在商品规律制约下形成了一种商业化的体系。娱乐节目的制作当然也成了商品化的生产和消费过程，收视率成为电视传播者追求的重要目的。随之，长期以来被电视传播者忽视的受众研究得到普遍重视，新的娱乐资源也在不断地被开掘出来。

这一阶段的娱乐节目,以益智竞猜类节目最为成功。在节目构成上，普通观众与主持人具有同等重要的地位，开始与主持人平起平坐，观众不再是被动的观看者，而是节目的有机组成者。平民化、竞争性、互动性是这一时期益智竞赛娱乐节目的主要卖点。

现在看来，当时我国益智竞猜类游戏节目的风行，与世界范围内掀起的游戏节目热潮是合流的，特别是在学习、模仿国外《谁想成为百万富翁》等节目基础上发展起来的。1998年9月，《谁能成为百万富翁》（*Who Wants To Be A Millionaire*）在英国登场，设计者是大卫·布瑞格斯，英国独立电视台（ITV）制作并播出。《百万富翁》[①]连续12天晚上在同一时间播出，反响空前热烈，初播阶段便创下1900万收视人群的奇迹。1999年8月，美国版的《百万富翁》在美国广播公司（ABC）问世，平均收视人群达2900万，并在2000年获得了美国电视最高奖项——艾美奖中的“最杰出的游戏节目”和“最杰出的游戏节目主持人”两个大奖。该节目1998年首播以来，在全球已有40个不同语言的版本。2001年4月30日，香港亚州电视台（简称“亚视”）以3000万港币购得总藏48集的版本文，继而正式播出中文版的《百万富翁》。可能是因为香港人对经济、财富较为看

① 《谁能成为百万富翁》（Who Wants To Be A Milliouaire）后改为《百万富翁》。

重，这个由曹启泰主持的益智竞赛类游戏节目，当年播出117集，送出一千多万港元的奖金，参赛者收获甚多，其中有五名参赛者夺得50万港元奖金，还有一名真正的百万富翁。“亚视”破天荒地花几万港元修一条“百万大道”供人参观，又大出“《百万富翁》攻略”丛书。主持人曹启泰也一炮而红，频频接受各周刊、杂志专访，并登上月历封面。

在对英美益智节目的学习和借鉴基础上，中央电视台经济频道于1998年11月推出《幸运52》，2000年7月推出《开心辞典》。“《开心辞典》播出当年，全国省级电视台跟风开办类似《开心辞典》48个栏目，地市级电视台开办87个栏目。”[①]起初，这类节目是知识与金钱并重的，奖金额并不高，观众只要报名，就有资格参加。但随着娱乐节目商业化的进程，为了吸引观众提高收视率，国内很多益智节目的奖金一提再提。2002年年初，由英国BBC制作的高水准名牌益智类节目《最薄弱环节》，以授权个别地区制作的形式在中国南京正式登陆，命名为“智者为王”。获奖者最高奖金可达20万，巨额奖金令人咋舌，而更耐人寻味、牵人心魄、诱人观赏的是节目本身不仅有知识广度和深度，也有峰回路转般的戏剧情节，更有对参赛者在“拟态环境”中快速灵敏的智慧分析与生存能力的考验，尤其是最后一点无疑是益智类节目自身不断推陈出新，吸引受众的又一次有效的尝试。随之，上海《财富大考场》奖金高达22万元，风靡国内40多个城市。湖南《财富英雄》更是以“千金一题”为号召，答对五道题5000元，十道题5万元，十五道题50万元。在这种哄抬奖金的情况下，益智类节目越来越趋于庸俗化。这种节目模式很大程度上靠的是背后的奖金作为吸引观众参与的动力。随着奖金的增加，所出的题目也越来越千奇百怪，逐渐陷入一种悖论。为此，娱乐节目的发

① 《十问〈开心辞典〉：永远到底有多远》，《节目》2004年11月5日。

展也步入一个瓶颈。

但《开心辞典》却摒弃了国外同类节目浓厚的商业味，虽然也以奖金为刺激点，但根据中国观众审美心理和收视习惯，融入本土化元素，加强了对亲情的展现，"家庭梦想"成为节目的宗旨，节目充满浓厚的人文关怀和亲情气质，是一档绝对适合中国人全家观看的节目。该节目推出后迅速赢得了观众，收视率稳步提高，广告创收可观。

四、真人秀：平民参与的生活游戏

伴随对娱乐节目平民化和竞争性、互动性的进一步强调，传播者开始意识到，观众不仅是电视节目的消费者和参与者，同时也可以成为节目构成的主体。生产者生产着消费，同时消费者也生产着消费，消费者也可以成为生产者。"真人秀"节目的引入，正是继承了这一趋势的发展。

真人秀又叫真实节目，"是由制作者制定规则，将普通人在假定情境与虚构规则中真实生活的过程录制下来并播出的电视游戏节目，其中戏剧的虚构性与纪录片的纪实性紧密结合"。[①]自2000年起，这股"真人秀"节目浪潮在全球范围内迅速兴起。20世纪末，始于荷兰的《老大哥》(*Big Brother*)成为真人秀节目的始祖，其后美国福克斯电视公司推出《诱惑岛》(*Temptation Island*)、法国电视台推出《阁楼故事》(*Loft Story*)，一时间"真人秀"几乎成为欧美电视界最火爆的节目。

从"真人秀"的字面上不难看出其内涵："真"是特色，体现这个节目形态必须是非虚构的、纪实的；"人"是核心，意味着节目必须有人格和人性的凸显；"秀"是手段，节目必须在预先设置的游戏

---

① 胡波：《2004年电视节目收视解析》，《中国广播影视》2005年1月下，第50页。

规则中进行并带有公共表演的成分。真人秀节目，以其戏剧化的真实性、超常的隐私展示、激烈的竞争性和巨额奖金为吸引力。它不仅以平民作为节目主角，更重要的是，节目形态和叙事策略是以满足观众深层心理需求为衡量标准的。这类节目让电视机前的人们看到了自己的日常行为，并很好地反映了人类的生存状态。除此之外，节目的志愿者是征集来的，都是普通人，拥有获胜的同等机遇，而且观众在节目中拥有淘汰参赛者的权利。真人秀节目体现了一种平民化的意识形态。

我国娱乐节目的发展正赶上了国际“真人秀”的浪潮。2000年8月，美国《生存者》在央视二套播出，这是真人秀第一次进入中国电视观众视野。随后，本土制作的模仿国外真人秀的电视节目陆续推出。同年，广东电视台推出《生存大挑战》，2001年8月起，多家媒体联合打造大型真人秀《走入香格里拉》，在全国一百多家电视台黄金时段同步播出。此外，还有湖南经济电视台的《完美假期》，贵州卫视的《水上训练营》、《丛林竞技营》、《城市别动营》系列节目，浙江卫视的《夺宝奇兵》等，并出现了栏目化的真人秀节目《金苹果》等。在国内众多娱乐节目市场低迷的情况下，真人秀俨然成了“救世主”。

2003年5月，湖南卫视推出《快乐中国·超级女声》。与一般的比赛类节目不同，更具吸引力的是它的“零门槛性”：参赛者“不分唱法、不论外形、不问地域、不问年龄”，同时也“不收取费用”。节目获得极大的成功，仅湖南赛区广告加短信就接近400万元人民币。《超级女声》走红以后，类似选秀类节目迅猛出现，湖南本地就有《明星学院》、《超级男声》。2003年8月底，中央二套推出《非常6+1》，号称完全本土化的真人秀节目，以六天时间细化地展示平民英雄的成长过程，并引进短信投票和物质奖励环节，首播当天收到十万条短信，收视率攀升，名列二套首位。2004年央视启动《谁将解说北京奥运》和《星光大道》，同样吸收了真人秀的元素，其后真人秀元素逐步融进常态栏目。

进入2005年，湖南卫视第二届的《超级女声》登上《新周刊》杂志的“2004生活方式创意榜”，并被评为“创意TV秀大奖”。类似节目还有华娱卫视的《我的中国星》、《我型我SHOW》，星空卫视制作的《星空舞状元》，连《欢乐总动员》、《超级大赢家》等老牌娱乐节目也不断推出选秀环节。后来，选秀节目的对象从歌手、舞蹈到模特、主持人，甚至扩充到泥塑、编织、厨艺超人，等等。

2009年湖南卫视的《超级女声》改版为《快乐女声》，重新披挂上阵，再次引起歌唱选秀的热潮。一时间，歌唱选秀节目如雨后春笋般出现在中国的电视荧屏上，如江苏卫视的《绝对唱响》、东方卫视的《加油！东方天使》、江西卫视的《中国红歌会》、云南卫视的《新五朵金花》，等等。与此同时还出现了一批舞蹈选秀节目，如贵州卫视的《舞艺超群》、旅游卫视的《精舞门》。此外，娱乐节目还呈现出了多元化创新的趋势，除了传统的综艺节目类型以外，又出现了许多新的节目形式，例如综艺选秀节目《中国达人秀》，综艺脱口秀节目《天天向上》，游戏闯关节目《智勇大冲关》，K歌比赛节目《挑战麦克风》、《我爱记歌词》，魔术表演节目《金牌魔术团》、《全民大魔竞》，等等。

2010年，随着江苏卫视《非诚勿扰》的走红，相亲节目席卷而来：湖南卫视的《我们约会吧》、山东卫视的《爱情来敲门》、浙江卫视的《为爱向前冲》、东方卫视的《百里挑一》、安徽卫视的《缘来是你》……霎时间满眼都是相亲节目。诚然这些节目在社会上引起不小的反响，其中最惹人注目的《非诚勿扰》还被引入美国哈佛大学商学院的课程。但不可否认的是，这些相亲节目虽然打着“生活服务类节目”的旗号，但嘉宾作秀的娱乐性才是真正的本质。更令人担忧的是，一些相亲节目追求感官刺激的低俗趣味，裹挟着相当不利精神文明建设的危害，甚而挑战着我国传统的道德标准、价值观念和观众的审美心理。

五、"限娱令"：娱乐节目整肃革新

鉴于上述出现的问题，国家广电总局于2011年10月25日出台了被媒体称为"限娱令"的《关于进一步加强电视上星综合频道节目管理的意见》。《意见》规定34个电视上星综合频道要扩大新闻、经济文化、科教、少儿、纪录片等多种类型节目播出比例，以防止过度娱乐化和低俗倾向。另外规定，从2012年1月1日起，各电视上星综合频道要开办一个弘扬中华民族传统美德和社会主义核心价值体系的思想道德建设栏目。与此同时，《意见》还明确提出"三不"：不得搞节目收视率排名，不得单纯以收视率搞末位淘汰制，不得单纯以收视率排名衡量播出机构和电视节目的优劣。[①]

在这样一个背景下，如何在娱乐的前提下兼具文化与品位，成为了各大电视台的首要难题。2012年7月13日，浙江卫视联合星空传媒打造的"励志专业音乐评论"节目《中国好声音》播出，这档源自于荷兰的选秀节目*The Voice*先后在英国、美国、澳大利亚等国取得巨大成功之后登陆中国，凭借其新颖的赛制以及精良的制作，在电视荧屏上刮起一阵"好声音"的旋风，成为了继《超级女声》之后又一个在全国引起轰动的音乐选秀节目。受其影响，一批以"中国"为名的歌唱选秀节目接踵而至，如《中国梦之声》、《中国最强音》、《中国好歌曲》等。《中国好声音》的出现，标志着我国娱乐节目的再一次转型，它颠覆了继《超级女声》以来"草根狂欢"的平民选秀模式，把原先人们关注草根明星的目光拉回到了高端的音乐人身上，契合了当下人们对"电视大片"的奇观化的审美需求，开创了选

① 见"中华人民共和国国家新闻出版广电总局"官方网站，http://www.sarft.gov.cn/。

秀节目的新风尚。

在全国电视荧屏“载歌载舞”之际，江苏卫视另辟蹊径，于2012年3月2日推出国内首个夫妻档主持（李好、晓敏）的益智类节目《一战到底》。《一站到底》打破了先前传统主持人和选手一问一答的比赛方式，采用的是“车轮战”模式。由此，主持人的作用和方式都发生了颠覆性的改变，先前的益智节目主持人处于权威地位，而《一站到底》的主持人则居于第二位，仅仅起着调节现场气氛的作用。此模式让人耳目一新，一经推出，收视率便持续走高。

2013年，两档明星跳水节目先后出现：4月6日浙江卫视的《中国星跳跃》和江苏卫视4月7日播出的《星跳水立方》，两个“肉搏类”娱乐节目播出后，再度引起人们对审美价值观的讨论。《人民日报》5月2日发文《还有什么不可以娱乐》，痛批这种唯收视率的怪现象。为此，2013年7月24日至26日，国家新闻出版广电总局再出重拳，针对娱乐节目提出了三条调控措施：（1）不再制作新节目；（2）尚未开播的推迟播出；（3）已开播的错时播出。同时，倡议电视媒体自觉贯彻中央“八项规定”，力戒铺张奢华，力戒炫目包装，力戒煽情作秀。申明严格调控引进海外节目模式，鼓励原创，注重专业性的方向。[①]在政策的宏观调控下，娱乐节目的制作逐渐恢复了平稳、健康、温和的创作基调。

2013年8月1日，安徽卫视开播“新锐语言竞技真人秀”《超级演说家》，该节目以“挑选中国最会说话的人”为目标，以竞技演讲为内容，选取了不同职业、不同领域的新锐精英、意见领袖在舞台上个性表达自我。原以为“说的没有唱的好”，但没想到《超级演说家》却能够“一鸣惊人”。《超级演说家》的出现，不仅摆脱了我国选秀节目长久以来局限于“唱歌跳舞”的题材困境，并且在一定程度

① 见“中华人民共和国国家新闻出版广电总局”官方网站，http://www.sarft.gov.cn/。

上提升了娱乐节目的文化品位，节目中的选手和评委嘉宾用充满激情的语言和积极乐观精神向人们传递着正能量。

2013年的湖南卫视再显身手，一档标榜着“中国首档明星亲子旅行生存体验真人秀”——《爸爸去哪儿》，不仅满足了观众“看明星”的猎奇心理，又用“亲情牌”引起了人们的情感共鸣。霎时间，举国上下沉浸在“奶爸萌娃”的亲情氛围之中，其热度持续到2014年第二季的播出仍未衰减，以至于浙江卫视受其影响衍生出了另一档爸爸题材的节目《爸爸回来了》。《爸爸去哪儿》之所以获得如此巨大成功，不仅得益于其独特的节目设置，更在于其积极向上的主题，它给我国的电视娱乐节目指明了一条良性的发展道路，再次证明了符合社会需求的积极向上的价值观才是制胜的法宝。由此，《爸爸去哪儿》迎来了一次我国真人秀节目真正从室内走向室外的华丽逆转，花样辈出：《花样年华》、《花样爷爷》、《花儿与少年》纷至沓来。

经过2013年的准备，江苏卫视1月至3月推出大型科学类真人秀《最强大脑》，主持人蒋昌健(大学副教授)，科学判官魏坤琳(大学副教授)，科学助教周杰伦以及陶晶莹、李永波、梁冬的组合阵容，全媒体的运营策略，实现了一次娱乐和科学结缘、知识与电视联姻的超越。

从“限娱令”的出台到《最强大脑》的热播，我们从中可以看出中国娱乐节目在政策调控下的节目形态多元演进。同时我们也应当反思，在视觉刺激和奇观幻景泛滥的娱乐时代，“人们感到痛苦的不是他们用笑声代替了思考，而是他们不知道自己为什么笑以及为什么不再思考”。[①]娱乐节目的制作应当保有一定的道德底线和社会准则，只有用主流的、积极的价值观导向，才能引起更多人的关注与认同。

① [美]尼尔·波兹曼：《娱乐至死·童年的消逝》，章艳、吴燕莛译，广西师范大学出版社2009年版，第178页。

第三节 娱乐节目的主持艺术

一、主持人是受众的“玩伴”——角色定位

传播学者的研究发现，有两类传播者最易被受众接受，一是“在他谈论的领域中有威望的人”，二是“与他们自己相似的人”。[①]由于娱乐节目的重要特征在于广泛的参与性和平民化风格，这就决定其主持人应成为与受众“相似”的人，并能最大限度地贴近观众。于是，娱乐节目的主持人常常不是专家学者，也不是明星偶像，而是能带着大家一起玩的“玩伴”。这应该成为娱乐节目主持人的角色定位。

凡在娱乐节目主持的位置上有所成就的主持人都深谙其中的玄妙。

李咏在回答《南方周末》实习记者肖昕采访时曾说：“我从《幸运52》开始，就不是高高在上了，我是你的玩伴而已。”台湾的综艺大哥大吴宗宪谈到大陆的综艺节目时（台湾把综艺节目和娱乐节目统称为“综艺节目”），打了一个形象的比喻，他说：“大陆的综艺节目现在一日千里，但是灵活度、机动性不够，另类的、活泼性高的综艺节目就做不来。大陆主持人主持起节目来，都像端着一锅汤，哈哈，那是火锅啊！”虽然有点夸张，但同时也说明娱乐节目主持人不能“端架子”，“端架子”就不能成为别人的好“玩伴”。可惜，中国一个多世纪以来，经历了太多的苦难，又走过了层层的政治专制，再加上应试教育的藩篱，我们很多人像关在动物园里的野兽，似乎没有了“野性”，循规蹈矩，不会“笑”，也不会“玩”了。

---

① [美]威尔伯·施拉姆、威廉·波特：《传播学概论》，陈亮、周立方、李启译，新华出版社1984年版，第36页。

所谓“玩伴”，指的是能在最短的时间内和嘉宾、现场观众融合在一起，从时间和空间上制造并延长娱乐的全新感觉。这就对娱乐节目主持人提出了更高的要求，或热歌劲舞、会玩会乐；或机智过人、轻松幽默；或生性快乐、善于恶搞。平易真诚、健康热情、活力四射是娱乐节目主持人的基础特征，只有这样的人带头，才能“玩”得起来并能“玩”出花样。主持人马东除不“热歌劲舞”外，其他素质皆具备。为此，他和选手一起游戏时，常常能收到意想不到的艺术效果。譬如，2005年10月7日的《挑战主持人》节目中，在张岩最后挑战擂主李健时，题目是：主持一个结婚仪式，要求每句话不超过五个字。在这个环节，马东说：“你们采访我，栏目是《艺术人生》，答问都不许超过五个字”：

选手：以前没来过？

马东：咱们开始吧！

选手：最近好吗？

马东：不咋的。

选手：工作可忙？

马东：受罪的命。/（提示）谈婚姻……

选手：爱人如何？

马东：刚离了。/（提示）说童年……

选手：请看大屏幕

马东：我是盲人。

选手：请听音乐。

马东：耳背。/（提示）让我流泪……

选手：你父亲好吗？

马东：去世了……（伤心态）

这段按着《艺术人生》思路的采访，让人忍俊不禁。

在有些时候，马东应选手要求，还常常和他们一起表演某个角色。如马东曾在选手王建萍的节目中途扮演其男友：

马东：萍，你喜欢不喜欢我？（站在台侧）

王建萍：你猜。

马东：我看是不喜欢。

王建萍：你再猜。

……（马东憨态可掬，立马引起得观众大笑）

舞台上，多重角色的现时转换，最易带来喜剧效果。

我们说，娱乐节目的核心是“娱乐性”和“互动性”。为此，马东不仅和选手互做游戏的“玩伴”，还常和点评嘉宾以及来栏目组的评委互为游戏伙伴，跟他们一起做诸如成语接龙、字头接字尾、诗词对垒等游戏。在《挑战主持人》的栏目里，构成了主持人和选手、主持人和选手及嘉宾、主持人和选手以及嘉宾、现场观众多重的互动关系，形成了巨大的娱乐“场效应”。参与者找回了自我，体验凭实力取胜的痛快；嘉宾平时压抑的本性得到了张扬，感受到人与人团结交流的重要；现场观众也享受到了自己“当家做主”，决定选手去留的权力。马东的“玩伴”定位，让所有参与《挑战主持人》的人形成了一种新的关系和姿态。所以，在今天娱乐节目热潮一浪高过一浪的时候，真正能掌控娱乐节目的主持人将成为珍奇宝贝。

二、主持人的即兴表达是节目现场的“兴奋剂”——调节气氛的重要技巧

娱乐节目主持人的语言运用和新闻、社教类节目风格有明显的

区别，那就是俏皮而不油滑，幽默而不低俗，机智得体而不木讷，这样才能打造节目气氛，调动受众情绪。“气氛”指的是在一定环境中，光线、色彩、声音以及态度等元素给人精神上造成某种强烈的感觉。娱乐节目是以娱乐受众为主的，因而对于主持人来说，即兴的语言表达是“整台节目的眼睛，有则生动感人，无则干涩呆滞”。[①]是使节目充满乐趣的最为重要的技巧，也是优秀娱乐节目主持人必备的功夫。

例如，吴宗宪的节目主持中，特别善于运用一些“谐音”、“联想”来制造悬念，活跃气氛，他的主持有许多精彩的段子，我们不妨录下几段：

什么动物可以贴在墙上？
海豹（海报）贴在墙壁上。
哪位古人跑得最快？
曹操（说曹操，曹操就到）。
麒麟飞到北极会变成什么？
冰淇淋（冰麒麟）。
哪个历史人物游泳必定沉下去？
阿斗，因为扶（浮）不起的阿斗。
星星、月亮、太阳哪一个是哑巴？
星星，因为《鲁冰花》中有一句“天上的星星不说话”。
左和右，谁喜欢独奏，谁又比较好？
左solo，右so good（左手锣，右手鼓）。
周瑜与诸葛亮的母亲分别姓什么？
“季”（既）生瑜，“何”生亮。

① 叶惠贤：《节目主持与即兴反应》，《文汇报》1998年11月6日。

123456789哪个数字最勤劳，哪个数字最懒惰？

1最懒惰，2最勤劳，因为一不做二不休。

这样具有汉语特色的即兴风趣在他的主持中比比皆是。

又如，上海电视台的叶惠贤特别善于运用“迎、送、接、扣”的语言技巧。“迎”是指补充和添加对方未表达出或疏忽了的内容；“送”是指概括和点明对方的中心意思；“接”是指衔接好对方的话锋，用适当的串联词划分谈话的层次；“扣”是指抓住对方言语中的关键之处和有可能出彩的地方。

例1，在第四届上海国际电视节的开幕式上，当叶惠贤刚刚报完“第四十九届威尼斯电影节最佳女演员”得主巩俐时，巩俐走上舞台，叶惠贤即兴描绘道：

叶：巩俐小姐今天是新潮的装束领先一步，微微的笑容含而不露，举手投足尽显明星风度。巩俐小姐，现在您成了影迷们说话的重点，心中的热点，视线的焦点。您主演的几部电影都在国际上获得了大奖和提名，在这里我代表上海观众向您表示祝贺！

巩：谢谢！

叶：观众朋友都知道您能歌善舞，今天在这儿是不是给大家唱一首。

巩：好，我给大家唱一首《潇洒走一回》。

叶：行，妹妹你大胆地往前走！

叶惠贤经过现场观察，按视觉顺序描绘了巩俐的服饰、表情和整体形象。几句流畅押韵、极富个性的话语，既合乎逻辑，又与观众的热情相呼应。接下来“重点”、“热点”、“焦点”的排比，遣词造句机敏得体，赞誉分寸把握适度，符合当时观众的心理。又风趣地以歌词“妹妹大胆地往前走”吻合了其歌曲名《潇洒走一回》。这就很好地运用了“送”的语言技巧。

例2，庆祝中国人民解放军建军六十九周年文艺晚会上，老一辈歌唱家马玉涛的曲目是《老房东查铺》，熟悉的旋律，深情的演唱，让人感觉这一切好像就发生在昨天。

叶：三十多年过去了，马玉涛老师音色依旧，表演依旧，“涛声依旧”，咱们掌声依旧。

“依旧”的四个排比句一气呵成，激发了观众的情绪。由马玉涛的“涛”字，巧妙地带出广为流传、深受人们喜爱的流行歌曲名称《涛声依旧》，并借以暗示老一辈歌唱家马玉涛不衰的魅力。叶惠贤很好地运用了“接”的技巧。

例3，台湾“光头明星”凌峰要来大陆拍电视片《八千里路云和月》，途经上海要找舞蹈演员周洁。叶惠贤得知这个消息，请周洁无论如何设法将凌峰留住，担任《今夜星辰》第六期的嘉宾主持。他俩的开场白就从凌峰的光头说起：

叶：因为你的光头，大家对你的年龄都在猜测，您到底有多大岁数？

凌：通常说年龄对我来说是个忌讳，我看起来是五十多岁的年纪，事实上我是六十几岁的身体，但我只有四十几岁的真实年龄，有三十几岁的心情，二十几岁的智商……（大有滔滔不绝说下去的气势，就是不回答多大岁数）

叶：（见缝插针）还有十几岁的童趣。

叶惠贤在看似随意的闲聊中，用“迎”的语言技巧补充了对方未表达的内容，既展现了凌峰的风采，又巧妙地衔接了下个环节。

例4，在庆祝上海市政协成立四十五周年文艺晚会上，当时任上海市长的黄菊走上舞台，即兴演唱了一首《敢问路在何方》。

> 叶：市长，您一曲《敢问路在何方》字正腔圆，声情并茂。作为一个上海市民，敢问市长，上海人民改革致富路在何方？（台下一片笑声）
>
> 黄市长：（镇定地）路在一千三百万上海人民的脚下！（台下一片喝彩和赞叹声）

第二天，上海各大报纸的文章便以《路在一千三百万上海人民脚下》作为醒目标题。主持人抓住黄菊市长演唱歌曲中的“路”，立即联想到当前改革之“路”，十分出彩。既反映了上海市民的心声，又饱含对市长的信任，营造出宽松、平等、风趣、和谐的气氛。[①]这就很好地运用了“扣”的语言技巧。

再如，央视《挑战主持人》的主持人马东也善于抓住现场的某个“点”即兴发挥，活跃现场气氛。如在央视全国综艺节目优秀主持人选拔活动的80进40的比赛中，当一对选手张筱芳和董力分别穿着红绿连衣裙紧张地站在马东两边准备听题时，马东即兴说：“怎么事先商量好的？像红绿灯似的。”气氛一下子热烈起来，两选手也不由地笑了，绷紧的神经也松弛了。而当朝鲜族小伙子崔昌林神色严肃地跳完“街舞”准备进入对抗的第二番时，马东风趣地说：“告诉大家，崔昌林的每一根骨头都断过。”观众们会心大笑，崔昌林脸上也有了笑容。由于节目时间有限，各淘汰环节接得又密，主持人不能喧

① 《十问〈开心辞典〉：永远到底有多远》，《节目》2004年11月5日。

宾夺主，要把时间留给选手。为此，马东在节目中的话不能多，但每每很短的一句话，都能使现场陡生谐趣。

什么是“即兴”？“它是瞬间产生的一种思维反应。那么何为娱乐节目中的‘即兴’呢？我以为应该是在主持中对现场周围所发生的乃至可能发生的一切所做的能动的、机敏的、善解人意的，既在情理之中又在情理之外的一种充满奇趣异想的反应。”[1]马东用自己的主持实践诠释了这一定义，形成了他独有的主持魅力。

优秀的娱乐节目主持人都应该是即兴表达的语言大师。语言是思想的直接现实，是长期人品、人情、人性冶炼的结果，非一日之功。那些认为娱乐节目主持仅仅会跳跳蹦蹦，不需要文化底蕴是没有根据的。

三、主持人善于控制场面——保证节目成功的主要手段

传统的综艺节目主持人重形象，在舞台上的位置和语言表达基本比较固定，所有的情景都有预先的设定，只要台词背熟，基本上就可以保证成功播出，当然前提是整个节目的构思必须严密。这里主持人的形象是整个制作组的意志体现，而非主持人自身的自然形态的表露，因此有时难免有些做作，舞台形象庄重有余而娱乐不足，这样就在某种程度上与观众造成一定的距离。而娱乐节目，特别是行动类的娱乐节目，相对来说预设性较少，主持人的自由发挥空间充足。这样主持人独特个性及其控场的能力就显得十分重要。

怎么样控制现场，既使节目在有限的时间完成，又使观众能始终保持高度亢奋的注意力来获得最大限度的娱乐，这是保证节目成功的最主要手段。因为娱乐节目的现场一般都比较大，和别的节目

① 叶惠贤：《节目主持与即兴反应》，《文汇报》1998年11月6日。

控场技巧有所不同。其中最大的技巧就是主持人要关注和嘉宾、搭档以及受众的交流，特别要时刻注意现场观众的反应。所谓“眼观四方”、“耳听八路”，照顾好现场的每一个人和现场的欢乐气氛。

例如，何炅在一期《快乐大本营》主持中，当嘉宾郭达回忆起少年时代生活无着，曾与小伙伴一起去偷鸡时，流下了眼泪，现场不少观众也都热泪盈眶。恰在此时，却有一位年轻女孩上台给郭达献花，主持人何炅想到不能让大家陷得太深，否则会影响原本欢乐的气氛，会和节目的下一个游戏环节衔接不上。于是他故作严肃、小心翼翼地对献花的女孩说：“这花送的不是时候，他正在偷鸡呢！”听到这话，郭达和观众都笑了。这样的控场能力，来自三大元素：一是松弛，二是敏感，三是兴奋。只有主持人高度兴奋，才有最佳（竞技）状态，才能捕捉到现场的趣味点，以便即兴发挥。

再如，有着“草根舞台”之称的《星光大道》演播厅，恐怕是目前中国最大的娱乐节目现场，偌大的升降舞台，全新的舞美置景，大腕级的明星评委，上百号人的现场观众，没有极强的控场能力绝对无法招架。然而，毕福剑却能举重若轻。首先，他善于将心比心，善待选手。当现场比赛失利的选手或心存不甘或满心委屈时，老毕常会安排失利的选手为观众“加演”一段表演，以弥补精心准备却没有时机演出的遗憾。有时一些年幼的小选手失利，老毕还会蹲下来哄哄孩子或抱着孩子继续主持。这种充满人情人性的举止，由衷地体现了主持人对“人”的理解与尊重。其次，他善于察言观色，善待观众。譬如2003年《星光大道》的一期节目中，棋圣聂卫平作为评议团成员，却屡屡不履行职责，一连几个环节都和稀泥而不评议，引起场上观众和选手的强烈不满。此时的主持人毕福剑，用他惯常的“慢半拍”语言，结结巴巴地对着聂卫平说：“棋，我下不过你，我倒不相信整不了你。”接着他坏坏地说：“下个环节你再不表态，就叫你唱歌。”这段貌似伤人的话，经老毕之口反而产生了一种幽默的味道,不仅替观众“解了气”,缓和了现场不满的情绪,还迫使聂卫平必须表态,同时还保证了节目的正常进行。再次,他幽默灵活,善待评委,和嘉宾评委之间建立了良好的互动关系,或和老梁互相调侃,或和师胜杰互相吹捧,或和周炜互相抵牾……好看风趣又和谐,从而化解了现场偶然出现的许多尴尬。

毕福剑在《星光大道》的极强控场能力,让我们体会到:控场不仅仅是技术问题,更重要的是靠主持人的个人修养、思想深度、生活智慧等综合要素。另外,主持风格的相对稳定也有利于控制场面。《快乐大本营》、《百变大咖秀》的成功,可以说是和谢娜古灵精怪的个人魅力分不开的,她活泼可爱的形象,造就了热情高涨的欢乐气氛。而《天天向上》的成功,同样也离不开汪涵独特的“大哥”风范,他的机智幽默以及随意亲和的性格,可以说是这个栏目吸引观众的重要因素。

第四节　娱乐节目主持应规避的误区

一、娱乐节目主持要“通俗”而不“低俗”

第二届《超级女声》把娱乐节目推上了峰顶,一时间“超女乱世”、“娱乐无敌”,形成两个对峙的口号。且不谈是“乱世”还是“无敌”,单受其影响,全国娱乐节目倍增,娱乐节目主持人自然也占了主持人队伍的半壁江山。人数一多,问题就多了、复杂了,经济利益一驱动,娱乐节目主持人的嘴巴就拦不住风。“最突出的问题就是主持人任意发挥,口无遮拦、信马由缰,低俗、媚俗。无论是广播还是电视,都存在这个问题。通常大家总觉得广播没有电视那么直观,其实它的影响不可小视,低俗、媚俗的情况有时并不比电视轻。广播节目主持人的问题,用两个难听的字概括就是‘撒娇’。有时听广播会有这样的感觉：少男少女两个人在广播里始终不停地调笑，像两个高中生在宿舍里面的谈话。嘻嘻哈哈，语言肤浅，你挖苦我一句，我寒酸你一句，说一些浅薄无聊的幽默，根本不像在大众传媒里面的谈话，而是私下里的闲聊被他们拿到大众媒体里作为主持的形式。”[①]内地娱乐节目的低俗之风越演越烈，忸怩作态有之，打情骂俏有之，爆粗口的有之，讲荤话的有之，当众脱衣亦有之。这样的主持还确实吸引了一部分观众，提高了收视率。殊不知，这正应了英国社会心理学家玛罗理·沃伯多年研究得之的结论："越不用花脑筋，越刺激的内容，越容易为观众接受和欣赏。”这几乎是收视行为的一个铁律。

为此，收视率不能是节目主持好坏的唯一标杆。无论从促进广播电视文艺节目的繁荣，从维护电台、电视台的声誉，还是从塑造播音主持的自身良好形象出发，都需要解决这些低俗化的问题。“国家广电总局为解决这个问题，搞了多次‘净化荧屏’的活动，还派出督察组到各地电台、电视台检查。经过治理以后，情况有所好转，但问题仍然以非常顽强的形式不断在反弹，抓一阵好一阵，不抓就反弹。”[②]于是，2005年中国广播电视协会做了这样一些工作：一是7月19日召开了在京文艺娱乐节目播音员主持人和专家学者参加的座谈会；二是在座谈会的基础上撰写并向全国播音员主持人发出了“珍惜受众信任，树立健康形象”的倡议书；三是8月26日举办了全国综艺类节目主持人业务研讨培训班，全国各地近200名播音员主持人参加了这次研讨学习，民间称其为“脱俗”；四是中国广播电视协会起草并经总局王太华局长批准，9月13日向全国广电系统发出了《中国广播电视播音员主持人自律公约》。（《自律公约》附本节后）

①② 胡占凡：《坚决抵制低俗之风，全面提高广播电视播音主持队伍素质》，《广播电视学刊》2005年第9期。

如前文所说，针对21世纪以来娱乐节目低俗化、庸俗化的现象，国家广电总局于2011年出台了《关于进一步加强电视上星综合频道节目管理的意见》，并于2013年出台了《关于做好2014年电视上星综合频道节目编排和备案工作的通知》，要求各地方卫视从2011年7月起，在17∶00~22∶00的黄金时段，娱乐节目每周播出不得超过三次，这些指示性的“限娱令”的出台，进一步要求电视工作者对娱乐节目的品位进行把握，娱乐节目要通俗而绝不是低俗和庸俗，因此娱乐节目的内容应该有一个基本的道德尺度，不能一味追求卖点而忽视人们的基本品行。娱乐文化本来就带有一种很强的宣泄性，但这种宣泄是有底线的，至少包括对人起码的尊重和爱护。艺术毕竟还是优雅的，过于世俗化的东西可以吸引观众，但却不能长久的占有观众。人们还是需要不断地接受一些思想，做一些思考的。

主持人李咏认为，娱乐节目主持“通俗再低一点就是低俗”。这确实是很有心得的。他举了这样一个例子：“比如《幸运52》里上来一对选手，互相介绍对方是青梅竹马的普通朋友，我会在这个提法上故做文章，不停重复他们是‘青梅竹马的普通朋友’，把大家带到联想的环境，不作任何评价，大家听到会乐，这就是通俗。他们也许有很暧昧的关系，但我没必要延伸下去，延伸下去就变成两性问题了，就真的是低俗了。”2011年深圳卫视开播的《年代秀》便是一个优秀的案例，该节目以“全明星代际互动”为主题，邀请十位明星嘉宾为参与者，并将其划分为“60、70、80、90、00”五个年代团队，以竞争问答的形式呈现出了不同年代的中国文化意象。该节目兼具文化性和娱乐性，在娱乐之中融入了文化的价值与生命的感悟，拓展了节目的人文性，让我们在狂欢的同时，去感慨时代的更迭与人性的嬗变，从而获得了更为深刻的心灵慰藉。这就是通俗。

确实，在“消费逻辑取消了艺术表现的传统崇高地位”的时代，娱乐在电视文化中的出现，并不意味着完全是人体器官的大释放。

娱乐节目本应是很有倾向性和针对性的东西，一定要有对象去释放，尤其主持人要在语言上尽量注意“度”的把握。“度”即分寸，这分寸如何把握？有一个道德的底线。李咏说：“我讲什么叫‘痛并快乐着’，我说理解这句话最深的人就应该是蔡伦，你想啊，都被宫了，能不痛吗？但是他发明了造纸术，让这个文明流传下来，他是一个真正痛并快乐着的人。蔡伦就是我的底线，我不能举司马迁，那样就过了。这要经过精心设计。任何东西，包括我们的衣食住行、有趣的事、看不惯的事——看不惯不是我个体看不惯，而是一个群体看不惯，我都想换一种话语形态告诉别人。其中有些是不可能的，有些却是可能的，能播出来的就是通过了审查的。要播出就要在央视的容忍范围之内。央视能容忍多少呢？比如我拿历史人物跟主持人对号——刘备动不动就爱哭，要演刘备我推荐一个人，朱军朱主持；还有一个吕布，英俊，武艺又高，跟貂蝉还有一段浪漫，不过吕布见着谁都叫爹，我可以推荐一个人去演，《开心辞典》的李佳明李主持，只要来的人比他大，他都管人家喊爸爸妈妈。”“我是很善意的，先把历史人物点到了家，回头再对比一下，很能产生娱乐效果。再比如我讲跟老婆谈恋爱的经过，就按着《罗马假日》的剧情来讲，讲到一半观众就乐了，都知道这是《罗马假日》，我就说那是美国人无耻地剽窃了我和老婆谈恋爱的经过。”[①]守得住道德底线就是“通俗”，守不住就是“庸俗”了。

另外，我们还应该明白，娱乐节目主持并不排斥一些“严肃”的东西。荷兰著名文化史学家约翰·赫依津哈在《游戏的人》一书中指出：“以我们的思维方式来看，游戏是严肃性的直接对立面。粗一看这两个范畴的对立是不可缓解的，但细细想来，游戏和游戏性之间

① 肖昕：《李咏：我就是央视的娱乐底线》，《南方周末》2005年9月8日。

的对峙既非确定也不固定。”在娱乐中本来就没有必要完全排斥严肃，正如传统相声中，分为捧角和逗角，亦庄亦谐，严肃和幽默的两种扮相是容易逗人发笑的。娱乐并不反对，也不应该排斥严肃性。这些都值得我们娱乐节目主持人去细细体味。

二、娱乐节目主持要“平等”而切忌“霸道”

巴赫金认为：“中世纪的狂欢节是由古老的诙谐性仪式(包括古代希腊罗马时期的农神节)经过几千年的发展延续下来的，在它后来的发展过程中，形成了狂欢节的形式和象征的特殊语言，一种非常丰富的和能够表达平民复杂统一的对世界感受的语言。”[①]娱乐选秀的热潮，宛如巴赫金所说的这种“诙谐性仪式”，是一种民间文化的象征，是“作为对日常生活，亦即非狂欢化生活的戏仿而建立的，就是作为颠倒的世界而建立的”，[②]在类似的节目中，“消费者自愿被吸引到生产过程中去”，“‘外行人’变成了‘内行人’”，[③]受众的自娱自乐意识得到加强，原本对平常人来说，高高在上的舞台，宽敞的演播室是无法企及的梦想，现在只要参加这样的选秀节目，便可以彰显自我，过一把“明星”瘾，观众与明星的距离已经不再遥远，“小丑”和“国王”的角色甚至可以互换，人们现实中无法跨越的经济地位之差，在这“狂欢”的时刻也会暂时消除，选秀活动中的参选者是“明星”同时也是普通人，他们能给大众带去娱乐，也给自己一个实现梦想的机会，每个人的机遇在这里都是平等的。

为此，娱乐节目主持人在节目主持的过程中，始终传递的应该是“平等”的理念。因为“平等”我们才参加节目，因为“平等”我们才欢乐。

① [俄] M. 巴赫金：《巴赫金论文选》，佟景寒译，中国社会出版社1996年版，第103页。

② 同上，第106页。

③ [美] 阿尔温·托夫勒：《第三次浪潮》，张炎等译，三联书店1983年版，第336页。

但是，这世界压根就没有绝对“平等”的事儿。当大众将自己交给电视时，电视也就控制了他（她）。而在这场控制与被控制的过程中，节目主持人是直接的控制者，节目主持人掌握着直接的话语权。话语权是个好东西，它可以使人一展才华，也可以使人遁为妖魔。当娱乐文化生产与经济利润完全结合，进入商品交换市场后，娱乐节目很可能因为利润的诱惑在市场化操纵下演变成为一种新的电视霸权文化，节目主持人就是个操盘手。电视可以赋予节目参赛者影响力，而节目参赛者的影响力又直接和其经济利益挂上钩。节目主持人的一个眼神、一个不经意的表情抑或一句口头禅，都会给当事人带来财富或麻烦。

正因为如此，我们的主持人更要小心地操纵好“平等”，不要违背了娱乐的本意。而不少娱乐节目主持人却滥用“话语权”，在节目中显得“霸道”。如，以为是娱乐嘛，就可以肆无忌惮地嘲笑嘉宾的长相；以为是娱乐嘛，就可以拿观众的弱项当笑料；以为是娱乐嘛，就可以信口开河地评价参赛选手的是非曲直；大概也是因为娱乐吧，拿别人小时候的隐私抖机灵。殊不知，现场观众、嘉宾和观看节目的受众，他们是真正授予你话语权的人，你没有权利伤了他们的心。

为保持节目的“平等”，娱乐节目主持人在主持节目时，虽然形体上活力四射，但内心却应异常平和，以平易近人的态度，严格按游戏规则行事，不要随便发表倾向性的看法和意见，更不要在任何媒体发表对参赛队员的评论。真诚地对待每一个人，不要对位高权重的人给予话语的关照，表现出一种媚态，也不要对普通民众过于随意，表现出一种霸道。对获胜者的赞美要得体，对失败者更应有话语的抚慰。

“平等”不仅仅是一种理念，也是一种节目主持的心态，更是娱乐节目主持的操作手段。

三、娱乐节目的主持要“娱乐性”而不能丢失“公益性”

娱乐本来就是人的天性，席勒说过：“只有当人在充分意义上是人的时候，他才游戏；只有当人游戏的时候，他才是完整的人。”[①]也就是说，人在娱乐中不仅仅满足了天性的需求，同时也整合了人性，使人更像“人”。娱乐不仅满足人物质上的需求，更是满足人精神上的追求，一味追索感官欲望的刺激不是真正的“娱乐”，一味追要名利财富的暴涨也不是真正的“娱乐”。这些都失落了娱乐的意义。

为此，娱乐节目有“娱乐性”的叙述，也应该有“人文性”的表述。当然，娱乐节目其本身的性质决定了它不可能具有丰富的知识性、深刻的思想性，也不可能要求它像新闻节目、社教节目具备社会监督、教育服务等功能，但作为大众传媒理应承担起一定的社会责任，“娱乐性”与“公益性”相结合，是拓展节目“人文性”空间的最好做法。

在国外，有一些娱乐节目将每期的奖金都捐赠给慈善机构，还有一些栏目就是以明星参加公益活动为主要内容的。例如，韩国SBS的周播节目《X-man》，是一档明星参与的游戏类娱乐节目，也是韩国收视率最高的一档娱乐节目。节目每期的全部奖金都会以获胜者的名义捐赠给韩国的社会福利机构，对于电视台和嘉宾来说只是借花献佛，但这种行为具有一定的慈善性质，节目和嘉宾也能借此提升自身的形象。事实上，公益性和慈善性的电视节目在韩国很多，体现了媒体的一种人文关怀，在追求商业效应的同时不忘社会效应。这种举措对一味以巨奖来吸引观众的我国电视娱乐

---

① [德]席勒：《美育书简》，徐恒醇译，中国文联出版公司1989年版，第140页。

节目有一定的借鉴意义。

目前，我国以公益为主题的娱乐节目只有央视的《等着你》、《真情无限》和北京电视台的《公益歌曲大擂台》等几个，影响力都不强，很大程度上是由于公益性有余而娱乐性不足造成的。对于一些受欢迎的娱乐节目，则更应该开发其公益性，通过电视媒体的影响力和品牌栏目的号召力为社会公益和慈善事业助力。如光线传媒的《淘宝网明星Bigstar》栏目每期都将嘉宾送出的礼物进行爱心拍卖，所得款项捐给联合国儿童基金会。这种做法值得推广，既有益于社会，也体现了人文关怀，还能提升品牌形象，增加节目的美誉度，这种"举手之劳"何乐而不为呢？

兴许有人会说，"公益性"与"娱乐性"结合的做法与主持人无关，那是节目策划人的事。但我们的主持人是整个节目的灵魂，从创意到最后播出，整个环节都是主持人来控制和把握的，更何况娱乐节目主持人与新闻、谈话节目不同之处在于有更大的自由空间。节目主持中，主持人对巨额奖金表述时的态度、语气、语调以及面部表情，皆能体现出自己的人文素养。特别是电台的娱乐节目主持人比电视台更为自由，大部分的栏目播出，基本是主持人的现场即兴。如今，不少主持人不缺知识、学历，缺的就是人文素养。例如，有些主持人漠视苦难，歧视残疾人，常常拿苦难、残疾来取乐：围绕中国工程技术人员在阿富汗遇袭和俄罗斯别斯兰人质事件，有的娱乐节目竟然要（听）观众通过短信竞猜其受难人的每日苦状，并以此颁发奖金、奖品；针对某种残疾人不能正常过性生活的事情，竟然也让（听）观众为其出"招"，对新奇的"招"予以奖励……这样的例子，在我们的广播电视娱乐节目中举不胜举。

什么叫“素养”，素养其实就体现在你如何对待自己，如何对待他人，如何对待自然。有素养的人，尊重自己而不苟且不放纵，由此显其品味；有素养的人，尊重他人而不霸道不谄媚，由此显其品性；有素养的人，尊重自然而不惊扰不践踏，由此显其品德。

有学历、有知识就一定有“素养”？其实不然。“我们不要忘记，纳粹头子很多会弹钢琴、有哲学博士学位。这些政治人物难道不是很有人文素养吗？我认为，他们所拥有的是人文知识，不是人文素养。知识是外在于你的东西，是材料、工具，是可以量化的知道；必须让知识进入人的认知本体，渗透他的生活与行为，才能称之为素养。”①“对人文素养最可怕的讽刺莫过于：在集中营里，纳粹要犹太音乐家们拉着小提琴送他们的同胞进入毒气房。一个会写诗、懂古典音乐的哲学博士学位的人，不见得不会妄自尊大、草菅人命。但是一个真正认识人文价值而‘真诚恻怛’的人，也就是一个真正有人文素养的人，我相信，他不会违背以人为本的终极关怀”。②

上述所谈的主持人在节目中拿苦难、残疾取乐，实在不是“真诚恻怛”之人。广播电视本来就是消费文化，消费文化说到底是一种快感文化，而当今娱乐节目又充分发掘了具有快感意义的资源：隐藏在人们内心深处的生理欲望，这些生理欲望又成为娱乐节目选择素材的直接依据。我们说“快感”不等于“美感”，快感只是瞬间的生理感受，而只有传达了人文关怀的“美感”才能久久荡存心田。娱乐节目面临着严峻的挑战，观众已不满足于无聊的搞笑，因而必须在节目主持的文化品位、知识性、审美性的结合上，多下功夫，在增强节目娱乐性的同时，提高节目的文化内蕴，方为上策。

---

①② 龙应台：《为什么需要人文素养》，《中国大学生》2004年第12期。

附：

中国广播电视播音员主持人自律公约

广播电视播音员主持人是广播电视的形象代表，在传播先进文化，弘扬民族精神，维护国家利益，促进社会进步方面担负着不可推卸的责任。

为了更好地贯彻执行国家广播电影电视总局制定的《中国广播电视播音员主持人职业道德准则》，提高职业素养，规范职业行为，制定本自律公约。

一

第一条　自觉遵守《中国广播电视播音员主持人职业道德准则》。

第二条　加强政治理论学习，不断提高政治素养和政策水平，认真落实“以科学的理论武装人，以正确的舆论引导人，以高尚的精神塑造人，以优秀的作品鼓舞人”的要求。

第三条　热爱祖国，热爱人民，全心全意为人民服务，为社会主义服务，为党和国家工作大局服务。

第四条　认真贯彻执行党的路线、方针、政策。自觉遵守宪法和法律、法规，严守国家机密。

第五条　发扬敬业奉献，诚实公正，团结协作的精神，努力做有责任、有道德、有专长的德艺双馨的播音员主持人。

二

第六条　努力钻研业务，更新知识，不断提高业务理论水平和专业素质，努力追求艺术创作的高品位，自觉抵制危害民族精神，损害社会公德的庸俗思想和文化糟粕。

第七条　自觉抵制低级趣味，拒绝可能被青少年模仿造成身心伤害的内容和形式，营造有利于未成年人健康成长的文化环境。

第八条　尊重公民的名誉权、隐私权，尊重和保护未成年人、妇女、老人、残疾人的合法权益。

第九条　以推广普及普通话，规范使用通用语言文字，维护祖国语言和文字的纯洁性为己任，自觉发挥示范作用。

第十条　除特殊需要外，一律使用普通话，不模仿地域音及其表达方式，不使用对规范语言有损害的口音、语调、粗俗语言、俚语、行话，不在普通话中夹杂不必要的外语，不模仿港台话及其表达方式。

第十一条　不断加强语文修养，用词造句要遵守现代汉语的语法规则，语序合理，修辞恰当，不滥用方言词语、文言词语，简称略语或生造词语。

第十二条　力求语言、语调、语音的表达形式与表达内容的一致性。表达要通俗易懂、准确生动、富有内涵、朴素大方，避免艰涩、易生歧义的语言和刻意煽情夸张的表达方式。

第十三条　树立健康向上的声屏形象，尊重大众审美情趣和欣赏习惯。服饰、发型、化妆、声音、举止要与节目（栏目）定位相协调，大方得体，拒绝媚俗。

第十四条　言谈举止要得体，活泼而不轻浮，亲和而不失礼仪，感情真挚而不煽情挑逗。反对忸怩作态、矫揉造作，拒绝粗俗。

三

第十五条　自觉维护广播电视媒体的公信力和播音员主持人的公众形象。自觉约束日常行为，自尊自爱、洁身自好。

第十六条　自觉抵制拜金主义、享乐主义、个人主义的侵蚀，坚决抵制任何形式的有偿新闻。

第十七条　不利用工作、身份之便，直接或间接地为本人、亲属及他人谋取私利。不接受和借用采访对象的钱物。

第十八条　不从事广告和其他经营活动，不从事未经本单位批准的节目主持、录音、录像、配音及以个人赢利为目的的社会活动。

四

第十九条　各级、各地广播电视制作、播出机构的播音员主持人均应遵守本自律公约。

第二十条　遵守本自律公约方能取得《中国广播电视播音主持作品奖暨“金话筒奖”》参评资格。

第二十一条　违犯本自律公约的，将由中国广播电视协会予以通报，并终止其《中国广播电视播音主持作品奖暨“金话筒奖”》入选资格；情节严重者，协会将建议行政主管部门取消其播音主持岗位资格。

第二十二条　本公约解释权属于中国广播电视协会。自颁布之日起执行。

中国广播电视协会

2005年8月26日

第十章 对象性节目的主持艺术

本章要点： 对象性节目是根据受众对象划分的一种节目类型，它凭借自身的特点成为众多节目类型中特立独行的一种。从国际范围的传播研究证明：儿童、妇女、老年人是广播电视节目收视的主体，特别是电视的基本观众。因而，本章分别论述了儿童节目、妇女节目和老年节目的定义、类型以及发展态势，指出了当今儿童节目、妇女节目和老年节目主持中存在的问题，并阐述了它们不同的主持技艺。

对象性节目是根据受众对象划分的一种节目类型。对象性节目无法像新闻、娱乐、谈话类等节目那样占据电视节目的中心位置，而通常处于边缘化的生存状态。然而，它凭借自身的特点成为众多节目类型中特立独行的一种。本章从儿童节目、妇女节目和老年节目入手，来探讨对象性节目的主持艺术。因为从国际范围的传播研究证明：儿童、妇女、老年人是广播电视节目收视的主体，特别是电视的基本观众。

第一节　对象性节目概述

一、对象性节目的定义、特征及发展趋势

对象性节目是以广播电视受众的年龄、职业、性别、地域等群体特征为标准而划分出来的一种节目类型。

由于受众情况的千差万别，对象性节目还可以再细分出多种类别，仅以电视为例，若按受众年龄划分，可分为少儿节目（如央视的《大风车》、深圳卫视的《饭没了秀》等），青年节目（如央视《开讲啦》、湖南卫视的《新青年》等），老年节目（如央视《夕阳红》、东方卫视《精彩老朋友》等）；若按受众的职业划分，则会有农民节目（如央视《金土地》、湖南卫视的《乡村发现》等），工人节目（如央视《当代工人》）、军人节目（如《人民子弟兵》、《军事天地》等）；按地域划分，则有少数民族节目（《民族之林》）、港澳台节目（《天涯共此时》）、对外节目（《中国报道》），等等。

这种以观众为出发点来划分的对象性节目，从传播学和社会学的角度来看，是有一定的依据和道理的。因为年龄、性别、职业及诸方面有共同特征的某一群体，在相同或相近的生活、工作、学习过程中，容易在价值观念、行为规范、心理状态、思想意识、审美取向等方面形成一种群体的特质，比如欣赏趣味、文化品性等。而这种群体特质对广播电视节目的策划、编排、播出，是极其重要的依据。

其实，对象性节目不仅仅是一种节目分类的方式，而更应该是一种节目类型，或一种节目的操作理念。事实上，只有以对象性节目的概念和操作规则去开发和创制节目，才可以称之为真正的对象性节目。

可以这样讲，对象性节目是最能体现电视“以人为本”的媒介特征的，因为它从节目策划、内容设置、形式选择、编排制作，一直到主持人的主持风格等都是围绕着受众群体展开的。这就使得它不同于其他类型的节目，而更容易表露出社会对不同群体的特别关注与关怀。

二、对象性节目的特征

和其他类型的广播电视节目比较，对象性节目有鲜明的两大特征。

1. 对象性节目具有明确的目标受众定位

鲜明的、明确的目标受众定位，是对象性电视节目生存发展的基础。栏目核心受众可以长期在栏目周围，成为节目忠实的听（观）众。在此基础上，栏目才可以扩大收视群，取得一定的社会效益和经济效益。这点认识来自一些对象性节目的经验教训，比如央视的《十二演播室》，其制片人兼主持人张泽群在1999年栏目改版前，分析栏目收视率下滑的原因时指出：《十二演播室》最大的弊端在于栏目受众定位不明确，目标受众既包括农村进城打工的青年打工族，还包括社会青年、青年创作者以及在校大学生，缺乏鲜明的群体特质。这样宽泛的受众定位使节目始终形不成鲜明的特色。栏目在1999年的改版中就突出了明确的受众定位，栏目形象也逐步鲜明起来了。

事实上，目前比较成功的电视栏目都是在这一点上做得比较到位的。如《夕阳红》的受众定位不是笼统的老人，而是中等以上文化程度的城市老年人，就取得了较好的收视效果。

2. 对象性节目与目标受众有紧密共融关系

这儿所说的“共融”，指的是节目与目标受众相互适应、相互融合、相互促进、相互提升的意思。这种“共融”具体体现在：节目形式、风格上要与目标受众的群体特质共融，节目主旨、内容上要与目标受众的生活、思想意识共融。例如，原湖南卫视《新青年》无论在节目主题策划以及话题选择上，都充分体现出目标受众的群体特质，那就是因为“新锐”“大气”。如节目曾播出过每年一度的《新青年十大新锐撞击》系列、关于西部开发的《西部正年轻》以及反映大学毕业生活的《恰同学少年》，就很受欢迎。再如，《对话》的核心受众群是白领，所以，节目始终渗透着理想主义的色彩——时代前沿的思考、重量级的嘉宾、创造性的表现形式。节目中，主持人、嘉宾和目标受众能共同体验“人生爬坡所需要的毅力和智慧，自己素质的缺陷，并试着为自己设计尽可能伟大的远景……”[①]从而达到思想上的共融。

三、对象性节目的现状及发展趋势

作为一种节目类型，对象性节目正在受到媒体的重视和广播电视观众的喜爱，特别是电视观众的青睐。而一些成功的对象性节目由于既保持了节目的一贯风格，又注重不断创新，在广播电视节目琳琅满目的今天已经获得了一席之地，真正为目标受众群建立了一个彼此交流沟通的平台。

但就我国对象性节目的整体而言，数量不是很多，而且形式也相对单调（多以谈话形式出现）。另外，有些对象性节目要么因为缺乏明确的受众定位和鲜明风格，而始终走不出自己的窠臼，要么是对对象性节目的理念不能坚守或其他原因而中途改弦更张（如《新青年》）。这些问题都使一些对象性节目生存发展受阻，以致节目影响力十分有限。不过，对象性节目正处在发展上升阶段，随着社会经济文化的发展，电视技术手段的进步以及观众审美趣味

① 中央电视台经济部《对话》栏目组：《CCTV对话》，南海出版公司2002年版，封二。

多样化所带来的受众群的分化，对象性节目将会获得更大的发展空间，可以说在分众化传播的环境里，对象性节目是最具优势的。事实上，目前一些专业频道的不断出现，就能说明这个问题，如江苏电视台推出的“靓妆频道”，重庆电视台推出的“魅力时装频道”和“汽摩频道”等。因为这些专业频道是必须依靠对象化的节目来支撑的，也可以这样理解，专业频道就是对象性节目的扩大化。如央视少儿频道的推出，很大程度上是以《大风车》、《动画城》等少儿栏目为基础的。

我国的广播电视已经走过节目化、栏目化的阶段而进入频道化的大发展阶段，“频道化”亦即“对象化”。为此，对象性节目在未来将大成气候。

第二节　儿童节目的主持艺术

儿童是一个民族的希望和未来。广播电视作为现代化的传播媒介，对儿童的影响越来越大，特别是电视，已经成为为儿童提供精神食粮的一个重要工具。调查发现，美国儿童平均每天看电视4小时，英国儿童平均每天看电视5小时，日本儿童平均每天看电视2.5小时，我国城市儿童平均每天看电视2小时左右。据日本NHK调查，孩子从小学到大学的正规上课时间为1.2万个小时，而孩子从小学到大学毕业，看电视的时间却高达1.8万个小时。电视节目中所流行的价值观念或生活方式迅速为新一代青少年所接受，电视在赋予儿童选择信息、娱乐自由的同时，也使儿童变得更加独立并促进了与成人的平等关系。总之，广播电视媒体在儿童的心理和生理成长阶段扮演着重要的角色。儿童节目负有不可推卸的帮助儿童认识世界、完善自我的重任。

一、儿童节目的定义、类型及特点

1. 儿童节目的定义

按照联合国《儿童权利公约》的界定，儿童是指18岁以下的任何人。因此，儿童节目就是专为18岁以下的人而制作的节目。但鉴于国内外对“儿童”理解的差异，笔者从儿童发展心理学及国情出发，认为我国“儿童”概念应该指0～15岁，亦即从出生到初中这个年龄段的孩子。

依据“儿童是主体”的思想，儿童节目可以表述为：从儿童的发展需要出发，反映儿童自己的生活，采用儿童喜闻乐见的形式制作的对象性节目。

2. 儿童节目的类型

由于不同的国家、不同的地域制播儿童节目的观念和标准不同，儿童的接受能力也存在很大的差别，因而划分儿童节目类型的标准也不统一。总结起来，有以下几种划分法：

（1）以不同领域分类

欧广联（EBU）根据不同的领域将儿童节目分为四类

①如何制造。这类节目主要讲述科普知识类的故事，如怎么做房子、怎么织布等。

②我们周围的世界。这类节目涉及包容多种内容的专题片，游戏、音乐，不同文化背景下的习俗以及日常生活的奇异现象等。

③自然和动物。许多城市的孩子，跟自然界没有太多直接的接触和了解，了解动物和环境是一个十分重要的题目。这类节目的设置有着长远且重要的意义和价值。

④故事片、连环画故事以及动画片。这一类节目可以随心所欲地讲故事，有趣的、悲伤的、紧张的，风格种类也可以随意，单个故事或系列均可。

中央电视台的《大风车》，基本是按这种分类标准制作节目的。

（2）以年龄段进行划分

由于儿童的年龄差异、社会差异以及个人发展等方面的差异，根据儿童心理发展年龄特征，大多数国家都将儿童节目划分为三种类型：

①学龄前儿童节目(5～6岁以下)。比如美国儿童电视节目制作公司1969年开播的《芝麻门》、澳大利亚连续播出了30年的主持人节目《学校游戏》（*Play School*）、中央电视台1985年开播的《七巧板》、山东电视台的《阳光快车道——阳光苗苗》等，都是学龄前儿童节目。同国外相比，我国3岁以前的低幼儿童节目正处于数量少、质量差的阶段。

②儿童节目(6～12岁)。一般意义上，我们所指称的“儿童节目”就是指为6～12岁儿童制作的节目。比如中央电视台的《大风车》、北京电视台的《七色光》、南方电视台少儿频道的《岭南开心果》等。目前，我国6～12岁这一阶段的儿童节目丰富多彩，形式多样。

③青春期儿童节目(11～18岁)。中央电视台的《第二起跑线》、《三星智力快车》，江苏教育频道的《成长不烦恼》（已停播）等都属于这一类。目前，我国针对青春期儿童的节目不是很多，且多是知识竞猜、成长话题探讨等教育性较强的节目，其娱乐性和资讯信息性不强，形式比较单一。从长远目光看，这一时期的节目极需开发。

（3）以节目内容划分

根据节目的内容可把儿童节目分为以下三类：

①社会生活类节目。这类节目主要是关于社会价值以及生理健康、日常生活常识的节目。儿童正处在生活常识积累的特殊时期，因此，提供生活常识，培养孩子的应变能力、合作协作精

神的生活服务类节目必然具有很大的收视需求。另外，涉及儿童生存权、发展权、受保护权、参与权等问题的节目，也比较受儿童欢迎。

②知识信息类内容。知识性节目能够扩大受众的知识面，为受众提供资讯服务。比如，中央电视台《大风车》栏目的《太阳人》，内蒙古电视台的《智慧鸟》。此外，儿童信息类节目也是未来儿童节目发展的趋势。如中央电视台《东方儿童》栏目的《信息树》、南方电视台的《南方小记者》等都属于这一类。

③娱乐性内容。娱乐类儿童节目是为儿童受众提供消遣，培养受众审美情趣的节目。中央电视台的《动画城》，《大风车》中的《成语故事》、《三字经》等都属于娱乐类的儿童节目。

3. 儿童节目的特点

（1）寓教于乐

儿童正处在心理与生理成长的上升阶段，认识世界、完善自我是他们的主题。因此，儿童节目内容带有较浓的知识传播与道德教化的倾向，一般情况下，节目都告诉孩子们一个道理，让他们在成长的过程中有能力去解决各种问题。但制作上多采用童话传说、科幻故事、木偶动画等活泼、轻松、直观、幽默的形式来阐释节目主题，使节目卡通化、情境化和趣味化，以达到寓教于乐的目的。

（2）杂志型结构方式

为丰富栏目内容和形式的变化，儿童节目的编排大多采用杂志型节目形态。比如，内蒙古电视台的《娜芽荷》栏目由《消息树》（时效性强的短新闻）、《小星星》（介绍有特点的普通孩子，人物类专题）、《在我身边》（讲孩子们身边的真实故事，事件类专题）、《智慧鸟》（科普性较强的小专题）、《那达慕》（文艺节目、游戏等内容的小专题）和《花信封》（解答来信、交朋友）六个不同内容不同形式的子栏目构成。

(3)视听语言唯美

儿童节目受众有明显的年龄段特点，他们对艳丽纯净、对比鲜明的色彩有天生的喜好，他们也乐于生活在由动画或梦幻神奇的布景构造出来的童话世界中。因此，儿童节目的视听语言比较崇尚唯美，色彩绚丽、音乐活泼、卡通造型充满灵性、演播室布景奇异的视听语言表达能受到儿童们的喜爱。

二、我国儿童节目的发展及节目主持存在的问题

我国的儿童节目与其他对象性节目明显不同的是，它起源较早，其最早的儿童节目可以追溯到1935年。当时国民党中央广播电台在儿童节目中推出了一档《和全国小朋友通信》的专栏，由女播音员吴暄谷（即吴祥祜）主持。节目历时一年多，受到了小朋友们的欢迎。20世纪的五六十年代，在中央人民广播电台的《小喇叭》、《星星火炬》里，孙敬修爷爷可以说是当时最有影响的主持人。

进入新时期，少儿节目发展很快。20世纪的80年代，上海电视台的陈燕华首开《燕子姐姐讲故事》栏目，后又开设《燕子姐姐信箱》，成为家喻户晓的儿童节目主持人。直至今日,其《燕子姐姐讲故事》的磁带每年销售上百万，还曾获得中国首届“金唱片奖”。1985年6月1日，中央电视台的《七巧板》栏目开播，成为全国最有影响的儿童电视节目，主持人鞠萍也成为全国最有影响的儿童节目主持人。栏目化是电视节目走向成熟的一个标志，因为栏目具有相对统一、稳定的风格，相对固定的内容、时间、节目主持人。90年代，是我国儿童电视节目发展的快速增长期，据统计，到1994年，全国开播儿童节目的电视台有二百余个，约占当时全国电视台总数的26.1%。也是在这一年，全国各省、自治区、直辖市和市级电视台共有固定的少儿栏目78个。

2002年，南方电视台开播国内唯一的以青少年和儿童为主要收

视群体的专业频道，频道以“建少年儿童健康成长的乐园，做少年儿童认识世界的窗口”为创办宗旨，标志着我国的少儿节目开始从栏目化走向频道化，频道化则意味着专业化，也就是说，我国儿童节目在此时正式进入了专业化的建设历程。2003年12月28日，中央电视台开播“少儿频道”，频道的核心理念是“尊重、支持、引导、快乐”，即尊重少年儿童的权益，支持少年儿童发掘自身的潜力，引导少年儿童健康成长，让每个孩子都有一个快乐的生活空间。另外，国家广电总局要求：全国所有省级、副省级的电视台2006年底全部要开办少儿频道。在党和政府的关怀下，每个副省级以上的电视台都有了少儿频道，播出时间大大增加，品种样式也日趋丰富。

2002年1月5日，山东卫视《阳光快车道》进入晚间黄金段播出。该栏目播出八年期间，一直以其清新明快的格调、健康向上的内容、轻松幽默的形态，受到广大观众的欢迎，并曾荣获国家广电总局“金童奖”金奖。在国内众多的少儿节目中，深圳卫视的《饭没了秀》可谓是当之无愧的佼佼者，自2003年年底开播以来，一直长期雄踞珠三角地区的收视冠军，并稳居全国卫视周末晚间第6～8位，为国内的少儿节目树立了成功的典范。

不过，与其他节目相比，儿童节目仍处在“有人做，没人看”的低潮。但2013年是个意外。湖南卫视的“中国首档明星亲子旅行生存体验真人秀”《爸爸去哪儿》一经播出，就搅动整个中国，继而掀起了全国儿童电视栏目制作和收视高潮。《爸爸回来了》、《爸爸回答吧》（浙江卫视）陆续开播，央视财经频道于2013年12月也推出了《超级育儿师》（*Super Nanny*）的中国版。北京卫视不甘落后，于2014年的暑期档紧随其后，重磅打造中国首档萌宝话语权的亲子节目，这档节目是从二千多个6～12岁的“00后”中挑选了20位有代表性的孩子，试图通过他们的讲述，来展现少年们的成长烦恼，反思家庭教育的误区，以期达成父母和子女的互相理解。该栏目主持人是当红主持乐嘉，情感观察员则由当红编剧六六担任。

我国儿童节目近年虽然取得了长足的进步，但在制播观念、管理体制、运营模式特别是在主持方面还存在着诸多问题：

1. 节目主持人性别女性化

儿童节目主持人多为年轻的女性，她们一般又以“姐姐”的身份出现。“鞠萍姐姐”、“月亮姐姐”、“小鹿姐姐”、“燕子姐姐”……“姐姐”漫天飞，似乎儿童节目的主持人就应该是“姐姐”。“姐姐”确实容易与儿童交流和沟通。然而，单一的女性主持人，加上现在小学初中的女教师又占大部分，再加上我国的文化本就是“阴柔文化”，这对培养孩子均衡的性格极为不利。特别是现在城里的孩子，本就缺少和大自然沟通的机会，以致女孩子缺乏自然之气，男孩子缺乏阳刚之气。

2. 节目主持语言说教化、稚龄化

我们的儿童节目向来喜欢用成人的眼光看儿童，重教育、轻娱乐，重说教，缺童趣。很多主持人开口就是“为国家作贡献”、“长大要当科学家”之类的生硬的成人式口号。不错，儿童节目肩负着“引领成长，塑造未来”的责任，但这个“度”必须把握好，不能把儿童节目完全混淆于老师的道德课堂。另外，儿童节目主持有“稚龄化”倾向。例如，常常学着小孩子的口气嗲声嗲气、装腔作势地说“碗碗”、“狗狗”、“帽帽”……外国人对此十分困惑，他们很早就称呼孩子“某某先生”、“某某小姐”。他们认为模拟孩子的口气和他们说话是浪费孩子的智力，因为孩子总有一天还得改正过来。所以，主持儿童节目绝不是“哄小孩”，绝不是穿着童装扮天真，拿一些小猫小狗、星星月亮的东西哄骗他们，从而低估孩子们的智商。20世纪90年代以来，联合国基金会根据《儿童权利公约》精神，大力推动儿童对广播电视媒体的参与，倡导了“国际儿童节目日”，为世界各国儿童提供展现自我的机会。为此，在国际儿童广播电视竞争的格局中，我们要获得成功，就必须坚定“以儿童为本”的制播理念，坚决克服成人的社会视角和思维模式，自觉尊重儿童在电视节目中的主体地位。

3. 节目主持内容城市化

央视少儿频道的29个栏目中，没有一档是针对农村少年儿童的，偶尔闪现的也只是京郊农村和村童戏狗之类的镜头。同样，在现有的15个省级少儿频道中，专门针对农村少年儿童的栏目也少之又少，即使少数展现农村儿童生活的节目也大多说的是希望工程、帮困救贫之类的事。节目视角单一，表现手法贫乏，难以全面传达农村孩子的心理需求。这种与农村生活现实相距甚远的媒介现实，使大多数农村儿童没能在这个媒介时代享有充分的精神生活，从而变得愈发自卑。这是对农村儿童极大的不公！目前中国还是一个农业大国，中国儿童人口约3.67亿人，其中近80%为农村儿童，恰恰我们的儿童节目却普遍忽略了这个庞大的群体。儿童节目制作者的目光都集中在城市儿童身上，农村儿童节目陷入“失语”的困境。从根本上说，这种明显失衡的受众定位是不符合我国目前国情的。

三、关于儿童节目的主持

儿童节目面对的是一个特殊的群体，有着特殊的主持规律。

1. 儿童节目主持人的角色定位

不同类型的节目功能不同，主持人在其中所起的作用也就不同，其角色定位也存在差别。根据目前比较科学的年龄段分类方法，儿童节目主持人可以定位如下：

（1）学龄前儿童节目(5～6岁以下)主持人的角色定位

0～3岁的婴幼儿变化发展巨大，特别是0～1岁的乳儿期在整个儿童时期内发展最快。他们的大脑对外界事物不存在清晰的感受，其行动主要依赖成人正确的养护和教育。因而这一年龄段节目的受众不仅仅是儿童，家长也更多地参与进来。与这一年龄段对应的主持人应该是“教师型”的主持人。“教师型”主持人可以通过游戏娱乐的形式为家长提供科学的育儿指导和示范。比如中央电视台的《超级育儿师》。

3~6岁的儿童由于身心的发展，已经开始产生参加成年人社会生活的愿望，但由于能力有限、经验缺乏，尚不能很好地掌握和控制自己的行动，注意力也不易集中持久。为此，适合他们收看的节目主要是游戏、健康向上的动画、手工制作和讲（听）故事等。与之相应的主持人则多为“姐姐型”、“卡通型”和“长辈型”。“卡通型”主持人，形象直观、有趣，符合这一年龄段孩子的认知特点，对激发儿童的想象力很有帮助。卡通型主持人有真人扮演的“人偶”形象，比如《大风车》中“金龟子”、“风车娃”；有动画配以人声的动画形象，比如《大风车》中的“小信鸽”。“长辈型”主持人可做一些文化启蒙的教育节目，如“爷爷”“奶奶”长辈型主持人可以给小朋友讲古诗词、历史典故等知识类的常识。

（2）儿童节目(6~12岁)主持人的角色定位

这个年龄段的儿童已进入小学，他们的身体发育快、好动，求知欲旺盛，自我意识逐渐形成，其思维也开始由形象性向抽象的逻辑性过渡。针对儿童的这些生理和心理特点制播的节目应该含有更多的知识性，尤其是自然科学知识。而动态的节目则应从“手工”转向“游戏”，而这些游戏最好既有体力运动又有智力测试。儿童剧、小品则应具有一定的思想性，给儿童留有思考的空间。相对应的节目主持人应是“同龄型”、“老师型”、“榜样型”。

所谓“同龄型”，是指主持人用孩子的视角观察事物，用孩子的语气、方式表达观点。这样可以满足儿童自我意识逐渐形成的需要，从而养成与同伴平等对话的习惯。山东卫视《阳光快车道》的主持人“大冰”，就是以同龄幽默风趣的“大哥哥”定位的。在节目中，他任由孩子在自己的身上爬来爬去、嬉戏玩耍，有时还会为他们捶捶腿、捏捏手。他善用儿童的心理来体现儿童的意愿，绝对是孩子们的主心骨。

知识类节目或竞赛性节目多需要“老师型”的主持人，因为老师对孩子具有永远的权威性、公平性。《大风车》中《挑战800》的主持人“董浩叔叔”，既是比赛双方的朋友，又是比赛的“公正”象征，可以划归到“老师型”主持人中。

“榜样型”主持人极易被这个年龄段的儿童接受，因为他们已经逐步形成自己的是非观，急于用自己的眼睛分辨是非。中央电视台《大风车——游戏大战》中的“无敌手”就是“榜样型”主持人。

（3）青春前期儿童节目(11~18岁)主持人的角色定位

青春前期是儿童从幼稚走向成熟的过渡期，在性格上处在幼稚、半成熟的状态，是独立性和依赖性、自觉性和幼稚性矛盾交织的时期，也是一个人人格、品质形成的关键时期。针对这些心理特点制作的节目应突出思想性并有较大的思考空间。动态节目应由游戏转向竞赛，而且竞赛应侧重综合能力的考察，培养儿童的独立性。最适宜这些类型节目的主持人应是“朋友型”。“朋友型”主持人可以让儿童在思想上与成年人平等对话，促进他们独立性的形成和走向成熟，同时在人格上能让孩子们感到一种平等与尊重，以增强自信心。《第二起跑线》的主持人张泽群在节目中就以受众朋友的身份与他们一起探讨学习、生活、成长的问题，帮助他们摆脱困难，共享他们的快乐与痛苦，成了孩子们信赖的“大朋友”。

主持人有了角色定位，就有了节目主持的心理依据，主持人就会时时提醒自己以什么样的面目出现在孩子们面前，其语言设计、态势语把握、应变技巧等就有了方向，因而也能为自己独具个性的主持风格打下基础。当然，主持人的角色定位并不是一成不变的。例如，日本有家电视台的一位儿童节目主持人，婚前是以“姐姐型”主持人面世的。结婚后，她把丈夫带到节目里，介绍给孩子们，俨然成了他们的“大朋友”。怀孕后，她挺着肚子出现在节目现场，或让孩子们轮流抚摸她的腹部，或让孩子们听小宝宝心脏跳动的声音。小宝宝生下后，她又把小宝宝抱到节目现场。此时，她就变成了“阿姨型”的主持人了。这位主持人能动地把结婚、怀孕、生子融入节目，体现着主持人对儿童的坦诚、平等和尊重，也让孩子们受到了最为生动的伦理教育、生命教育、亲情和母爱教育。在这一过程中，主持人角色和角色行为方式都在自然地不知不觉地发生变化。“姐姐”形象消失，“阿姨”的风格和气质逐渐形成。未来，“奶奶”的形象也不是不可以出现的，只要受众喜欢且这位主持人愿意并胜任。

由此，我们想到了鞠萍。在岁月的流逝中，“鞠萍姐姐”已经结婚、生子、步入中年了，不仅面容变化，体态也已是“阿姨”。虽然儿童节目主持人的适当角色化还能增加节目的生动性和形象性，但对于一个主持人来说，其形象一旦与自身差距过大，那么表演必将成为主持人的常态。为此，我们要说：“鞠萍姐姐”早该“转型”了。

2. 儿童节目主持人要懂“儿童心理”

儿童节目主持人除了具备一般的政治文化素养和专业技能素质外，最重要的在于是否懂儿童心理，是否善于与儿童沟通。据儿童心理学研究表明，儿童心理年龄特征差异非常大，不同年龄段的儿童就有不同的认知特点和需求。因此，儿童节目在策划时就要细分儿童年龄段，根据儿童的生理、心理特点和实际需要来制作节目。否则，就会适得其反。例如，《小喇叭》是中央人民广播电台十分有影响的儿童栏目，其中负责学龄前儿童广播的编辑和主持人郑晶曾在栏目中设置了一个以为会很受孩子们喜欢的节目《千奇百怪大世界》。设置这个节目的目的是希望通过它向孩子们介绍世界各地的风土人情、奇事、怪事和新鲜事。但是事与愿违，节目在播出期间并没有引起孩子们太多的关注和喜爱。郑晶曾把其中一期《有趣的蛇城》翻录成磁带，带到北京几个幼儿园里请教师和孩子们一起听，结果小朋友们坐在小板凳上乱哄哄的，根本听不进去。节目播完后，当老师请孩子们讲一讲故事里面到底说了些什么的时候，孩子们几乎是什么也答不上。郑晶总结其失败的原因时说：《千奇百怪大世界》的内容设置不符合学龄前儿童的认知特点，超越了他们的接受能力。儿童心理学认为，学前儿童对陌生世界的认知，更多地服从于他们与生俱来的快乐机制，他们接触复杂多样的客体时，总会将他们无法感知的，或者看上去不规则、不舒服，听上去太抽象的地方大胆省略，而将其中较为规则、简洁的地方突出出来，以适合自身的认知水平。《千奇百怪大世界》忽略了学龄前儿童的兴趣点，虽然制作精美，音响效果动听，但内容复杂抽象，儿童接受不了。

为此，主持人、节目制作人员面对不同年龄、不同性格、不同层次的孩子，必须要精通儿童心理，深入他们的生活和内心世界，熟悉他们的喜好，把握他们认知世界的方式。用儿童的眼睛去看，用儿童的耳朵去听，用儿童的心理和思维方式去体会、体验和感受周围的一切，把节目过程变为同孩子一起学习、探索的过程。

3. 儿童节目主持人的语言表达要富有“儿童性”

所谓“儿童性”的语言表达，指的是节目主持时，主持人的言语、表情、动作要力求真实性、趣味性、形象性和激励性。

（1）真实性

指的是节目主持时要始终处在自在、真实的情态中，有时需要用儿童语言讲话，但并不是用“奶味儿”或“嗲声嗲气”哄他们，就像尊重儿童，并不代表节目主持非得用“跪姿”和孩子们讲话一样。董浩跟孩子们的交往从来不用“哄”字，他说话自然朴实，真实可信。有个孩子因为学校号召学雷锋却找不到好事做，很烦恼，想让妈妈丢几元钱在地上，让她捡了交给老师。为此，她写信问董浩行不行？节目中，董浩先唱了一首他小时候学雷锋时唱的歌，又详细介绍他小时候是怎么做好事的，最后他压低声调很体己地对这位写信的孩子说："小朋友，给劳累的妈妈倒杯水、扶奶奶走段路什么的，都是做好事，都和学雷锋有关。"话语真切，句句都能走进孩子们的心里。这种"真实"，来自于他对孩子的深刻了解。董浩从担任节目主持人的第一天起，就经常骑着自行车到附近的小学、中学，和孩子们交朋友。有一次，他在外地制作节目时看到电视上报道了安徽、江苏、河南等地闹水灾，他立即想到那里的孩子，立马赶回北京参加赈灾义演。在后台，他找到从灾区来的孩子，紧紧地抱在怀里，他是带着爱融进儿童的七彩世界。《饭没了秀》的主持人"强子"真实亲切的主持是该栏目成功的重要因素。例如，强子在节目中通常会把宝贝们请到高高的舞台上，并且让他们"肆无忌惮"地仿佛在自家院子里抑或村口地头般地玩耍。在真实的自然状态下，孩子们轻松起来，"童言"也就真正地"无忌"起来。于是，孩子、主持人、栏目的光彩也就闪亮了起来。

（2）趣味性

指的是在节目主持过程中，应风趣、活泼、幽默而具有童趣。面对学龄前儿童尤其如此。因为学龄前儿童的大脑发育还不完善，注意力不易长时间集中，他们的观察力、注意力和记忆力还处于无意识状态。因此，主持人现场要善于抓住生动的材料，加上合理的想象，以轻松愉快的口吻来讲述，有时还可以用诙谐和幽默的语言来表述。例如，鞠萍主持节目时，始终保持欢愉的心理定势，时刻注意适时地趣化节目内容，注入一些童趣因素。有一次，她和李扬一起主持节目，当李扬上场时，鞠萍故作惊讶："嗬呀，这不是唐老鸭李扬叔叔吗？瞧你忙里忙外、跑前跑后够忙乎的。我说啊，你怎么也来啦？"几句充满童趣的"打趣"、"调侃"，把孩子们都逗乐了。

（3）形象性

儿童对有声语言最易感知，对语言的韵律特征特别敏感。韵律特征通俗地讲就是言语表达时抑扬顿挫的特征。韵律特征在语言表现形式上有声调、重音、长短音、语调等等，它们往往是孩子感受语言的一种重要而又直观的情绪和情感的体验。无论是童话剧，还是儿歌、小故事或专题片解说词，如果语言生动形象，语调高低升降有变化，朗朗上口，不仅能展示出孩子的天性，而且容易唤起少儿的观赏情绪，易于儿童接受。运用少儿熟悉的词汇和表达方式，还能引领孩子们拓展想象的空间。对低幼儿童来说，特别是象声词的运用，有助于启发、引导孩子们进行直观形象的思考。如鹤岗电视台少儿栏目《朵朵红》中的一段语言运用：

森林里，小鸟儿叽叽喳喳地叫个不停，风儿吹动树叶沙沙作响。一会儿，天下雨了，雨点敲得西瓜啪啪直响，突然，轰隆一声巨响，小刺猬被抛起来了，"噗"一声掉进水里……

这里的象声词把鸟的叫声，自然界中的风声、雨声、雷声和动物的神态生动、形象、逼真地反映出来，使小观众如闻其声、如临其境，由此而产生美好的联想。

再如，内蒙古人民广播电台儿童节目主持人娜仁托雅主持的节目有磁石般的吸引力，每当收音机里传出"亲爱的小朋友，我是你的娜仁托雅姐姐"，调皮的孩子就会停止了打闹，任性的孩子就会停止了撒娇，乖乖地坐到收音机旁。人们评价她的主持风格：活泼、亲切、自然、朴实，像母亲般的慈爱，像姐姐一样温柔，像一股涓涓细流，甜甜地流进孩子们的心灵世界。细究她的成功，其中最重要的是娜仁托雅熟悉并了解儿童的语言。娜仁托雅根据不同年龄的儿童采用不同的语言表达方式，语调活泼、跳跃、直观，为儿童创造了一个亲切的语言情境。她编排的节目《怎样做客》、《请到我们草原来》深受全国孩子们的喜爱,《和平之歌》还在国际上获了大奖。

（4）激励性

好胜心强和表现欲强是儿童的一大特点,没有竞争的节目,儿童往往觉得不过瘾。主持人不仅要让儿童静态地参与节目,还要根据儿童的特点,用激励的话语调动他们的实践参与。当然,不仅要调动荧屏内的儿童参与,还要激励荧屏外的儿童参与,缩短主持人和儿童之间的距离。

而这种激励又不能用指令性的语气来表达。曾经有一项调查,问孩子们有了心里话最喜欢对谁讲?大多数孩子选择的是同伴或朋友。尽管少年儿童的道德判断水准还不完善,但他们已经明确拒绝教条式、训导式、唠唠叨叨的大人腔。因而激励的前提是“赏识”,亲切的抚摸、期待的目光、赞许的笑意和谅解的插语,都会使孩子们有信心和勇气。

多给孩子们鼓励和肯定的信息,更多地尊重孩子们独立的人格和创造。

4. “和暖、向上”的基调,是儿童节目主持的灵魂

所谓“和暖”,是因为儿童身心处于生长期,需要家庭和社会给予阳光般的温暖普照;所谓“向上”,是因为儿童处于一生打精神底子的重要时期,需要积极向上的引导。

要讲清这个问题,我们不妨以《罗杰斯先生和他的邻舍》(*Mr. Rogers,Neighborhood*)为例,这个栏目是美国公共电视有史以来播放最久的节目。1968年以来,这个节目里的木偶伴随着无数美国儿童度过他们的童年。节目中缓慢而平稳的讲述,简单的故事情节,一成不变的温馨曲调,在这个一切讲求快速、刺激的时代,好像一股清泉,滋润着每个幼嫩的心灵。温暖愉悦而又积极向上的主持人弗莱德·罗杰斯已经七十多岁了,但是他仍然保有难得的赤子情怀。他的脸,交错刻画着岁月的痕迹,然而又明显地浮漾着宽容和平静的光彩。

每次节目开始，长镜头停伫在朴实无华的社区模型前，一栋栋暗红、浅灰、深褐的建筑，悄然呈现在安详和静谧里。接着，悠扬而轻快的歌声里，罗杰斯向孩子们发出了邀请：

多么美好的一天！多么快活的一天！在这个和睦的社区，居住着许多亲切、友善的邻舍。你来做我的邻居好吗？你来做我的邻居吧！

接着，罗杰斯笑容满面推门而入。他打开门旁的衣柜，顺手脱下深蓝西装外套，换上浅蓝羊毛夹克。然后坐下，将皮鞋换成布鞋。向孩子们问好：

嗨！芳邻，您好！

灿烂的招牌笑容，像一汪清波荡漾出来。他的节目开始了。任何专题的节目——无论是舞蹈、烹饪、游戏、旅游，还是离婚、死亡、别离……在他这儿，永远都有"向日葵"般的盼望。三十多年了，罗杰斯诚恳而敏锐的眼光，每天透过荧屏，投射在数以百万的孩童身上。他像是一位忠实的园丁，无论物换星移，始终勤勤恳恳、四季不断地在每位幼儿的心田里，播撒下爱的种子。"每个人都渴望被爱，他也渴望知道自己有爱的能力。"罗杰斯如是说。

每次节目结束之前，罗杰斯都会脱下他的布鞋和羊毛夹克，再换回外出的西装外套和皮鞋。他告诉小朋友："知道你活活泼泼的过日子，是多么美好的感觉……"结束他的节目时，都会唱起这首歌。之后，他挥挥手，向荧屏前的观众告别，然后不忘告诉他们：

我还会回来的。

《罗杰斯先生和他的邻舍》节目形态三十多年来没有什么变更，但它却家喻户晓，一直深深地为无数儿童所喜爱。该节目制作助理海妲夏若平说：三十多年来，制作组同仁经常面临一个极大的诱惑，那就是将节目搞得更花俏、更吸引人。因为现代儿童习惯接触许多快媒体，他们对这类东西容易产生一种饥渴，他们变得越来越难满足。但事实是，许多精力旺盛的"好动"儿童，却可以在《罗杰斯先生和他的邻舍》中安静下来，因为他们被罗杰斯安然自若、始终和暖向上的态度所感染。

第三节　女性节目的主持艺术

一、女性节目的定义、存在价值及类型

1. 女性节目的定义

女性节目，指的是以女性为审美主体，表现女性生活、情感、工作、学习、休闲等生存状态，并且主要给女性观众观看的节目类型。它是专门为女性设置并满足其独特心理需求的广播电视节目。

这里所说的"主要给女性观众观看"的表述，指的不是"就是给女性观众看"的节目，如若这样就缩小了女性节目的关注范围而走入认识上的误区。事实上，女性的生存不可能脱离男性，社会的和谐也离不开男女两性的和谐相处。同时，女性节目的创作也需要男性的介入，这不仅能扩大女性的话语空间，也能扩展女性的眼界视野。

2. 女性节目的存在价值

（1）女性节目可以满足当代女性受众的视听需求

随着女性文化素质的提高，参与社会建设的能力加强，社会家庭地位也随之提高，自我认同和独立意识也就愈发强烈。她们迫

切需要有针对性的广播电视节目出现，以便她们积极地投入媒介生活，在媒介中倾听、交流乃至发出自己的声音。女性是当今媒介产品的主要消费者，是媒介生产不可忽略的受众群体。

（2）女性节目是加强两性沟通与理解的重要平台

1995年第四届世界妇女大会通过的《行动纲要》指出：目前"大多数国家的印刷和电子媒体没有以均衡的方式描绘妇女在不断变化的世界中不同的生活和对国家的贡献"，甚而"继续显示负面和有辱人格的妇女形象"。为此，"大众传媒有很大潜力来促进妇女地位和男女平等"。无疑，女性节目就像一扇沟通两性关系的窗户，男女两性可以通过这扇窗，互相了解并平等交流，从而实现两性之间的和谐发展，进而推动社会的平稳发展和进步。

（3）女性节目可以利用自身的大众传播媒介优势

全面真实反映女性生活，展示女性风采，从而提高女性整体社会形象；传播有关女性方面的科学和生活知识，促进社会和家庭的和睦；维护妇女合法权益，引导社会正确认识女性，树立科学的性别观，从而形成良好的社会氛围。

3. 女性节目的类型

大致上，女性节目可以分为如下几类：

（1）新闻类女性节目

在与传媒接触的过程中，女性最关注哪一类题材？有人说，女性最不关心政治，关心自己的生活超过关心社会。但据我们的千人调查问卷数据分析，"新闻时事"是绝大部分女人的首选，占62.6%，11.67%的人偏好"生活和娱乐"类节目，10.08%的人选择了"电视剧"，9.81%的人表示自己最喜欢"与女性有关的题材"，还有1.86%的人则认为自己"没有特别的偏好"。这项调查说明现代女性已经将自己的生存和发展与社会的发展紧密联系。因此，新闻类的女性节目仍然有其生存空间。例如，长沙电视台女性频道的自办栏目《我们播报》就是一个新闻类的女性栏目。该栏目点、线、面结合报道女性关心的国家大事和百姓家事，既有动态集成的新闻咨询板块，也有女性关注的系列深度专题报道，还有反映女性观点，传递女性心声的新闻评论板块。

（2）时尚类女性节目

顾名思义，这类节目顺应了女性爱好追求时尚的需求，向她们传达和传授时尚信息和实用知识。例如，2011年1月30日，中央电视台财经频道开播的《购时尚》栏目，就是时尚类女性节目。这档节目以“时尚重塑自我、自信改变人生”为宗旨，通过针对性的环节设置传播最新时尚理念，并以图片、视频、文字图标的形式为观众提供大量关于时尚潮流、时尚知识、生活技巧、消费资讯等方面的信息。同时，《购时尚》栏目还邀请了数十位时尚界顶尖的服装设计师、造型师、彩妆师、心理专家等组成的专家团队，重新塑造选手形象。观众可以通过荧屏看到丑小鸭如何在设计师的创意下化身白天鹅的全过程。

（3）综艺娱乐类女性节目

这类节目可以分为两种样态：一种是纯综艺娱乐女性节目。这类节目迎合了观众娱乐的需求，在泛娱乐化的媒介语境中颇为火爆，数量也比较多，比较有影响的如星空卫视的《美人关》、湖南经视的《绝对男人》、苏州电视台的《水乡丽人》、光线传媒的《淑女大学堂》等。另一种是综艺类和专题类相结合的女性节目，如广西卫视2004年推出的《寻找金花》栏目。《寻找金花》的常态节目是专题片形式，而“金花聚会的特别节目”是综艺形式呈现的，整体形态灵活，基调健康优美，是一档具有文化品位的女性节目。

（4）专题谈话类女性节目

这类节目一般就某个或某些女性感兴趣的话题，从女性的视角传递出女性意识，这是女性节目样态中最多的一种节目类型。如央视《半边天》、河北卫视《今日女性》、江苏卫视《女人百分百》、长沙女性频道《都市红颜》等等。这类节目大多采用谈话形式进行，节目结构方式是杂志型，整档节目由几个子栏目衔接组合而成，比如北京电视台的《今日女性》有《女性观点》、《女性广场》、《背靠背脸靠脸》、《社会传真》、《海外速递》等子栏目。《都市红颜》有《女人街》、《心语心愿》、《发现美丽》三个子栏目。

二、我国女性节目的发展

与上述儿童节目相比，女性节目就没有那么幸运了，起步很晚，尽管“妇女能顶半边天”的口号叫得震天响。直至1995年元旦，联合国第四次世界妇女大会在北京召开的前夕，中央电视台开办了《半边天》栏目，才算宣告了中国女性节目的诞生。

从《半边天》诞生至今，我国女性节目在曲折中前行，大约经历了三个阶段：

1. 1995—1998年，女性节目诞生期

1995年的联合国第四次世界妇女大会对我国传媒产生了重要影响，媒介开始关注性别平等，广泛探讨女性参政、妇女与经济文化发展、媒介中的女性形象、家庭暴力、女童教育、法律保护妇女、妇女健康等问题。同时，社会性别的概念也开始被提出来进行讨论。以此为契机，中央电视台《半边天》栏目于1994年底试播，1995年元旦开始正式播出。最初两年分设子栏目《女性·社会》、《我是女人》以及《休闲时光》，后不断改版。但万变不离其宗，该栏目始终坚持内容主要涉及女性与社会、女性人物、女性生活三个方面。《半边天》栏目是当时影响力最大的一档栏目，也是筹备联合国第四次世界妇女大会期间最具代表性的栏目。不可讳言，直至今日，《半边天》仍是女性节目中坚持最久、办得最好的栏目。

继《半边天》后，当时国内有条件的电视台陆续开办了妇女节目。到1998年10月止，在中央、省级和直辖市的32个电视台中，设置专门女性节目的电视台有七家，见下表：

电视台名称	栏目名称及开播年份
中央电视台	《半边天》1995年
北京电视台	《今日女性》1995年
福建电视台	《女人时间》1996年
广东电视台	《女性新视角》1997年
山东电视台	《午夜相伴》1998年 《女性话题》1998年
辽宁电视台	《女性世界》1995年
湖南电视台	《生育生活》1998年

“以上七个台每周共播出女性节目470分钟来计算，约8小时。已知当时全国880个电视台周播出总时数为55518小时，平均每台每周播出时数为55518÷880=63小时，上述七个台周播出总时数为63×7=441小时，则七个台专门女性节目周播出总时数所占比例约为1.8%。”[①]

2. 1999—2003年，女性节目回落期

就像坐过山车，刚刚热起来的女性节目在联合国第四次世界妇女大会结束不到四年的时间，迅速滑入低谷。一些女性节目或停播或处于边缘化状态苟延残喘，几乎就剩下《半边天》在维持着女性节目的一片天。细究起来，不过是因为：（1）陈旧的性别观念根深蒂固。（2）节目时段边缘化。所有的女性节目此时大多被安排

① 卜卫、刘晓红：《关于中国妇女电视节目的研究报告》，《新闻与传播研究》2000年第3期。

在非黄金时段。根据中央电视台央视咨询中心1995年调查，妇女第一黄金时段是19：00~20：00之间（近50%的妇女观众），第二黄金时段是20：00~21：00之间（近28%的妇女观众），第三黄金时段是17：00~19：00之间（近9%的妇女观众）。（3）节目经费支付边缘化。由于播出时段不佳，收视人群相对狭窄，因而女性节目缺少广告收入，不足以支撑栏目运行。

3. 2004年至今，女性节目升温期

2004年年初，广西电视台推出一档娱乐类民族风情栏目《寻找金花》，这档节目堪称为女性节目回温的标志。节目通过金花使者（主持人）深入少数民族地区，以寻找那些淳朴、美丽、多才多艺又有着美丽故事的民族少女为线索，将民族地区的风景、风情、文化以及人们的生存状态展示出来。它没有采用目前国内许多节目设计中所惯用的“选美”、“选秀”方式，而是使整个节目在“寻找美丽”的大悬念下层层推进，用镜头语言、剪辑手法，营造出一种优美、写意、抒情的艺术氛围，着重表现出女性的“民族美”和“少女美”。这儿所说的“民族美”，指历史与当代社会、文化赋予“金花们”的个性，而这正是节目的内在魅力；这儿所说的”少女美“，指节目主要展现了少女的清纯美。节目播出后，受到省内外以及东南亚一些国家电视观众的热烈欢迎。

《寻找金花》给电视节目创新带来了诸多的思考：

其一，对女性美的正确引导。该栏目在制作过程中有意摒弃了“人工美女”的工业化印记，而突出展示的是民间美女纯洁质朴的自然美。她们不施粉黛、“清水出芙蓉”，不仅有“花一样的容貌”，而且还有“金子般的心灵”。这才是撼动人心的真正的女性之美。

其二，利用地域资源，开拓女性节目内涵。从创作资源看，我国南方由于自然环境的优势而较多存留母系社会的遗风（广西、云南等地的一些少数民族至今保留母系社会形态），这与自然条件恶劣必须以父系力量和权利才得以掌控的北方社会不大一样。南方女性的穿着打扮、性格习性更能形成“地域特色”甚而“地方奇观”。就女性节目的发展而言，地方台在内容上更具优势。

至此，展示年轻时尚女性节目登上荧屏并迅速火爆，出现了一些关于时尚咨讯、美容美体、两性话题、个人情感隐私的女性节目，如星空卫视的《美人关》、南宁电视台的《女人香》、青岛电视台的《美丽现在时》、华娱卫视的《夜来女人香》、中大制作，蓝心湄主持的《女人我最大》、伊能静主持的《美丽艺能界》、吴佩慈主持的《美丽达人》、天津卫视的《化蝶》等等。光听听这些栏目的名称，就能从中感受到女人的芬芳和性感。2008年光线传媒制作的现场解决未婚女性情感困惑的《淑女大学堂》更像一匹“黑马”，被多家电视台购买播出。《淑女大学堂》的节目现场拥有超豪华应景的舞美设计，在节目的设计上融合脱口秀、真人秀、搞笑、游戏、益智、选秀等综艺元素，把女性活色天香地展示在屏幕上。

这些节目看上去是从女性的审美角度诠释女性，但实质是从男性视角来包装节目的，强化了女性的社会辅助性和对男性的从属性，女性再次处于“被看”的地位。难怪当时有则报道的题目用了“温雅靠边热辣上位，女性节目开始走火”16个字活灵活现地道出了这一类针对时尚年轻女性节目的特征。

随着市场的进一步细分，另一类专为精英女性打造的知性节目开始有了市场。2005年1月15日，湖南卫视的《天下女人》开播（杨澜主持），此栏目的宣传语为“做快乐女人，做精彩女人”，访谈对象主要是一些女性名流，话题敏感尖锐。

以上两种女性节目，“要么走时尚路线”，“要么走精英路线”，呈现出南北“两极”状态，但都彻底颠覆了《半边天》“温吞水”式的表述模式。

我们说，新一轮升温起来的女性节目在一定程度上以另一种方式消解着男性的霸权，突围了女性节目的边缘化生存困境。但同时，也多多少少地沦为了商业利益和受众庸俗口味的奴隶。未来的女性节目该怎么走？不管如何，女性资源都是最可挖掘的“富矿”。因而，女性节目=有着无比广阔的发展前景。事实上，女性本身所具有的相对于男性更大的消费力和购买力，是女性节目市场潜力的内在驱动力，也是商家最想抓住的注意力资源之一。

三、关于女性节目的主持

1. 主持女性节目，必须树立正确的“女人观”

制作和主持女性节目遇到首要的问题，就是“女人观”的问题，亦即从什么视角看女人的问题。否则，栏目宗旨、主持人表述就会出现偏差。所以，女性节目主持人最好直接参与节目选题及策划，以便在过程中进一步认识自己的受众对象。以《半边天》为例，主持人就经历了这么一个不断认识女人，不断改造栏目的过程。这也是国内成功的女性节目《半边天》之所以能成功的重要因素。

1995年至1996年，是《半边天》的第一个阶段。这是一个栏目定位和节目理念充满矛盾的阶段。一方面，《半边天》热情地报道了一大批在各行各业做出贡献并取得成就的女性形象。另一方面，节目中还大量传达着传统文化积淀中形成的性别盲点。如在《休闲时光》子栏目中，将女性的休闲空间仅仅局限在家庭，尤其在厨房之中、镜子之前，介绍了大量做菜、做饭、洗衣服以及描眉画眼的节目。《女性社会》子栏目中常常在宣扬女性能顶半边天的同时，把女性在社会上遭受的不平等现象，一味归结为女性素质低下或不自爱。

1997年至1998年年底，是《半边天》的第二个阶段。这一时期的负责人改由女性担任，新的总制片人提出不要把女性搞成“苦大仇深”型的，节目要做得“精致”、“好看”。和第一阶段“男同志能办到的事女同志也能办到”的理念不同，这时的《半边天》开始强调男女有别，设计的广告语为“《半边天》做女性的知己，男性的朋友”。这显然和第一阶段有意无意抹杀男女性别差异的片面做法不同，但此时又进入了另一个误区：过多地加入了男性的视角。

1999年至今，是《半边天》的第三个阶段，《半边天》的社会性别意识进一步凸显。1999年初，《半边天》的主创人员名单里出现了一个让中国观众十分陌生的新头衔——性别顾问，这个头衔的设置，在中国尚属首次。同时，还设立了由制片人、主编、性别顾问以及女性学者、人文学者参与的策划组。栏目所有选题都将由策划组讨论并提出建议供编导、主持人参考。这时的《半边天》节目出现的女性形象已经摆脱了作为社会配角或者男人附庸的倾向，成为具有独立品格、有主体价值观的社会形象。例如，在2005年《玫琳凯：女性十年的记忆》中，讲述了十年来，全世界女性尤其是中国女性在法律权益、家庭生活、社会工作等方面日新月异的变化，同时也不回避仍然存在的问题；同年度播出的《2005女性记录》则讲述了中国不同领域里的女性多元而又鲜活的生活状态。所有这些节目向我们展示了“社会中的女性，女性眼中的社会”，横向剖析和纵向历时的延展，真实显现了现代女性的生活情态。另外，《半边天》栏目开始关注社会热点，对“男人上岗女人回家”、“女人是床上用品”、“学校拒收丑女孩”、“做女人‘挺’好”、“美女救国”等话题也展开了深入的讨论。

《半边天》栏目的两位主持人张越和李潘，在全程参与节目制作的过程中，以其特有的对“女人”充分理解的“女人观”诠释了栏目的主旨。如，主持人李潘竭尽全力寻找和交流两性和谐相处的方法与经验，帮助不少女性观众走出生活误区；主持人张越以真诚和充满智慧的访谈，打开女性嘉宾心灵最深处的情感空间，给观众以力量。

2. 选用女性熟悉和喜好的语言表达方式

因为女人天生就具有比男人强得多的语言天赋，女人喜欢说话，更喜欢听别人说话，而且直觉敏捷，更容易“挑碴儿”。所以，女性节目主持人的语言表达方式尤为重要。

在有声语言表达上，主持人首先要以“朋友”定位，在节目开始就营造出融洽的交际氛围。如，有人问张越：“在谈话当中，你凭什么来吸引观众呢？”张越说：“很简单，那就是创造宽松的气氛，就像聊天一样。”语气亲切自然，语速平缓流畅，表意通俗明白，努力实现人际传播的大众化。

在影像语言表达上，要贴近受众女性的喜好。比如《半边天》为了契合自己的目标受众群——都市女性的审美趣味，节目开始时，通常由演播室大全景推至主持人近景，而在节目结束，又由主持人近景拉至演播室的大全景。这种镜头语言的构成，用意很明确，是在用镜头的推拉模拟主持人进入家庭、走出家庭的情景。主持人仿佛成为一名探访家庭女主人的“闺中密友”，而这个节目就是主持人与女主人的倾心交谈。节目中，主持人主要以近景出现，这种景别正好是人与人面对面交谈时的视线范围，显得平视而不霸道。在节目色调的处理上，栏目偏好色彩纯度比较高的单色，色调靓丽雅致，有成熟女人的味道。而在画面切换方面，栏目选择了简洁明快的剪辑节奏，音乐配置温馨轻松。

在无声语言表达上，诸如服饰打扮、举止手势都要研究受众需求点。如，女人喜欢关注别人的服装配饰，又本能的喜欢与之比较。因此，女性节目主持人的服饰化妆丝毫马虎不得，要精心设计，因为其栏目形象有时还成为女性观众模仿的对象。例如，李潘优雅的服饰和举止，一度为职业女性观众所喜爱。而张越的眼镜，一度遭观众的抱怨，甚至有人写信给栏目组说“太丑”，为此，栏目组还给她重新配了一副价值两千多元的新眼镜。胖胖的戴副眼镜的张越，形象并不美，却很有观众缘，这源于她亲切自然中永远透着一份自信和与生俱来的热情。这种内在的个性色彩体现在体态语的运用上：她喜欢用肘部支撑着上半身向嘉宾倾斜，显示出极强的倾听欲望，很能调动起嘉宾的诉说欲；由内向外翻转的手势传递给嘉宾的是一种“掏心窝”的温暖，让嘉宾强烈感觉到：她有许多话急着要对我说，有许多问题需要我帮她解决。与她交谈，无论是普通女性还是专家学者，通常都会显得兴高采烈、眉飞色舞。

从传播学的角度看，节目主持人在传播过程中充当着“传播者”和“被审美”的双重身份，一方面在传播信息，一方面又成为信息传播的一部分。而在主持女性节目中，“被审美”的成分往往比主持其他节目更得以放大。所以，女性节目的主持人更不能对自己的言谈举止、服饰打扮掉以轻心。

第四节　老年节目的主持艺术

一、我国的老年节目急需开发

根据联合国教科文组织的规定，一个国家或地区60岁以上的老年人口比重超过总人数的10%或者65岁以上老年人超过7%的地区或国家，即进入老年型国家或地区。据有关资料显示，截止到1999年2月20日，我国60岁以上人口正式达到1.32亿，占总人数的10.3%，已经进入老龄化国家。发达国家的人口出生率下降到步入老龄社会，前后约经历了一百年；而中国从20世纪70年代末出生率大幅下降，到步入老龄社会，前后只用了20年。专家们预测，到2015年，我国60岁以上人口将超过2亿，约占总人口14%；至2050年，我国老年人口将过4亿，占总人口四分之一还多，也就是说四人中就会有一位老人。老人们拥有相对富裕的时间，接触媒介是他们休闲的主要方式，特别是看电视更是他们的首选，中央电视台组织的全国电视观众调查表明，老年观众平均每日收看电视的时间多于其他年龄组。见下表：

表1　北京观众不同年龄段看电视时间比较（分钟）

样本数	13~17岁	18~25岁	26~35岁	36~60岁	61岁以上
963	59	98	98	93	110

表2　1997年全国不同年龄段观众看电视时间比较（分钟）

样本数	13~18岁	19~30岁	31~40岁	41~50岁	51~60岁	61岁以上
16066	110	134	129	135	133	147

面对中国人口年龄结构的急遽变化，面对老年人对电视的需求，电视媒体却反应不快、着力不够。从全国来看，中央、省、地市、区县各级电视台总数达三千多家，“开办老年栏目、播放老年电视节目的电视频道不足2%，每个频道每天播放的比较合适老年人观看的电视节目时间长度平均不到二小时”。[①]我们的传媒是根据“需要”原则制定运转策略的，力争做到“不缺位”。目前，“缺位”现象明显，供需矛盾突出。当然，从1991年天津电视台首创《晚霞金秋》电视老年节目以来，电视业界的同仁也作了不少的努力，据笔者不完全统计，全国电视老年节目分布如下：

表3　全国各省（市）电视老年栏目一览表

电视台名称	栏目名称
中央电视台	《夕阳红》

① 樊葵：《老年群体作为电视观众资源的优势》，《电视研究》2003年第2期。

续表

电视台名称	栏目名称
天津电视台	《晚霞金晖》
北京电视台	《金色时光》
上海教育电视台	《海上红枫》
上海电视台	《生活广角》
东方电视台	《精彩老朋友》
南方电视台	《好戏连台》
杭州电视台	《金秋》
哈尔滨电视台	《老头湾》
广东电视台	《天年乐》
广州电视台	《情满夕阳》
大连电视台	《霜叶集》
山东电视台	《老友》
中国教育电视台	《岁月如歌》(现更名为《天天看点》)
江西电视台	《多彩金秋》
深圳电视台	《长青岁月》
吉林电视台	《人间晚晴》
吉林市有线广播电视台	《万年青电视俱乐部》
重庆市有线广播电视台	《红叶红》
河南电视台	《老年世界》
兰州电视台	《久久相约》
安徽生活台	《枫叶正红》

从表3我们首先看到，上星的省级卫视中老年电视栏目的数量和老年受众群体的数量悬殊很大，不少省份还呈空白状态。特别

值得一提的是，上海、天津、北京、浙江、江办五省（市），是我国在20世纪80年代第一批进入老年型的省（市）。笔者根据中国人口网（www.china.pop.gov.com）截止到2004年的信息整理统计，以上五省（市）老龄化程度提速，平均比全国提早十年进入老龄化高速发展期。见表4：

表4　2004年天津、北京、上海、浙江、江苏五省（市）老年人口比重

省(市)	老龄人口(万)	占总人口数(%)	备注：2000年占总人口数(%)
天津	137	14.40	12.05
北京	188	14.60	12.54
上海	260.78	19.28	14.98
浙江	605	13.33	12.34
江苏	1066	14.30	12.62

经比较，上海的老龄人口增长速度最快，电视媒体反应也最快。在原有的上海电视台、上海教育电视台的两个老年电视栏目基础上，2005年2月2日，东方卫视又创制了全国首档老人综艺节目——《精彩老朋友》。由五年没有出来主持节目的叶惠贤重新出山主持此栏目，并在每周二晚7~8点黄金时间播出。而江苏是个1986年就进入老龄化社会却至今老年电视栏目为零的省份，这不能不说是遗憾。根据我们的研究发现，老龄人口增长速度各地区呈不平衡状态，经济发达地区和城市增长速度快，老人文化层次高，对电视节目需求也更为饥渴。例如，江苏省的苏州、无锡、常州，这一长江三角洲经济发展速度快，老龄人口增长速度也快。仅以无锡市来说，城市1983年就进入老龄化阶段，截止到2004年年底，60岁老年人口已达80万，占全市总人口16.9%，可竟然也没有一档老年电视节目。这一欠缺对构建和谐社会是极为不利的。老人退休后，社会角

色的转换往往会产生无用感、忧郁感、自卑感，再加上现有的人口迁移流动，社会转型观念嬗变，代沟越来越突出，促使大家庭向小家庭转变，“空巢家庭”增多。二三十年后，随着独生子女逐渐进入中年，“空巢家庭”将会更多。传统几世同堂，老人尽享天伦之乐，即将成为奢移。老年人不仅需要物质生活，也需要精神生活，人本主义心理学家马斯洛的“五个需要”，老人也都需要，并不仅仅是中青年人的专利。在现阶段我国经济发展和精神文明建设还不能同步的状况下，老年人常常以“电视为虚假的陪伴”。而作为精神文明建设的一个重要部分——“电视传媒”，理所当然地应当满足特定受众群的需要。

从表3我们还可以看到，老年电视栏目不仅数量不足，质量也有问题，能形成一定品牌的精品栏目少，能形成和老年观众“固定约会”的栏目少。除中央台《夕阳红》外，其余几个上星的老年电视栏目几乎没有什么影响力。节目内容大同小异，大多奉行“老年本体论”，往往凸显一个“老”字，无非是老人长寿养生、医疗保健、营养烹饪之类的“银发生活”。其实，“老年人收看的电视节目”和“老年电视节目”是两个完全不同的概念，“老年电视节目”是指根据老人的自身特点，专门为老人制作的节目。而“老年人收看的电视节目”则是老年人通过电视机收看到的节目。也就是说，“老年电视节目”的观众不仅仅是老年人，一些优秀的老年电视节目不只老年人喜欢看，也应该吸引许多中青年甚而少年人的目光。这一点甚至应该作为评判老年电视节目优劣的一个标准。

这就启示我们，老年电视节目面对的是老年群体，安排的内容自然要有“针对性”。但是世界是一个相互依存的整体，任何事物的存在都是相对于其他事物而存在的。正如女性的存在是相对于男性而言，没有男性，也就无所谓女性。老年人是相对于儿童、少年、青年、中年而存在的，如果少了少、青、中年人，那老年人也就失去了存在的意义。所以，老年电视节目要把老年人放在复杂的社会中，让他们和其他年龄的人群发生联系，产生冲突碰撞，从而让节目更加好看、耐看，更加生活化、真实化。同时也让老年节目成为老年人融入社会，积极人生的一方舞台，青年人了解和关心老年人的一个窗口，最终成为老少沟通、交流的一座桥梁。只有这样，“银发世界”才会变得五彩斑斓、丰富多彩。

二、老年节目的现状

基于上述，目前我国老年人还不能平等地分享电视资源，这是媒体的一种“势利”，也是对老年人的“不公正”。在以青年为主调的文化里，又是一种“年龄的歧视”。但细细分析，也是有原因的：

原因之一

在市场经济条件下，当今传媒体制改革为了生存，不得不专注于18~49岁的人群，因为他们是广告商要吸引的对象。这本来没什么错，从某种角度说，电视就是一个商品，必然带有赢利性质。问题是把老年节目当作一桩不赚钱的买卖，那就是一种误区了。事实上，只要善于策划与运营，老年频道的广告经济收入是相当可观的。以《夕阳红》栏目为例，其制作经费由栏目中的广告费支付，是中央电视台与市场经济衔接，与国际惯例接轨，依靠社会办电视，以节目养栏目的一次尝试。创办十几年来，《夕阳红》在上级部门没有一分钱拨款的情况下，仅靠广告支持，播出了一系列优秀的节目，并成功地举办了许多重大活动。中国进入了老龄化社会，带来了前所未有的商机，专家称之为“银发产业”。如，医疗保健业、家庭服务业、生活用品业、住宅业等物质层面的产业，此外还有一些精神上的需求，比如老年旅游业、娱乐业，特别是老年教育市场的开发。学习是一项重要的生活内容，琴棋书画、编织收藏、家庭自由写作坊等等，都是电视经营者可以建设的栏目，也都将给相关产业带来勃勃商机，甚至可以形成“产业链”。由于老年人接触电视时间多，出行的不便，他们对很多消费品的认识都来自于广告，其消费决策与消费行为对电视广告具有相当大的依赖性，是电视广告的理想对象。

目前，我国老年人的离退休金、再就业收入、亲朋好友的资助，保守估计每年大概可以达到3000~4000亿元的数字，而且这一购买力的总量还在不断增长。随着经济收入水平的稳步提高和老年人口的增加，预计到2025年和2050年，老年人的潜在购买力将分别达到14000亿和50000亿元，这将使老年市场成为未来国民经济各行各业中最具影响的消费市场之一。英国《经济学家》杂志曾作过一次调查：发达国家四分之三的财富掌握在50岁以上的人手中。改革开放以来，我国中产阶级正在崛起，一部分财富也掌握在这个年龄段的人手中。我们相信这个市场的潜力会被媒介和广告商逐渐认识，聪明的广告商会为指向性的商品寻找一个指向性强的专业频道。借华盛顿老年问题专家埃德温·沃克话说：“我们社会的每个部门都需要重新思考我们的行为方式”了。当下西方一些有远见的人们，正在着手处理这些事务。在墨西哥、日本和其他一些国家，一些老年民间组织正在跟随美国的发展模式，设计开发产品，向媒体挺进。

原因之二

电视经营者在考虑经济利益的同时，忽略了社会效益和媒体的责任和义务。1996年，八届全国人大常委会第二十一次会议全票通过了《老年人权益保障法》，该法是继《残疾人保障法》、《未成年人保护法》和《妇女权益保障法》之后，有关特定人群权益保障的又一部重要法律。其中第四条就明确规定：“国家保护老年人依法享有的权益。”这首先是指国家法律规定所有公民都享有的权利和利益；其次是指根据老年人的特点和需要，给予特别关护的权利和利益，既包括人身、物质和经济生活方面的权利和利益，也包括精神、文化生活和参与社会发展等方面的权利和利益，其中一项不容忽视的权益就是大众传播资源的供给保障和媒介消费需要的满足。为此，《老年人权益保障法》第三十八条专门规定：“广播、电影、电视、报刊等应当反映老年人的生活，开展维护老年人合法权益的宣传，为老年人服务。”该条规定中提出的“为老年人服务”的要求，有两个方面的内容：一是应该充分发挥大众媒体的宣传教育和引导作用，采取多种形式，开展老龄维权宣传和敬老教育，报道和反映老年人的生活，介绍和表彰老龄事业中涌现出的先进人物与事迹，增强全社会的敬老、养老、助老意识；二是应当办好面向老年人的报刊和专题栏目、节目，积极创作、提供老年人喜闻乐见的优秀作品，丰富老年人的精神文化生活。也可以这样理解，广播、电影、电视、报刊等大众媒体的“为老年人报务”，主要有两个方面的任务：作为社会宣传、舆论工具，广播、电影、电视、报刊等大众媒体要注意营造尊重、理解、关心和帮助老年人的舆论环境与社会氛围；作为精神文明资源的提供者，广播、电影、电视、报刊等大众媒体应努力满足老年人不断增长的媒介消费需要，提高老年人的精神文化生活质量。这两个方面的任务，共同构成了老年人权益保障法对大众媒体的要求，忽视了其中任何一项任务，都不是完整意义上的为老年人服务。

目前，国内有些省市在制定老年人权益保障法的实施性地方法规时，只提到大众媒体的宣传、引导作用，强调要重视老龄问题的舆论宣传工作，而没有明示大众媒体在丰富老年人精神生活方面应当承担的社会责任，这不能不说是一种立法上的偏废和疏漏。[①]我们的电视媒体应该自觉地纠正这种偏废和疏漏。国内电视普及本来就比国外晚，历史上理论研究是空白，但二十多年来，又蛙跳式地迅猛发展。正像有的专家说的，中国电视用十年的时间走完了国外70年的历程。飞跃的同时带来的是思考的浮浅、沉淀的不足，在实践和理论的层面，往往采用“拿来主义”。但今天我们必须成熟起来，遵守法律，担起责任和义务，建立起自己的传播理念。

① 宋小卫：《保障社会弱势群体共享大众传播资源——解读我国社会法的有关规定》，《法律图书馆网》，http://www.law—lib.com。

原因之三

目前各地的电视老年节目处于一种“沙化”状态，你敲你的锣，我擂我的鼓，既缺乏同行横向的联系和比较，又缺乏纵向的专项研究和总结，还缺乏专业性的评比激励，更缺乏政府部门的整合和督促指导。老年节目似乎成为“四不靠”、“八不管”，自生自灭，自娱自乐的可有可无的东西。做不做无所谓，好不好没人理。没有思路，也就没有出路，更形成不了合力。这种“冷漠”和“轻视”总让人心寒。人都是要老的，老人的今天就是我们的明天，今天的老年人都是昨天的年轻人，而今天的年轻人又都是明天的老人。电视人对今天的老年多一份关爱，也是对自己的明天多洒下一片阳光，更是为国家的和谐稳定、长治久安作了一份应有的贡献。

电视媒体应努力开办各种栏目，通过各种形式向老年人倾注人文关怀，政府部门也可增设老年节目评比奖项，请专家会诊把脉，激励电视人多出精品，从而逐步提升老年电视节目质量。经济发达地区的政府部门应该在财政上先向当地电视台的老年电视节目做些倾斜，扶持一阵子，再放手赢利；原有老年电视栏目基础好的电视台，可以逐次开办“老年频道”；经济欠发达、老年人口接近老龄化阶段的地区，可以学习江西人民广播电台的做法，先开办“健康·老年频率”，然后逐步寻找电视市场潜力和发展空间。

三、老年节目的建设及其主持艺术

我们该如何建设或在原有基础上深度开发老年节目呢？

1. 必须树立一个正确的“老年观”

我们必须把老年人当作“人”看待，必须承认老年人有与中青年人一样的独立人格。同时，我们还应把老年人当作“老人”看待，承认他们与中青年人在某些方面的差异，承认并尊重老人生活的价值。老年观的提出是基于当今社会越来越忽视老人的存在，或是将老人的地位置于从属和依附于中青年人的位置。正确的老人观还应该特别注重保证老人的参与权和表达权。所谓“参与权”，就是不应该把老年人简单地视为一个弱势群体，老年人是社会的宝贵财富，是社会经济发展的可贵资源，“21世纪仍然需要老年人”，他们有自己的感情和对事物的看法，他们的感情与意见应该得到尊重。老年电视节目可以请他们中的一些专家策划、编排，甚而主持，并在节目中，充分让栏目和老年受众产生互动。所谓的“表达权”，指的是老人能够通过电视节目，针对他们所关注的问题自由地发表他们的观点和意见，讲述他们自己的故事，传达他们自己的体会。例如，近年老年性犯罪逐年上升，老年情绪无处宣泄自杀身亡每每发生，老年人与子女财产的纠纷也屡见不鲜。我们的电视栏目可以开设“心理疏导”、“婚姻交友”、“法律咨询”等专题栏目，让一些有想法或有着困惑经历的老人走进电视，现身说法，做电视节目的主人。“老人是老人问题的专家”，老人“应该开口说话”，应该“发出自己的声音”。中国电视媒体应该给老人自由表达提供了一个很好的平台。

2. 深度开发老年电视节目

世界性的养老方式的革命，恰好吻合电视家用媒体的个性，给我们未来电视的深度开发带来了极大的空间。我们现在不少即将变老的中年人今后以进入“老年公寓”为归宿，不少地方以建立了“养老院”、“托老所”为政绩。其然并不然。与以往相比，21世纪的老年人正在抵制到“养老院”护理，而是愿意在自己家中或小规模的老年人联合起来形成的“老年家庭”里生活。这一方式在一些发达国家正处于进行时。例如，在德国，向往年轻生活的老年人可以一起居住在公共公寓住宅里，共享他们的财富以及联合雇佣护理人员照料他们的生活，就像生活在大学宿舍里一样。对于需要全职全日护理的老年人，在美国、欧洲、日本和澳大利亚，都在大力提倡实行“家庭老人”“温室计划”，提供老人不分昼夜的家庭般舒适的医疗护理。一名经过培训的合格护士总是随叫随到，而且由一名专职护理人员负责拥有几个老人组成的大家庭。老人们和护理者围坐在一起品尝具有家庭氛围的菜肴，收看电视，大声讨论。老人居民们做到了他们多年以前待在养老院里都不能做的事情，他们以此为骄傲。德国老年发展协会的老龄化专家艾克·文策尔曾说："发展中国家可能正在犯我们当年曾经犯过的相同错误。"[①]这也启示我们：老年电视节目可以开发这种"特殊大家庭"的"情景喜剧"、"真人秀节目"、"怀旧忆谈"、"家庭竞猜联动"等新型节目样式。

3. 进一步细分老年受众

老年电视节目要深度开发，必须对老年受众再进一步细分。老年是一个笼统而广泛的年龄段概念，60岁的人是老年人，70岁的人也叫老年人。其实在老年这个群体中，各个不同年龄层次的老年人的需求和爱好也是不一样的。美国发行量最大的杂志是《现代壮年》，它之所以会成为杂志发行量的冠军，是与他们正确的办刊理念分不开的。该杂志所针对的读者是50~100岁之间的所有壮年和老年人，由于充分考虑到读者年龄跨度大这一特点，所以他们没有笼统地把老年人视作一个整体，而是对这些读者进行再细分。50~59岁划为一个整体，60~69岁划为一个整体，70岁以上则为另一个整体。《现代壮年》把不同年龄段人的兴趣和爱好进行统计、分析和研究，制定出了不同的栏目以迎合读者的口味，对不同的栏目采取不同的编辑风格，从而极大地吸引了读者的注意力。《现代壮年》杂志的成功经验给了我们有益的启示，要认真细分老年群体，摸准不同年龄段的不同思想观念、审美情趣、欣赏习惯等，有的放矢，办好节目。

4. 研究老年人收视行为特征

研究老年人收视行为特征是办好老年节目的根本。

（1）固定的主持人和固定的播出时间对老年受众十分重要

主持人是大众传播与人际传播相结合产生的一种产物。主持人是一个栏目的灵魂和轴心，许多人看一档电视节目，有时就是冲着

① 马秀谊、黄建远编译：《老年人"黄金时代"正来临》，《扬子晚报》2004年12月7日。

那个主持人而看的，甚而把主持人当作家庭的一个成员。老年观众更是如此。由于我国老年生活大多孤寂、孤单、孤独，对自己喜爱的主持人往往带有许多亲情的成分而倍加依恋。所以，老年节目的主持人一旦和栏目吻合以后，不要轻易更换。另外，专题节目主持人的选择应该向专家型、学者型靠拢，其他类型节目各个年龄层次都该有，风格也该尽量多样化，这样才能真正实现电视的“家庭化”。老年人生活一般较有规律，我们常常看到老年人按节目播出时间表来安排自己的作息时间。如果节目随意改变播出时间，则会对老人产生很大影响。因而老年受众对节目播出时间十分在意，甚至重播也不习惯。另外，“老年人最希望老年节目的播出时间是每日8~10点，占37.6%；希望老年节目安排在12点之前的占48.2%，希望在13~17点的占25.2%，希望在晚上19~21点的占12.4%。可见上午是老年人看电视的首选时段，尤其以10点以前为多。”①

（2）老年受众最喜欢新闻节目，应加大新闻节目的建设力度

据1999—2001年北京美兰德公司的调查表明，老年受众对新闻节目最感兴趣。在2004年进行的都市观众对电视节目类型偏好的调查中，50岁以下观众偏好娱乐节目，而新闻类节目呈现出随年龄的增长而增长的趋势，其中51岁以上人群所占的比例最高。这与寂寥的个体特别关注环境的本能有关，也和我国老年人在成长经历中，一向信任和依赖主流媒介声音的传统有关。为此，电视媒体要珍惜老年人的这种信任，加大新闻建设力度，特别注重节目内容的“平实”、视角切入的“平等”、语言表达的“平和”，并有深度分析以及跟踪报道与老年生活息息相关的新闻信息。

（3）节目主持要符合老人生理、心理特点

电视是一门综合艺术，也是一门声画艺术。节目制作中，首先要关注老年人的听觉变化。老年人的听觉器官诸如外耳道、耳咽管、听骨、内耳、听觉通路等都随年龄的增长相应发生老化，导致

① 蒋力：《老年心理与收视行为特征简析》，《当代电视》2004年第3期。

老年人的言语辨别能力下降。而老年电视节目中的解说词、主持人的语言，都不应采取过快的语速，尽量口语化，在重点和难点上要用重音表达或适当加以重复。色彩的运用上，人到老年，颜色视觉也发生了变化。日常生活中，老年人常将带色的物体看成是褪了色的，蓝、绿色褪色最多，红、黄色褪色最少。60~70岁以及80~90岁的老人对颜色的辨别能力分别是青年人的76%和56%。[①]电视老年节目中对色彩的运用主要体现在演播室颜色布置和主持人服饰的颜色搭配上。根据老年受众的特点，演播室和主持人的服饰最好采用纯色调，不要将几种颜色掺杂在一起，尤其是引起老年人的视觉混乱的颜色更不能搭配在一起。另外，主持人行为举止要端庄，表情切忌夸张，手势切忌过杂，以免引起老年人的视觉疲劳。同时，要注意掌控好画面的节奏。节奏是一切艺术的灵魂。老年人视觉信息加工的速度下降，表现为反应的潜伏期加长，即从呈现刺激到做出反应之间的时间延长。所以，老年电视节目镜头推拉变换不要频繁，人物变更、事件发展要有交代，栏目的配乐及主题曲要舒缓柔和，以便节目和老年人的心理节奏同构同形，取得更好的传播效果。

有位哲人曾说过，看一个国家的文明程度不是看其盖了多少高楼大厦，而是看其对待孩子和老人的态度。现在，副省级以上的电视台都陆续开办了少儿频道，相信随着老年电视节目的建设和开发，更多富有活力的老年频道会出现在中国大地上。因为，朝阳和夕阳都是同一个太阳。

① 许淑莲：《老年心理学》，科学出版社1987年版，第53页。

第十一章 节目主持艺术风格

本章要点：节目主持艺术风格是指主持人在主持艺术实践中逐步形成的，并为广大受众喜爱的创作个性和艺术特色。它是主持艺术个性化的稳定状态的标志，是主持人主持理念的直接体现，也是一切主持人职业追求的最高境界。节目主持风格一般具有独特性、多样性、稳定性和发展性特征，并有特定的形成阶段和主客观原因。

第一节　节目主持艺术风格的含义

风格（style）是一个最难下定义的词，因为"风格"一词在不同时代、不同国家、不同学科都有着不同的解释。同时，"风格"一词的内涵又是不断动态变化着的。正是这种"动态发展"的"难下定义"，才使"风格"更加令人着迷。

在中国古代，风格最初是指人的风度和品格。"风"是风采、风姿，指人的体貌；"格"，指人格、德性；合起来正好是对人之品貌的全面评价。晋·葛洪《抱朴子·行品篇》云："士有行己高简，风格峻峭，啸傲偃蹇，凌侪慢俗"；《世说新语·德行》说，李元礼"风格秀整，高自标持"。可见魏晋时期士大夫品评人物的时候，常常用“风格”一词来概括人的品质。后来，刘勰的《文心雕龙》最先将风格概念引进文艺理论和批评，从而风格由品人过渡到品文。与风格的相同或相近的词语有：诗格、韵格、气格、体格、文格、品格、风致、格调等等。到了唐代，文学艺术发达，风格成熟的作家、艺术家甚多，谈论风格的人也多了起来。至此，风格也就和现代的所谓风格接近。

在西方，风格一词源于希腊文，其本义表示一个长度大于厚度的不变的直线体，στυλος释为“木柱”、“石柱”，最后作为写和画用的金属雕刻刀。后来，风格一词表示组成文字的一种特定方法，同时还用来比喻以文字装饰思想的一种特定方式。布封的名言是：“风格即人”，意思是说，思想的表达是属于个人的，风格就是个人加在自己思想之上的“顺序和波动”。而在全部艺术领域内，我们说到风格总是意味着通过特有标志在外部表现中显示出自身的内在特性。

综上所述，风格是有鲜明特性的“这一个”，是艺术达到高度成功时具有的重要标志。“这一个”不是千人一面的克隆模仿，“这一个”是打开未来之门的钥匙。因而雨果认为，“没有风格，你可以获得一时的成功，获得掌声、热闹、锣鼓、花冠、众人的欢呼，可是你得不到真正的胜利、真正的荣誉、真正的桂冠。”可见，艺术作品只有具备了风格，才能产生积极的社会作用和不朽的艺术魅力。而每一个成熟的艺术家，都有自己独特的艺术风格。桃红柳绿，生旦净末丑；环肥燕瘦，两个黄鹂鸣翠柳；杨柳岸、晓风残月，大江东去。“一切风格都是姿态，心智的姿态和灵魂的姿态”，[①]是艺术家长期思考、实践、冶炼的结晶。

因而，所谓节目主持艺术风格，是指节目主持人在节目主持艺

① 高健编译：《英美近代散文选读·论风格》，商务印书馆1986年版，第70页。

术实践中逐步形成的，并为广大受众喜爱的创作个性和艺术特色，它是主持艺术个性化的稳定状态的标志。节目主持艺术风格是主持人主持理念的外在显现，是主持人创造性劳动的结果与体现，是主持人在主持艺术道路上成熟的标志，也是一切主持人职业追求的最高境界。

第二节　节目主持艺术风格的特征

节目主持风格一般具有哪些特征呢？只有掌握其基本特征，才有可能成为每个节目主持人在艺术实践道路上的自觉追求。我觉得，节目主持艺术风格一般具有如下几点特征：

一、独特性

著名美学家王朝闻曾说："在具有真正的风格的作品中，我们看到艺术家对现实的反映一方面具有不可重复的独创性，另一方面这种独创性又正是客观真实的深刻的揭示。脱离现实的真实反映的'独创性'或'风格化'，不过是艺术家的主观任意性的表现，它不可能形成与艺术的真实性相一致的风格，而只能产生虚假的、肤浅的以致歪曲现实的'风格'。"①

这种不脱离对现实真实反映的"不可重复的独创性"，也是我们节目主持艺术风格的本质特征。每个主持人都有与众不同的师承教养、学识品质、个性爱好、生活经历等，这种主体自身的独特性，就决定了主持艺术风格的独特性。所以，主持艺术风格就是"主持人"本身。而且主持艺术风格一旦形成，就会在其主持过程中表现

① 王朝闻主编：《美学概论》，人民出版社1981年版，第282—283页。

出来。这种独特性，主要表现在以下几方面，而这几方面又是互相交叉渗透的。见下图：

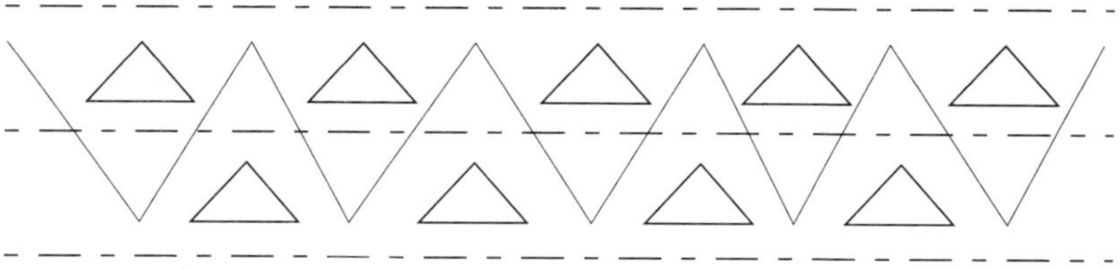

注：- —— - - 内容处理　　主持方法　　表达方式

1. 独特的内容处理

艺术风格不同的主持人，在对节目内容处理方式上也会不一样。从开场白的设计到节目的衔接，以及最后的结语都有其独创性，并且这种处理虽有所侧重，但是应当非常合时合度。主持内容的不同处理，既是针对受众对象的差异采取的相应措施，更是主持人主持艺术风格独特性的表现。这一点从我国现有的主持人身上可以看到，有的善于先述后评，有的长于先评后述，有的善于变难为易、平铺直叙，有的长于变易为难、理论推演……

例如，沈力是我国第一位电视播音员，又是我国第一个电视栏目《为您服务》的专职主持人，她出身部队文工团，为人随和，主持风格亲和、平和。她的确如观众所评论的，是个贤妻良母式的女性。可是，深入谈论怎样当好节目主持人时，她的成功恰恰有一条，就是对稿件内容处理的“不随和”，也就是不说和自己个性特点不符的话。工作中，她要求有独立处理稿件的自主权。她对友人讲起退休后的情况时说：“让我来主持老年节目，可我又不习惯别人写稿，我念。”她犹豫的是，只是理解、传达别人的稿件，就很难保持“独立性”。她还说：“我只愿同一切人做朋友式的交谈”。“在节目里，如果允许我保持这种态度，我自己才感到自然，觉得‘像自己’，否则就感到别扭。”比如《为您服务》栏目有一期是讲怎样做酸奶的，节目原稿是这样写的：“酸奶是发酵而成的，吃下去会不会有什么不好的作用？这一点我可以让你打消顾虑。”推敲之后，感到“我可以让你……”多少带一点居高临下的意味，于是琢磨着改成了“这一点您可以不必顾虑”。仅此一改，口气就缓和了些，也显得与人平等了。还有一次节目讲膳食营养，有一处原准备对观众说：“您懂得了膳食平衡的道理，就应该举一反三。”可是播出前，沈力细细品味，觉得这话有点命令的口气。命令观众，不是自己的习惯。于是，节目现场她是这样说的：“您了解膳食平衡的道理，还可以举一反三。”在字面上看来只是几个字的改动，但主持人的形象却保持了“这一个”，与个人的一向风格也吻合了。

2. 独特的主持方法

主持方法的多样性、灵活性和创造性，这既包括节目主持人对现有主持方法的娴熟使用，又有对新型主持方法的创造。正是这样不断创新的主持方法，使得不少节目主持人逐步形成了自己的风格。

浙江卫视主持人亚妮（原名：何亚妮）出道以来，主持了《文化时空》、《亚妮专访》等多个栏目，其节目主持风格和技巧在主持界颇具独特性。从全国“百优主持人”到“金话筒奖”，再到“优秀电视节目主持人”、第三届全国广播电视主持人“金笔奖”，亚妮几乎囊括了主持人的所有奖项。她在“访谈节目”中创造的多种富有成效的主持方法，为业界所称道。

（1）创设了一种“行进式的”、“活动着的”访谈形式

在《亚妮专访》中，她集制片、编导、主持三重身份于一身，大胆突破了一般访谈节目都是将嘉宾请到演播厅访谈的方式，而是运用“实景访谈法”，即没有固定场景，大多是摄制组找到谈话者工作或生活的地方，在最具真实性与现场感的地点进行交流。可以是农

家院落的门槛、乡间的小路，也可以和嘉宾率性席地而坐……同一个访谈对象，场景也是不断移动的，开创了一种“行进式的”、“活动着的”访谈形式。真实的生活工作现场有助于观众更好地去理解人物的独特人生经历，变化移动的背景烘托出谈话者起伏的情感。很多次访谈都是在一种像是“不期而至”的自然状态下展开的，谈话者的状态更具生活化、原生态，与那些“正襟危坐”的具有演练痕迹的谈话节目有着明显区别。

（2）主持人以“剧中角色”介入节目

头戴旅行帽、身背双肩包、腰系夹克衫、足登耐力鞋，这已经成为亚妮在《亚妮专访》中的标志性装束。面对不同的访谈对象，她常常以“学生”、“女儿”、“伙伴儿”等角色参与节目的叙事流程，成为节目主体的重要部分。这种“角色介入”的方式曾引起业界不少人的反对：有人认为，像亚妮这种扮演记者角色的主持人，应该保持客观冷静的媒介态度，不应反客为主参与事件的构成，以致将过多的主观感情介入其中。但亚妮坚持走自己的道路，她的主体性鲜明地贯穿在节目始终，而这恰恰成为《亚妮专访》的特色。因为文化类的访谈不同于新闻追踪报道，是以人性人情作为基本支撑的，亚妮以她充沛的个人情感介入其中，与访谈对象的情感融为一体，不断给栏目增添了光彩。

例如，1990年秋天，亚妮采访台湾著名作家三毛。由于文化背景和生活环境的不同，开始彼此都很拘谨。为了打破这种隔阂，亚妮决定完全以“女人”的角色来处理和三毛的关系。“于是，女人的话题一拉开，爱情、婚姻、男人、孩子、化妆、服饰、美容等等，西洋东海扯出一个平和自然又温馨浪漫的天地。一旦进入这种女人和女人的对话，就有了心理轨迹的并行，有了很合理的心理对应。本来约定一小时的采访，结果延续了整整两天。三毛退了机票去乡下，看嵊县的越剧，逛自由市场。分手时竟成了舍不得分离的朋友。”[①]由此，一个生动的访谈专题片《三毛，一个秋天的故事》诞生了。

（3）创造了“营造现场氛围，寻找心理对应‘点’”的主持方法

亚妮在与访谈对象的关系处理上，明显地占据主动、积极、控制的一方，热情四射，快人快语，常常急于替被拍摄者表达见解观点，甚至出现“抢话”的状态，而被访者却从未出现过抵触情绪。这主要得益于亚妮善于营造轻松的访谈氛围，寻找心理对应“点”的主持方法。亚妮的访谈采用一种随意聊天的方式，举重若轻，在看似随意的交谈中，却随时调整思路，努力捕捉细节，始终把握着采访的主题。

1996年6月，一个极偶然的机会，亚妮走进了离昆明市区四十几公里深山处的云南民族文化传习馆。这个“传习馆”完全通过土著人的“口传心教“，在“求真、禁变”的极端原则下，把少数民族原住民文化最原始地保存了下来。除了馆长是中央乐团的著名作曲家田丰外，所有的师生全部是来自各山寨的极其质朴的土著人。面对相当一部分连听懂汉语都勉强的人，要沟通并进行实地访谈，做一个完全纪实的访谈节目，是相当艰难的。而那天适逢有传习馆一些老师的家属拖儿带女地来探亲，亚妮即兴选择了“家”这个“点”展开节目。一开始，先与他们的妻儿聊天，顺手帮他们干些手中的家务活儿，把自己放入这个“家”中，使他们产生了“家人”的感觉和信任。继而再谈种田、谈生活、谈孩子喂奶，尤其谈到“丈夫”这个话题时，妻子们七嘴八舌，有埋怨，有心疼，有理解，像是打开了话匣子，又像是炸开了锅，滔滔不绝。结果，亚妮从“家”涉及民族习俗，从民族习俗到民族文化的保存，直至关于“传习馆”的采访主题，既真实又精彩，既自然又达意。

① 亚妮：《试论节目主持人对采访现场的氛围营造》，《主持人》7辑，中国广播电视出版社1997年版，第33页。

3. 独特的表达方式

主持人的表达方式，可分为有声语言表达和无声语言表达。

由于每个主持人的个性不同，因而决定了其语言的基调、气势、节奏的差异，甚至造成常用词汇、语法、修辞等方面的区别。有的语言层次分明、说理透彻，富于说服力；有的语言生动形象，富有感染力和鼓动性；有的语言辞藻华丽，有的语言辞藻朴素纯实；有的语言庄重典雅，有的语言幽默诙谐。同时，主持人的表情、手势、眼神等也都打上了每个主持人独特的个性特征。综合起来，就形成了一定的主持风格。

例如，同是新闻的播报主持，处理稿件的表达方式不一样，语速也常常各具特点。这儿我们不妨附上央视几位新闻主播的语速量化统计：

《新闻联播》栏目	罗　京	280字／每分钟
	邢质斌	325字／每分钟
	张宏民	350字／每分钟
	李瑞英	265字／每分钟
	李修平	345字／每分钟
	王　宁	265字／每分钟
《现在播报》栏目	海　霞	325字／每分钟
《中国新闻》栏目	徐　俐	340字／每分钟
《新闻30分》栏目	胥午梅	315字／每分钟
	郎永淳	230字／每分钟

罗京生前曾经连续几年获得“中央电视台的十大名播音主持人”，有“国音”之称。他的语速从上述比较看来，属于平稳的标准速度，播音时从来都是一脸淡定的严肃。稳健、清晰、冷峻是他的风

格。但他刚出现荧屏时，非议颇多。有人说他板着面孔是“装成一个硬派小生”，是“对不起观众”，同行也在各种场合规劝他，“还是多一点笑容吧！”但罗京不为所动，他执拗地追求着自己的艺术风格。后来人们终于从他“入而不陷、淡而不离”的“冷峻”中体味到，他的那种特有的新闻从业人员的忧患意识和正直气度。

又如，《社会纪录》栏目主持人阿丘以“说书人”身份出现，巧用“戏剧悬念”，巧用“描摹短句”、“设问排比”，形成自己独特的既封闭又敞开的语言表达方式。如在《牢笼》一期节目中，他巧用一些富有代表意义的问句：“在今天的故事开始之前，先给您看一个地方：铁门，铁窗，铁锁，铁链，冷森森让您觉得可怕！铁门的下面，留有一个小小的口儿，那是往里送饭、往外端大小便的地方。如果把一个人关在这里边，和关进监狱有什么区别？”“这样一间房，是干什么用的？”“儿子郑光远的这根手指曾经被生生的剁下来过，剁下它的，也正是郑光远自己。为什么？犯毒瘾了，难受；受罪？确实够受罪的！可他受的罪，远不止这些。”“撞墙，跑着撞，撞晕了。”光看这些短促的问句，就已经勾起人们的收视欲望了，更难得的是，阿丘就是在这一连串的问句中，逐步完成了悬念的阐述。

再如，在央视大红大紫的许戈辉加盟凤凰卫视之后，由于工作环境的拓宽，其主持风格在《名人面对面》中日趋成熟。她独特的表达方式可以用四个字来概括：“刚柔并济”。

先说“柔”的一面。这里的“柔”指的是许戈辉在节目中自然平和而不过于尖锐和锋芒毕露。如在采访朴树时，朴树总是自觉不自觉地将话题滑向悲观消极的一面，使谈话氛围像《白桦林》里的意境：阴霾的天空中鸽子在飞翔。对此，许戈辉以女性的敏感和细腻，善于把气氛“暖化”。当朴树感慨生活其实很艰难，他也特别需要钱时，许戈辉却抛出一个“暖色”问题：“咱们来说说钱对你的作用到底是什么，你口袋里有一百万的时候，你会干什么？有一千万的时候干什么？如果你有一个亿你会干什么？”在谈话行将结束，朴树又一次感慨：“其实艺人就是公司尽最大能力让你在台上刹那间光彩照人，但台下的生活却很糟糕。我厌倦这种生活。”主持人显然不想在这种悲情中结束节目。于是，许戈辉话锋一转：“那你给我描述描述你理想中的状态吧。”带有希冀的问题，顿时把朴树灰暗的心给照亮了。

如果说“柔”的风格是多数女主持人都能做到的话，在谈话节目中，一针见血、切中要害的“刚硬”式发问，则不是每一位女主持都能做到的，这需要一定的文化底蕴来支撑。许戈辉作为北外英语专业学士、英国HULL大学MBA，在央视和凤凰卫视从业二十多年的主持人，其不仅可作为“倾听者”，更有能力充当“挑战者”。如采访陈佩斯时，针对喜剧在中国文艺界的地位，许戈辉向他提了这么一个问题：“比起悲剧和正剧，喜剧被人看作是俗的，是否因为它没有震撼力？”这样一句有点“刺”的话，把陈佩斯的“喜剧崇高论”给“刺激”了出来。在与霍建起谈到为拍电影而不得不到处拉赞助的话题时，许戈辉直指霍建起的不堪：“好像我们中国文人向来不为五斗米折腰？”于是霍建起大倒行当的苦水，不知不觉地把背后的故事给抖了出来。

许戈辉这种刚柔并济的表达方式，使《名人面对面》栏目在竞争激烈的凤凰卫视独占花魁。

二、多样性

就主持人整体而言，主持风格应该是多样的。因为任何艺术风格都具有多样性特征，这是艺术创作本身的规定性所决定的。广播电视节目所反映的客观世界本身丰富多彩，主持人的生活经历、思想感情、审美追求、创造才能千差万别，受众对艺术的审美需求多种多样，主持艺术也必须遵循和体现着风格多样性的规律。司空图在《诗品》中曾把诗的风格分为24种：雄浑、冲淡、纤秾、沉着、高古、典雅、洗练、劲健、绮丽、自然、含蓄、豪放、精神、缜密、疏野、清奇、委曲、实境、悲慨、形容、超诣、飘逸、旷达、流动，充分显示了文学风格的多样性。同样，主持艺术的多样性才能构成一个和谐稳定的主持天地。说真的，笔者在读到一篇《单一性：生命活力的杀手》文章后，这种体会愈加深刻：

> 二十年前，长白山林区的林业局被当地人呼为“林大头”，有钱！上下班经过贮木场，直径比人高的大松木，用铁链绑在平板拖车上，隆隆驰过，似乎可以永无休止地运出去。可是采伐一线的工人们都知道：树就要伐光，很快将转为育林。不过在周围山上，人工林已在长大，一水儿大茶碗粗细的小红松齐刷刷的、直溜溜的，生机勃勃，地上落着厚厚的松针，坐下去软软乎乎。我以为这样优选的树种育的林，是林业局的希望，将来一定比天然林出更多的好材。
>
> 但不是这么回事。这种单一树种的人工林，生物多样性锐减，林下缺少自然林的灌草覆盖，腐殖层很薄，土壤肥力低，涵养水源能力差，林下难以分散的针叶层干燥易燃，纯人工林还会导致虫害的发生，且单纯人工林无法靠萌生繁殖……
>
> 原来森林生态的规律是：“单一性导致脆弱性，多样性导致稳定性。”[①]

多样性无处不在！多样性丰富着人和自然生存的多种可能性。人类虽然比大自然有思想，能组成社会，能创造物质文明、精神文

① 唐韧：《单一性：生命活力的杀手》，《读书》2003年第2期。

明，但是人类社会和自然界在本体上都必然遵循“单一性导致脆弱性，多样性导致稳定性”的规律，中国人都看见的：“计划经济的单一性思想破灭了，一元化文学理念瓦解了，单一化的办教育模式无法支撑下去了……我们固然可以找到其他具体的理由解释，但是单一化作为破坏生态杀手的规律，具有跨范畴的本体相似性，却是否认不了的。”

愿这个铁律给那些靠模仿名主持人的主持人以警醒！！

三、稳定性

节目主持艺术风格一旦基本形成，在一个相当长的时期内保持不变，这是风格的相对稳定性。“风格是共同特征在表现上的不断重复。”也就是说，节目主持艺术风格是某些特点的一贯表现呈稳定状态的标志。而这种稳定性是主持人经过一段探索之后，终于找到了适合自己个性、才能的栏目。节目主持艺术风格的稳定性也是我们之所以能够辨认每个主持人特征的基础和前提。一般来说，主持人在节目主持艺术的追求上，目标愈早确立，表现愈鲜明充分，特点愈稳定统一，也就愈证明他的风格已臻于成熟。否则，今天这么主持，明天那么主持，东一榔头，西一棒，这本身就只能说明主持人还处在对节目主持艺术的摸索阶段，并未形成自己的一贯的主持风格。另外，节目主持艺术风格的相对稳定性有利于聚拢受众。受众要求主持人主持方式方法既不断创新，又有相对稳定性。否则，主持人主持风格变化多端，只能使受众应接不暇，还会自觉不自觉地流失一部分核心受众。当然，主持风格的稳定性，并不意味着主持人在节目主持艺术追求上的故步自封、停滞不前，更不是没有创造性可言的单纯重复。

上海电视台叶惠贤的主持风格具有稳定性，他先后主持了一千多台大型文艺晚会及竞技节目，以幽默、风趣、诙谐的语言，临场机智敏捷的反应和博闻强记、出口成章的即兴发挥风格，赢得观众的赞誉，并享有“荧屏智多星”和“活词典”之美称。例如，有一次在上海当市长的江泽民也突然来参加由他主持的文艺晚会，怎么向观众介绍江市长呢？如果轻松一点的话，只要像往常报个职务名单即可。可他即兴编了个谜语：“水上人家——打一领导人的名字。”观众席一下子热闹起来，大家不由叫出了一个熟悉的名字“江泽民”。会后，江泽民兴高采烈地与叶惠贤合了影，还称赞说：“你的主持很有艺术性！”再如，有一次叶惠贤在主持上海首届卡西欧家庭演唱大奖赛时，一位女婿带着丈母娘上台后，竟将预定的曲目临时改成了《再见吧，妈妈》。怎么串？怎么接？叶惠贤原来脑子里略作准备的词儿全作废了。就在这时，他突然灵机一动，不慌不忙地对着那女婿说：“嗳！这就是你的不对喽，可不能有了丈母娘，就再见妈妈吧。”一句话，把全场气氛一下子调动了起来。当参赛者深情地唱完这首歌，叶惠贤又即兴补了一句：“看来，你对妈妈还是很有感情的，好！”这种机敏的反应为他赢得了满堂彩。

叶惠贤的这种主持风格贯穿其主持实践始终，曾经是荧屏上一道最独特的风景。

四、发展性

事物是发展变化的，这儿所说的发展性，是指个人风格一旦形成，且具有相应的稳定性后，随着节目类型的发展而与日俱进的发展变化。特别是随着科学技术和时代风尚的变化，某种节目类型的主持样态会发生整体性的变化。

例如，中国体育主持风格的雏形产生于20世纪50年代的广播电台体育实况转播。在电视还未产生的年代，广播电台的体育比赛实况转播有着其他媒体所不可比拟的优势——时效性强。播音员可以把现场的每一个细节、气氛乃至场上的各种音响同时传播出去。看不到形象是广播的弱点，然而却产生了一种特殊的叙述型体育解说风格，即多用叙述语言，少用描摹和议论性语言，基本不用抒情性语言。这种风格从50年代至80年代一直受到受众的欢迎，从“张之说球”到“世雄解说”，不少人甚至把这种解说当作语言艺术作品来欣赏。叙述型体育解说的特点是：声音处于高音区，全部采用实声，内在语单一、鲜明，语速快，语势变化幅度小。由于语速快，语势的变化幅度不可能大，因为变化幅度一旦大了，解说员就得调整气息，这样势必影响语言表达的顺畅度，也会影响声音的清晰度。时间不允许解说主持的语言蕴含丰富的内容，也不存在受众对语言进行回味的时间，因此体育解说的基调是激昂的。

电视的出现特别是电视的普及，使体育解说所担负的任务不得不变。因为有画面，解说就得减少运动场上的介绍。从介绍“场景”中退出来就意味着不但要改变解说内容，也要改变解说风格，这就要求主持人由对场景的感知变成对场景的理性分析。解说风格也要由介绍、渲染变成评论式的主持，且语速也得改变。于是，新型的体育点评式主持在这样的语境中诞生了！它舍弃了场面的叙述，其解说词是对画面的补充、点评，它不是场面的转述者而是分析者。点评型解说核心是必须冷静，而恰恰比赛场面是热烈的，情绪是昂扬的。与冷静的情绪相配合的声音形式只能是中偏下的声区，用中速或中偏慢的速度来表现；与昂扬的情绪相配合的声音形式是在中偏高的声区，用较快速度来表现。因而，点评型体育解说不但讲技巧的转型，对主持人的体育素养也提出了更高的要求。

另外，就主持人个体而言，主持风格也应该是动态发展的。胡应麟曾指出，风格贵在“正而能变，变而能化，化而不失本调，不失本调而兼得众调”。所谓“不离其宗，但要万变”，就是说主持人在基本的主持风格前提下，还要不断挖掘自己的潜力，注意根据所主持栏目的不同风格进行多侧面的变化。抑或成熟主持人对事业的不断追求和转型，节目主持人的风格也必然会呈现出动态发展的变化。

例如，中央电视台国际部王雪纯曾经主持过《环球》和《正大综艺》两个栏目，1997年又主持了一个英语教学节目《轻松音乐学英语》。这些栏目有大有小，有带观众的，有不带观众的。王雪纯自己说，她把《正大综艺》演播室当成一个大客厅，力求表现出一个“动”字，把现场观众作为客人，客人有浓浓的求知欲、好奇心，有强烈的参与欲望，她竭力把大家招呼好，让客人“乘兴而来，尽兴而归”。而主持《环球》栏目时，她突出一个“静”字，把演播室当成一个书房。她仔细揣摩观众，认为观众是以闲适而又充满兴味的心情来观赏这个栏目的。为此，她在节目中努力营造一个灯下品味浏览的文化氛围。而在《轻松音乐学英语》中，王雪纯表现出的是既知性又活泼灵动的一面。

又如，上海电视台袁鸣是主持综艺节目成名的，当年由于杨澜要出国，袁鸣走进了《正大综艺》，不久又回到上海继续主持综艺节目，逐步形成了清新亮丽、从容典雅的主持风格，在全国综艺节目主持人中颇有影响。但她渴望有所改变，2001年袁鸣向领导提出要去剑桥读书的愿望。之后，她学了两年的“国际关系”，获得剑桥国际关系硕士学位后，坐到了东方卫视“环球新闻站”的女主播位子上。袁鸣转型后的主持，有位记者这样评价：“有一点酷，有一点傲；有一点随意，有一点拘谨；有一点冷漠，有一点温柔；有一点羞怯，有一点大胆。所有这些矛盾的综合,就成为上海城市形象代言人。”[①]

再如，20世纪90年代末离开节目主持界的倪萍，2014年复出重拾话筒，主持了央视精心打造的一档公益寻人栏目《等着我》。洗尽铅华的55岁的倪萍，朴实、冷静，语言言简意赅而又充满生活的哲

① 管丽娟：《爱上金牌女主播袁鸣》，《南京广播电视报》2004年4月2日。

理和智慧，情感平和从容而又富有强烈的社会责任感。这次复出的主持风格与她先前热情感性的主持风格截然不同，却是那么地紧贴这个“旨在发挥国家力量，运用全媒体平台帮助更多人圆自己团聚梦”的栏目风格。

第三节　节目主持艺术风格的形成阶段及成因

任何一个艺术家都要经过长期艺术实践才能逐步成熟，形成自己的艺术风格，节目主持人也是这样，主持人主持风格大致可经过模仿→独立→创造→独特四个阶段，而这四个阶段的风格冶炼皆离不开客观环境和主观条件。从某种角度说，主持人生涯就是不断寻找形成主持风格的历程，因为你只有拥有了自己的风格，观众才会接受你、认可你，节目主持也才能称其为“艺术”。

一、节目主持艺术风格的形成阶段

1. 模仿性主持阶段

主持人开始进行主持工作时，总会不由地模仿别人的主持方法、主持语言和主持风度。这一阶段的突出特点是模仿成分太多，创造性成分几乎没有。当倪萍退出《综艺大观》，周涛刚刚接手时，很多媒体都曾指责周涛模仿倪萍。事实上，周涛很快走出了这个阶段。一般来说，在主持之初的积极模仿是必要的，任何技能的成长，都存在着模仿，犹如练书法开始要描红，学绘画之初要素描一样。现在有些人常会指责某年轻主持人模仿了谁和谁，其实这是正常的，问题是不能在这个阶段停留太长的时间而已。

2. 独立性主持阶段

这个阶段是主持人把成功主持人的经验拿来→吸收→消化，变成自己东西的重要阶段。这是一个从模仿性主持到创造性主持的一个非常重要的过渡阶段，但是它在每个主持人那里存在的时间却是不同的。有的用很短的时间就进入了创造性阶段，有的却在独立主持这个高原期上停滞不前。这个阶段，有时正生长着创造性主持的萌芽，主持人一定要坚持，不要轻易换岗。西方电视界有一句名言："你就是要咬着牙坚持，日复一日地出现在公众面前，等待着你的就是成功。"

3. 创造性主持阶段

在独立性主持的基础上，主持人有时会体会到节目主持带来的幸福和欢乐。但是，苦闷、痛苦也会接踵而来，特别是对自己有要求、有进取心的主持人不愿重复自己，渴望"超越自我"成了这一阶段的主旋律。从心理上说，这一阶段显得尤为痛苦，甚至不少人在此时选择"急流勇退"或改换栏目，结果大多数人是不明智的，也是不够成功的。

4. 有风格主持阶段

主持艺术风格在主持过程的各个环节都有一定稳定的表现，并由独创性因素的一定量的积累产生质变，带上了浓厚的个性色彩，主持内容和形式能够完美地结合。这时，主持人的主持艺术臻于成熟，最后形成了自己的主持艺术风格。

以上每个阶段的发展，都各有自己的特点。每个发展阶段的顺序不能颠倒，并且从一个阶段发展到下一阶段，都需有必要的主客观条件。按这种顺序发展的过程中，主持的模仿性因素越来越少，而独创性因素越来越多，最终形成风格。

二、节目主持风格形成的成因

节目主持艺术风格形成原因是多方面的，概括起来有两大方面：一是客观环境，诸如时代、体制、区域、节目等；二是主观原因，诸如心理基础，包括主持人生活经历、知识结构、思维特点、个性特征、品德修养、审美情趣等。而这主客观原因是通过主持实践统一起来的。见下图简示：

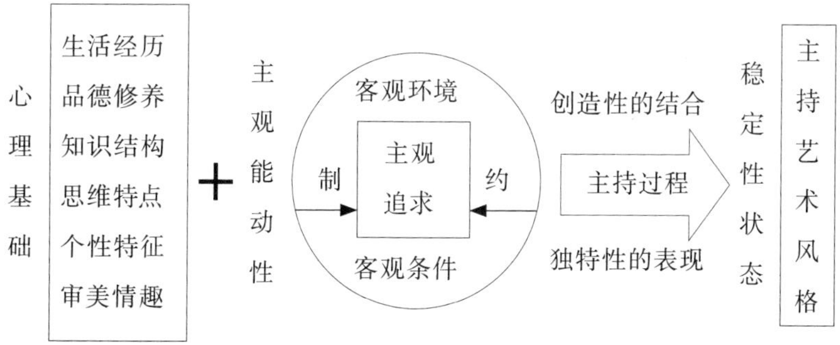

1. 客观环境对风格形成的影响

任何艺术创作都不能离开那个时代。正如鲁迅先生所说："风格情绪之类，不仅因人而异，而且因地而异、因时而异。"这说明了时代对艺术风格形成的重要作用。

节目主持是时代的艺术。时代对主持创作的影响，对主持风格的形成，较之对其他艺术的影响更为明显。不同时代的政治、经济、文化，人们的实践活动、社会思潮、价值观念、审美思潮都会对个人风格产生影响。

例如，中央电视台张悦曾这样讲述时代对她风格形成的影响：

> 1969年，中央广播电视台从上千名知识青年中挑选了六个人，其中就有我。我的声音条件确实给我带来了很大的压力。中央人民广播电台的王牌节目是《新闻和报纸摘要》，但我涓涓细流般地小声细气，决定了不管怎么努力，也永远上不了这个节目……我忘不了老师告诉我的一句话：你的起点低，你向前走人家也向前走。你必须一步顶

人家两步，才能逐步缩小同别人的差距。我从字里行间悟出了它的深刻含义。可提高文化水平也真不容易啊，我是“文革”中的老初一，基础确实差，无论我怎样努力，似乎总停留在初中水平。我觉得自己就像是一株误了生长期的植物，再也抽不出绿色的嫩芽了。这种情况直到1980年参加自学考试以后才有了转机。

1985年，我到青年部做《青春年华》节目，在35岁的时候开始了事业的起飞，成为第一批脱颖而出的优秀节目主持人。我播音亲切、流畅，有亲和力的特点同节目很吻合。1987年德高望重的沈力老师离开了《为您服务》，两年后，我接手这个节目。《为您服务》是最能发挥我长处的节目。这一方面和我本人的性格气质有关，另外也同我的爱好有关。我热爱生活，也爱装扮生活。①

就这样，时代把张悦推上了《为您服务》栏目，并取得了成功。“张悦时代”的《为您服务》给那个年代的家庭曾带来过无比的温馨，“悦式毛衣”、“一剪刀连衣裙”既是张悦自己生活中的产品，也是她通过栏目传给广大女观众的美丽。接着，张悦又在《夕阳红》栏目中继续着自己的主持生涯。

主持人是依赖电台电视台生存的，其生存背景、体制运行，对主持人风格形成也有极大影响。

窦文涛在广州做过七年广播及电视节目主持人，并无大影响，后到了香港凤凰卫视，风格逐渐形成并成为“凤凰名嘴”。他在《经历香港电视——在香港做主持》一文中曾这样叙述过风格形成的原

① 翁佳：《润物细无声——张悦访谈录》，《主持人》9辑，中国广播电视出版社2001年版，第32页。

因:“香港的电视台,除了新闻类节目之外,其他所有节目似乎归类于‘泛娱乐’的大范畴,这些节目的主持人也就都被统称为‘艺员’,英文是artistes,带有相当程度的表演性。这是由节目的娱乐性取向决定的。来港前,我在广州虽然什么类型的节目都主持过,但被圈内人熟知的是新闻类、社会类的谈话节目,曾被称为‘思辨型’主持人,也曾经为自己所谓采编播全能的多种资历感到过自豪。但到了一个职业化的世界,就感觉个人的综合素质被精细的专业分工切割了,这种切割是一块试金石,让你惶恐自己到底哪方面是真正出色、真正专业的。于是,我被包装。首先,有形象设计师为艺员设计整体形象,当然是在听取节目创作部门意见的基础上,除了在节目中出镜外,艺员有时需要在公开场合露面,只要是公司安排,即便是陪人吃饭、接受访问,都要像出镜一样,换衫、化妆、梳头……主持人的形象是公司资产,除雇主公司之外,对主持人形象(包括图像、声音、名字)的任何商业应用都可能是侵犯雇主公司利益的。”①是凤凰卫视的运行体制成就了不一样的“窦文涛”。

2. 主观原因对风格形成的影响

前面讲到,主持人的风格形成不仅有其客观原因,还有其主观原因,即心理基础、生活经历、知识结构、思维特点、个性特征、品德修养、审美情趣等等。

(1)生活经历是主持人最宝贵的财富

就拿赵忠祥来说吧,他的主持生涯可以说和“磨炼”二字相连,他特有的“稳重、成熟、智慧”的风格与他生活经历和自我努力是分不开的。在那本著名的《岁月随想》中他写道:

1960年4月22日,我正式在电视屏幕上亮相。

① 窦文涛:《经历电视——在香港做主持》,《主持人》8辑,中国广播电视社1998年版,第315页。

播音员安身立命之根本还是靠运用声音表达内容。因此，对声音的训练无疑是最重要的基本功。声音的训练从理论上讲非常简单，无非是气息的控制，声带闭合与共鸣腔的调节这三个部分。然而关键是练，是实践。在训练中，对我影响最大的是王嘉祥老师，他是中国歌剧院的演员，他总结了一套民族发声规律，当时很多演员跟他学习。大约三年。上课地点在北海公园少年水电站，每天王老师准在公园开门时，从后门进入，我和大渝从电视台赶来，从前门走进。

练功，其实就是功夫，就是坚持不懈。不但锻炼人的机能，也磨炼人的意志。冬练三九，夏练三伏，寒暑不辍，这并不是一件容易事。我们不论头天晚上播后会开到几点，睡得多么晚，第二天5点以前就得起床，我和大渝约好在车站见，在北海公园大门没开之前就等在那里。1985年初，正值我的业务处于成熟阶段，就在我领奖的同时，却身不由己地离开了奋斗二十多年的新闻播音岗位。没有解释，没有声明……紧接着，关于我的传言一夜之间便闹得满城风雨。[①]

事业低谷中，他主动解说《动物世界》。没想到，在《动物世界》里，意想不到地找到了一种适合他的发声结构和发声方法。在前二十多年的播送新闻过程中，赵忠祥形成了“平白直叙的风格，声音追求响与亮，语言要求平整规律，感情只限于喜与怒、爱与恨的一般表述……只有高亢昂扬，而少有阴柔低缓”。[②]但《动物世界》改变了原有的程式，使他欣喜地找到了自己最喜爱的风格。这一转变不仅赢得了观众的赞扬，也迎来了他事业的又一个高峰。1986年的

---

①② 赵忠祥：《岁月随想》，上海人民出版社1995年版，第63页。

春节晚会，总导演黄一鹤提出让他担任主持人。从此，他开始了事业的一个高峰。如果他当时趴下，就没有今天的赵忠祥了。

叶惠贤的成功也同样如此。

叶惠贤出生在一个与艺术无缘的普通劳动人民家庭。高中时显露出文艺才华，随后被选入上海市学生课余艺术团。高考前夕，在电影院巧遇同班女生王以苓，就一起看了场电影，让老师知道了。在1964年那个沉闷的年头，男女同学一起去看电影，这简直就是大逆不道。所以班主任找他俩谈话，团组织出面对他俩帮助，并一直闹到双方家长那里……因此，学习成绩优异的他却没有收到大学录取通知书。一气之下，叶惠贤报名支援新疆，成为文工团的一名演员。在卡车上排戏，在马背上唱歌，行走着的演艺生活，磨炼了他的毅力，也增长了他的才干。1976年全国曲艺调演，叶惠贤作为新疆代表队的代表，进京演出了自己创作的相声《火焰山下亲兄弟》，那富有新疆风情的题材，富有民族特点的语言，获得了好评。“四人帮”粉碎时，他赶写并演出的相声《白骨精现形记》，引起了轰动。在新疆，叶惠贤开始走红了。1978年，他不得不忍痛暂别新疆的舞台，回到上海做了一名相声演员。1985年7月，首届全国相声评比在青岛举行。叶惠贤与著名电影演员陈述搭档，以《配音与方言》获二等奖。叶惠贤的名声随之鹊起，先后进入电台、电视台工作。

曲折而又丰富的生活经历和舞台经验成了叶惠贤节目主持的最宝贵资源。然而他并不满足，为了锻炼自己的口才，他不仅背诵“百科全书”、“成语词典”，还自己担任了节目的编辑，参与节目的整个创作。20世纪80年代初期的中国节目主持和报幕员无异，然而叶惠贤一改报幕员的呆板，把当相声演员时练就的“现挂”技巧用于主持，成功地形成了自己的风格，成为中国第一位“即兴主持”脱口秀。

（2）坚强的个性是主持人成功的保证

性格决定命运，同样坚强的个性特征也可以成就一个主持人的风格。

央视主持人敬一丹有着永不言败的坚强：她从一名普通的知青到边远小城的播音员；从连续考研三年，到如愿成为北京广播学院的硕士；从教师，到央视第一女新闻节目主持人；从《一丹话题》到《焦点访谈》，不断实践，艰难跋涉；从《声音——一个电视人与观众的对话》到《99个问号——敬一丹漫谈主持人》，不断写作总结，终于形成了自己独特的“内敛、沉着、富于情意”的主持风格。

《曲艺杂坛》从1991年开办到2010年停播，整整经历了19个年头，而历任这个栏目主持、制片、策划、编导于一身的汪文华，也整整坚持了19个年头，且始终“花开四季”，荣获数次大奖。这在中国广播电视界也算是个“奇迹”了!军人出身的汪文华原本在中纪委工作，对电视纯属外行。但热爱电视的她，从来到《曲艺杂坛》的那天起，就谦虚谨慎、努力学习。在这只有三个人的栏目组里，她从策划选题、挑选演员到灯光舞美、服装道具、上机切换、录制合成样样亲力亲为，直至成为行家里手。她低调内敛，恪尽职守，使栏目在“新、奇、特”中做到了“人无我有、人有我优、人优我变，常改常新”。汪文华也在岁月的历练中成就了自己“自然洒脱、亲切诚恳”的主持风格。

（3）审美情趣是主持人品味高低的试金石

审美性趣不一样，主持风格也会不一样。所以，审美情趣往往成为一个主持人品味高低的试金石。例如,崔永元的主持实践充分表达了他对“真”+“趣”的那份不懈的美学追求。所谓“真”，体现在节目主持中始终追求“真诚、真实，平和、平实”；所谓“趣”，体现在节目主持中始终追求“即兴幽默、自然风趣”。这种审美情趣其实在他的许多采访中都可见一斑。

我希望自己的生活方式平民化一点，这样我还能保持以前的优势。为什么有时我做节目有特别好的感受，就在于我一直是个平民，而且我当了十几年的记者，一直在基层采访，老百姓想什么我都知道。我不希望在谈话节目现场有崇拜，那就没办法做节目；我有很多技术手段，比如说我在现场介绍说演员某某、作家某某、老师某某，从来不说著名演员、著名作家。我希望大家跟我平起平坐。

正常谈话有很多种，铁哥们儿见面时的吵架，你说正常不正常？这也算是正常的谈话。但我觉得既然拿到屏幕上来，我们就要在很多正常的谈话中选择一种。我选择的这种就是心平气和、和风细雨式的。虽然两个人的观点相反，但并不妨碍他们做朋友，这就叫正常的谈话。如果观众讲的是他的心里话，这更好。如果他有顾虑，你可以让他作一些修饰。明明知道其中有假的成分，但你应该理解，他只能这么说，这是一种人文关怀。这时，如果你非要惨痛地把这层外衣剥掉，告诉他“我知道你是什么意思”那就不好了。[①]

崔永元用大众的视角，创造了一个雅俗共赏的《实话实说》。同时，他平和中又蕴含着“风骨”，这是非常难得的。例如，他敢于向媒介的庸俗化开战：敢于为农民工讨债，敢于只身赴美探寻转基因的真相，敢于建立“口述历史”研究室，追究一个真实的抗战史……

崔永元是个清醒而有文化风骨和品位的主持人。

王志犀利、冷峻的风格也为人关注，特别是2003年5月“非典”期间，王志采访北京市代市长王岐山的那段影像，至今为人铭记。镜片后目光的冷峻，充满着怀疑、挑衅和不信任，但句句都是老百姓怀疑和想问的问题。这个节目后来成了新闻节目的典范之作，也成

① 徐立军：《正常谈话的氛围和韵味》，《电视研究》1998年第7期。

就了王志的主持风格。请看王志当时的问话：

> 我非常同意你的说法，但现在看来你这个说法几乎是不可能的。
>
> 我们现在看到一个很镇定很坚定的市长，但另一方面，我们看到北京被感染的人数在不断攀升。
>
> 制定这些措施，你的依据是什么？
>
> 你所说的这些我们其实也看到了，但是一个很奇怪的现象，那就是市民的恐惧并没有降低反而在增加。
>
> 你有什么承诺，可以有什么承诺？

王志字字逼人，句句问到要害。

正是王志的“挑衅”，使人们喜欢上了王岐山。不是吗？如果连一个市长都不敢或没有能力面对记者的“挑衅”，又怎能面对整个北京市众多问题的挑战，还谈得上什么胜任。

王志不仅知识丰富、思想深邃、反应灵敏，而且具有极强的公众意识。不能否认，王志这种主持风格的形成和他一贯追求正直、果敢，充满人文关怀的审美情趣是息息相关的。

综上所论，我们再次看到，风格即人，人即风格。一切艺术家的风格均来自于人的主观能动性在大浪淘沙的时代激流中的千锤百炼！没有也不可能另有捷径可循！

想成为节目主持艺术家的人们啊，更应该深谙其道。

主要参考文献

［美］大卫·麦克奎恩：《理解电视》，苗棣、赵长军、李黎丹译，华夏出版社2003年版

［加］马歇尔·麦克卢汉：《理解媒介——论人的延伸》，何道宽译，商务印书馆2004年版

［英］罗杰·西尔弗斯通：《电视与日常生活》，陶庆梅译，江苏人民出版社2004年版

［英］尼古拉斯·阿伯克龙比：《电视与社会》，张永喜、鲍贵、陈光明译，南京大学出版社2002年版

[英]阿兰·斯威伍德：《大众文化的神话》，冯建三译，三联书店2003年版

[德]席勒：《美育书简》，徐恒醇译，中国文联出版社1984年版

［俄］M. 巴赫金：《巴赫金文论选》，佟景韩译，中国社会科学出版社1996年版

[美]沃纳·赛佛林、小詹姆斯·坦卡德：《传播理论：起源、方法与运用》，郭镇之等译，华夏出版社2000年版

[美]威尔伯·施拉姆、威廉·波特：《传播学概论》，陈亮、周立方、李启译，新华出版社1984年版

［美］约书亚·梅罗维茨：《消失的地域——电子媒介对社会行为的影响》，肖志军译，清华大学出版社2002年版

[美]爱德华·T.霍尔:《无声的语言》,刘建成译,上海人民出版社1991年版

[美]鲁道夫·阿恩海姆:《艺术与视知觉》,滕守尧、朱疆源译,四川人民出版社2005年版

[美]马斯洛:《动机与人格》,许金声译,华夏人民出版社1987年版

[美]欧文·戈夫曼:《日常生活中的自我呈现》,黄爱华、冯钢译,浙江人民出版社1989年版

[英]约翰·塔洛克:《电视受众研究》,严忠志译,商务印书馆2004年版

[英]安德鲁·古德温、加里·惠内尔:《电视的真相》,魏礼庆、王丽丽译,中央编译出版社2001年版

[美]赫舍尔:《人是谁》,隗仁莲译,贵州人民出版社1995年版

[美]詹姆斯·O.卢格:《人生发展心理学》,陈德民、周国强、罗汉等译,学林出版社1996年版

聂振斌、滕守尧、章建刚:《艺术化生存——中西审美文化比较》,四川人民出版社1997年版

梁一儒、卢晓辉、宫承波:《中国人审美心理研究》,山东人民出版社2004年版

李泽厚:《美的历程》,天津社会科学出版社2003年版

王希杰:《修辞学通论》,南京大学出版社1996年版

王逢振主编:《电视与权力》,天津社会科学院出版社2000年版

王纬主编:《镜头里的"第四势力"》,北京广播学院出版社1999年版

邓正来:《市民社会理论的研究》,中国政法大学出版社2002年版

刘燕南:《电视收视率解析》,北京广播学院出版社2003年版

吴郁:《主持人语言艺术》,北京广播学院出版社1999年版

罗莉主编：《电视播音与主持艺术》，北京广播学院出版社2001年版

应天常：《节目主持语用学》，北京广播学院出版社2001年版

蒋育秀：《主持人形象塑造艺术》，中国广播电视出版社2003年版

高鑫、周文：《电视艺术概论》，北京广播学院出版社2003年版

壮春雨：《电视节目学概要》，浙江大学出版社2002年版

周宪：《中国当代审美文化研究》，北京大学出版社1997年版

主持人节目研究委员会编：《主持人》（2–8辑），中国广播电视出版社1996—1998年版

敬一丹：《99个问号——敬一丹漫谈主持人》，中国广播电视出版社2004年版

叶惠贤：《荧屏瞬间》，上海人民出版社1998年版

杨澜：《凭海临风》，上海文艺出版社1997年版

赵忠祥：《岁月随想》，上海人民出版社1995年版

倪萍：《日子》，作家出版社1997年版

白岩松：《痛并快乐着》，华艺出版社2001年版

孙玉胜：《十年：从改变电视的语态开始》，三联书店2003年版

廖媌婧、徐帆：《中国电视的想象力》，花城出版社2011年版

邹煜：《一个人与这个时代：白岩松二十年央视成长记录》，上海交通大学出版社2013年版

水均益：《益往直前》，长江文艺出版社2014年版

初版后记

不敢轻待学术。从酝酿构思到结卷成稿，这本书已用去我四年的时光。回首这逝去的美好年华，留给我的是不尽的感慨。

感慨一："精神成长"

从一个风生水起的研究领域走进另一个陌生的世界，生命似乎在那个春天跌入低谷。是这本书，让我安定下来。于是，定则能静，静而能思，思则能悟，悟而有所得。思维重新活跃，视界重新打开，过往的积累和崭新的知识对接。因为没有可供借鉴的体系，却锻炼了我的思考力；因为是一次创造，却焕发了我的生命热能。学问呀，只要进入，都是相通的。

感慨二："享受寂寞"

寂寞是人的常态。打发寂寞是人之所需，耐得住寂寞需要坚守。而享受寂寞呢？是你自己要走进青灯、黄卷去感觉那种自我放逐的愉悦，是你自己要拒绝灯红酒绿去感受那种化蛹成蝶的快乐。于是，选择了做学问就选择了享受寂寞。

感慨三："反观自己"

写书的过程实际上是一次读书、思考的旅行。在这次旅途中结交朋友无数、知己二三，读人如读己，更认识了自己，也更知道前方的路在哪里。知道做学问不是仅靠勤奋，更靠天分。知道人人都有局限，于是乎，何时急急走，何时该慢慢行，就优雅了许多。

感慨四："学海无涯"

探求的知识愈多，愈觉得自己的无知。犹如站在小溪边会感到人的伟大，来到大海边会感到渺小一样。又如个人的学养是一个圆，圆越大，未知数也就越多，反之则越少。书斋待久了，人自然会敬畏天、地、神、灵。这是知识分子的悲哀？还是知识分子的大幸？我愈发说不上了。

感慨五："情感支撑"

构建一门新学科，其中的艰辛不言而喻。如若没有家人理解、友情滋养，恐怕是做不到底的。记得2003年年初，为书稿去北京查阅资料，不料京城"非典"肆虐，打道回宁全家就因我而被"隔离"，连累儿子不能上学读书，愧疚之心至今犹存。记得书稿还未脱手之际，恰遇中国广播电视出版社的周然毅和沈楚瑾老师，其欣赏、其指点令我有找到知音的感动。自然，就有了这次愉快的合作。

魏南江

2006年9月记于南京石头城下秦淮河畔

第2版后记

《节目主持艺术学》自2006年在中国广播电视出版社（现中国广播影视出版社）出版以来，被国内多所高校的播音主持艺术专业选为必修课教材，并被不少兄弟院校确定为报考艺术学、传播学等专业研究生的指定参考书。在此，我向大家表示最最诚挚的感谢！

八年了，社会在发展，科技在进步，尤其进入互联网时代，数码技术不仅改变了原有广播电视传播的媒介性能，更重要的是带来了观念和审美特性的革新。毋庸置疑，主持人节目的制作和节目主持人的主持样态同样发生了翻天覆地的变化。为此，决定对2006年版的《节目主持艺术学》做出修订。此次修订在基本理论框架不变的基础上，作了大幅度的增添、删减、更换，某些章节还重新书写。尽管本人尽心、尽力、尽意了，但学养有限，行文过程中难免疏漏甚而错误，期望得到读者的批评帮助。

八年前，正处于事业的拐点，是这本书使我安定了下来。八年后，一切都归于宁静，这份浸入骨髓的宁静生出了平和从容。愿岁月永远这样静好！

这本第2版的《节目主持艺术学》是在中国广播影视出版社传媒编辑室高级编辑李晓霖老师的关心、指导下得以完成的。这份情意，存我心底。

魏南江
2014年的8月盛夏
记于南京师范大学随园南大楼